KB116410

나는

뇌가

아니다

나는
뇌가
아니다

마르쿠스 가브리엘 지음

전대호 옮김

칸트, 다윈, 프로이트, 신경과학을 횡단하는
21세기를 위한 정신 철학

일러두기
• 이 책의 각주에서, 원주는 설명 뒤에 〈원주〉로 표시했고, 옮긴이주는 따로 표시하지 않았다.

이 책은 실로 꿰매어 제본하는 정통적인 사철 방식으로 만들어졌습니다.
사철 방식으로 제본된 책은 오랫동안 보관해도 손상되지 않습니다.

마리자 룩스에게 바칩니다
다름 아닌 너 자신이 되렴!

또한 우리는 이 시대만큼 신속하게 지성의 신화를 창조하는 단계에 접근한 시대는 없었다는 점을 유념한다. 우리 시대는 모든 신화를 근절하려 하면서도 스스로 신화를 창조한다.

— 쇠렌 키르케고르, 『불안이라는 개념』

차례

1장
정신 철학은 무엇을 다루는가?

우리는 지금 깨어 있고 따라서 의식이 있다. 우리는 생각하고 느끼며, 불안과 바람을 가진다. 우리는 서로 대화하고, 국가를 세우고, 지지하는 정당에 투표하고, 경제생활을 영위한다. 예술 작품을 생산하고, 사랑에 빠지고, 착각하고, 무엇이 진실인지 알 능력이 있다. 한마디로, 우리 인간은 정신적인 생물이다. 신경과학 덕분에 우리는 사람들이 우리에게 그림을 보여 주거나 어떤 특정한 것을 생각하게 하면 어떤 뇌 구역들이 활성화하는지를 어느 정도 알고 있다. 또한 감정적 상태와 장애의 신경 화학에 대해서도 얼마간 안다. 그런데 과연 우리 뇌의 신경 화학이 궁극적으로 우리의 정신적·의식적 삶과 행동 전체를 지배할까? 우리의 의식적 《나》*는 말하자면 우리 뇌의 사용자 인

* 독일어 das Ich를 《나》로 강조해 옮긴다. 겹화살괄호는 일상적인 일인칭 대명사 〈나〉와 이 책의 핵심 개념으로서의 〈나〉를 구분하기 위해서 붙였다.

터페이스에 불과해서 실은 우리 행동에 기여하는 바가 전혀 없고 단지 구경꾼처럼 우리 행동의 곁에 있을 뿐일까? 요컨대 우리의 의식적 삶은 무대에 불과하고, 그 무대 위에서는 우리가 실질적으로, 곧 자유롭고 의식적인 방식으로 개입하는 것이 전혀 불가능한 작품이 공연되는 것일까?

우리가 정신적 생물로서 의식적 삶을 영위한다는 사실은 얼핏 자명한 듯하지만 무수한 수수께끼들을 불러일으킨다. 철학은 수천 년 전부터 그 수수께끼들을 다뤄 왔다. 정신적 생물로서의 우리 인간을 다루는 철학 분야는 오늘날 정신 철학Philosophie des Geistes으로 불리며, 우리는 이 책에서 그 분야를 상세히 살펴볼 것이다. 오늘날 정신 철학은 과거 어느 때보다 더 중요해졌다.

많은 이들은 의식의 본성을 마지막으로 남은 중대한 미해결 문제들 중 하나로 여긴다. 대체 왜 하나의 자연 산물인 인간에서 말하자면 조명이 켜진 것일까? 우리의 두개골속에서 일어나는 뉴런들의 복잡한 활동과 우리의 의식이 어떻게 연결되어 있는 것일까? 이런 질문들은 정신 철학의 하위 분야들인 의식 철학과 신경 철학에서 다루어진다.

요컨대 이 책의 주제는 우리 자신이다. 맨 먼저 나는 정신 철학의 주요 내용 일부를 의식, 자기의식, 《나》 등의 핵심 개념들과 관련지어 서술할 것이다. 그 개념들은 많이 거론되지만 대다수의 경우에 철학적 배경지식 없이 언급되기 때문에 혼란을 유발한다. 그래서 나는 그 배경지식을 최대한 선입견 없이 설명해 보려 한다. 그 배경지식은 이 책의 두 번째 주요 목표를 위한 토대이기도 하다. 그 목표란, 누군가 또는 무언가가 — 이를테면 신, 우주, 자연, 뇌, 사회가 — 우리의 등 뒤에서 우리를 자유롭지 않게 만든다는 항간의 통념에 맞서 우리의 자유(자유 의지)를 옹호하는 것이다. 우리는 철두철미하게 자유롭다. 왜냐하면 우리는 정신적인 생물이기 때문이다. 물론 우리가 동물계에 속하지 않는다고 말하려는 것은 아니다. 우리는 뇌가 장착된 순수한 유전자 복제 기계도 아니고, 길을 잃어 몸속으로 들어온 천사도 아니다. 진실로 우리는 자유롭고 정신적인 생물이다. 우리는 수천 년 전부터 그런 생물로 자처해 왔고 그런 생물의 자유를 정치적으로 옹호해 왔다.

물질 입자와 의식 있는 유기체

우리 시대의 도발적인 요구들 중 하나는 인간상(像)의 과학화다. 우리는 인간이란 정확히 누구 또는 무엇인지에 대한 객관적 지식에 마침내 도달하고자 한다. 하지만 인간 정신이 그 지식의 성취를 방해한다. 현재까지는 자연과학적 탐구로 인간 정신을 포착할 수 없으니까 말이다. 이 문제를 해결하기 위해서, 신경과학을 인간 정신을 다루는 자연과학으로 정착시키려는 시도가 이미 몇십 년 전부터 이루어져 왔다.

그런 시도를 할 때 우리가 혹시 신경과학에 과도한 기대를 거는 것이 아닐까? 최근까지만 해도 예컨대 신경학자나 신경생물학자가 인간 정신에 관한 전문가라고 생각하는 사람은 거의 없었지 싶다. 넓게는 신경과학 일반이, 좁게는 뇌 과학이 우리의 자아에 관한 정보를 제공해 주리라는 기대를 정말로 품어도 될까?

이 책은 누구나 이해할 수 있는 방식으로 — 또한 과거 견해들과 관련지으면서 — 정신 철학을 위한 새로운 관점들을 열고자 한다. 자기인식은 오래전부터 철학의 중심 주제이며, 자기인식에 관한 논의의 역사를 알면, 우리가 다루는 진정한 문제들과 사이비 문제들의 유래를 더 잘 이해할 수 있을 테니까 말이다.

우리는 우리의 인간상을 기술의 진보에 어느 정도까지 맞춰야 할까? 이런 중대한 질문들에 유의미하게 접근하려면, 우리가 우리 자신을 거론할 때 사용하는 개념들, 곧 의식, 정신, 《나》, 사유, 자유 등을 일상에서 익숙하게 사용할 때보다 더 꼼꼼하게 탐구해야 한다. 그렇게 한 다음에야 비로소 우리는, 예컨대 자유 의지란 실은 없다고, 혹은 인간 정신(의식)이란 말하자면 뇌의 표면 장력일 뿐이라고, 혹은 최근에 프랜시스 크릭과 크리스토프 코흐가 주장한 대로, 인간 정신이란 40헤르츠 진동수 구역의 동기화된 뉴런 점화일 뿐(나중에 그들은 이 주장을 스스로 제한했다)[1]이라고 누군가가 자신 있게 논증할 때, 그 논증에 어떤 허점들이 있는지 꿰뚫어볼 수 있다.

의식 철학Bewusstseinsphilosophie(영어로 philosophy of mind)*의 현재 주류와 달리 이 책이 추구하는 이론은 반(反)자연주의적이다. 영어 philosophy of mind를 독일어 Philosophie des Geistes(정신 철학)로 옮기는 경우가 종종 있는데, 이는 틀린 번역이다. 자연주의**는 존재하는 모든 것을 결국 자연과학으로 탐구할 수 있다고 전제한다. 또한 유물론이 옳다는 것을, 바꿔 말해 오직 물질적 대상들만 — 무정한 물질-에너지적 실재에 속하는 것들만 — 존재한다는 명제를 적어도 암묵적으로 전제한다. 그렇다면 지금까지 자연과학으로 설명되지 않은 의식은 어떻게 취급해야 할까? 더구나 의식에 대해서는 자연과학적 설명이 어떻게 가능할지 전혀 예측조차 할 수 없는데 말이다. 의식, 곧 인간 정신이 인문학과 사회과학에서 탐구된다는 점을 생각하면, 이 질문은 더욱 절실해진다. 자연주의는, 예컨대 독일 연방 공화국, 미셸 우엘벡의 소설 속 세계들, 지인의 죽음으로 인한 슬픔, 무릇 생각과 느낌, 심지어 수 π

* philosophy of mind의 일반적인 우리말 번역어는 〈심리 철학〉이다.

** 중요한 구실을 하는 개념들을 표시하는 굵은 글씨는 되도록 정의나 개념 설명에 사용할 것이다. 책 말미의 찾아보기 가운데 개념어는 굵은 글씨로 표시된 개념들의 목록이다 — 원주.

도 실은 물질적 대상이라는 것을 함축할까? 아니면 이것들은 실제로는 존재하지 않거나 진정한 의미에서는 존재하지 않는 것들일까? 자연주의자들은 바로 그렇다는 것을 증명하려 한다. 그들은 비물질적 실재가 존재한다는, 그들이 보기에 그릇된 인상을 제거하려 애쓴다. 이에 관한 논의는 나중에 다시 이어갈 것이다.

거듭되는 말이지만, 이 책은 반자연주의 관점을 채택한다. 즉, 모든 존재가 물질적이지는 않다는 것, 혹은 자연과학적으로 탐구 가능하지는 않다는 것을 출발점으로 삼는다. 바꿔 말해, 나는 비물질적 실재들이 존재한다고 주장하며 그것은 누구나 얻을 수 있는 상식적 통찰이라고 본다. 내가 누군가를 친구로 여기고 적절한 감정과 행동으로 그 사람을 대할 때, 나는 그와 나 사이의 우정이 물질적인 것이라고 생각하지 않는다. 또한 나는 나 자신을 단지 물질적인 것으로 여기지 않는다. 물론 내가 적절한 몸을 가지지 않았다면 지금의 나일 수 없다는 것, 또한 우리 우주의 자연법칙들이 지금과 다르거나 생물학적 진화가 다르게 진행되었다면 내가 적절한 몸을 가질 수 없었다는 것은 자명하지만 말이다.

자연주의와 반자연주의 중에 어느 쪽이 궁극적으로 옳으냐는 질문은 철학이라는 학술 분야를 위해서뿐 아니라 자연과학과 인문학의 관계를 위해서도 중요하다. 이 질문은 우리 모두에게 중요하다. 더구나 지금은 종교가 회귀하는 시대라고 많은 이들이 지목하기 때문에 더욱 그러하다. 종교는 비물질성의 요새로 여겨지고, 그것은 정당한 평가다. 비물질적 실재들을 (우리 시대의 자연주의자들처럼) 너무 성급하게 무시하면 결국 종교를 이해할 능력조차 잃게 된다. 처음부터 종교를 일종의 미신이나 괴담으로 간주할 테니까 말이다. 자연과학적·기술적·경제적 진보를 통해서 사람들 사이에서 일어나는 모든 과정들을 이해하고 통제할 수 있으리라는 생각은 결함이 있는 듯하다.

이미 20세기에 많은 사상가들은 다양한 방식으로 계몽주의와 합리주의를 버리거나 비판적으로 제한하려 했다. 예컨대 테오도어 아도르노와 막스 호르크하이머는 공저 『계몽의 변증법*Die Dialektik der Aufklärung*』에서, 궁극적으로 근대는 전체주의로 귀결될 수밖에 없는 재난이라고 판정했다. 물론 나는 전혀 그렇게 보지 않는다. 그러나 본질적으로는 오직 물질 입자들만 존재하고 그것들이 거대한 그릇과 같은 세계 안에 자연법칙들에 따라 배치되며 수십억 년 뒤에 유기체들이 출현하고 그중 일부가 의식이 깨어 난해한 질문을 제기한다는 유물론적 근본 신념을 토대로 삼는 한에서의 근대는 결함이 있다고 나는 믿는다. 이런 방식으로는 인간 정신을 절대로 이해하지 못할 것이다. 바로 이것을 통찰했기 때문에 고대 그리스인들은 철학을 고안했다.

　반자연주의적 정신 철학의 관점을 오늘날에 복원하기
위해서 우리는 자연과학적 세계상과 종교적 세계상 중에
하나를 선택해야 한다는 생각을 버려야 한다. 이 세계상들
은 둘 다 원리적으로 그릇되었다. 요새 역사적·신학적 지
식이 부족한 일군의 종교 비판자들이 활동하고 있다. 〈신
무신론New Atheism〉이라는 이름 아래 모인 그들 가운데
저명한 사상가들로 샘 해리스, 리처드 도킨스, 미셸 옹프
레, 대니얼 데닛 등이 있다. 이들은 종교(즉, 이들이 미신이
라고 여기는 바)와 과학(즉, 이들이 냉철하고 꾸밈없는 진
실로 여기는 바) 중에 하나를 선택해야 한다고 본다. 우리
가 속한 근대 민주주의 사회들이 근본적인 세계상-갈등을
해결해야 한다는 생각을 나는 『왜 세계는 존재하지 않는
가Warum es die Welt nicht gibt』에서 충분히 논박했다. 어차
피 정합적인 세계상은 존재하지 않는다는 것, 과학이 계몽
주의와 동일하지 않은 것과 마찬가지로 종교는 미신과 동
일하지 않다는 것이 그 책에서 내가 펼친 주장이었다.[2]

　이제 이 책에서 내가 의도하는 바는 의식 있는 정신적
생물로서의 우리 자신을 보는 반자연주의적 관점을 개발
하는 것이다. 나는 그 관점이 정신의 역사 속에서 —— 서양
에만 국한되지 않고 —— 전개된 위대한 자기인식의 전통들
과 연결되기를 바란다. 근대의 진보로부터 이득을 얻은 소

수의 기술적·경제적 엘리트들이 종교적 미신을 추방하고 더불어 정신을 인문학에서 추방해야 한다는 입장을 취하더라도, 그 위대한 자기인식의 전통들은 사라지지 않을 것이다. 진실은 자연과학에 국한되지 않는다. 진실은 사회과학과 인문학, 예술, 종교에서도, 그리고 우리가 예컨대 여름에 고속열차에서 에어컨이 작동하지 않는 경우가 너무 잦음을 알아채는 것과 같은 지극히 일상적인 상황에서도 발견된다.

뇌의 10년

신경과학이 우리의 자아 탐구를 선도하는 분야라는 생각이 생겨난 최근 역사는 주목할 만하고 의미심장하다. 1989년, 미국 의회는 이어질 10년을 뇌 과학의 시대로 삼기로 결의했다. 1990년 7월 17일, 당시 미국 대통령 조지 H. W. 부시(아버지 부시)는 〈뇌의 10년〉을 공식적으로 선포했다.[3] 뇌 과학의 방법들을 써서 의학적 사항들을 신경 화학의 수준에서 더 잘 이해하고 그럼으로써 예컨대 알츠하이머병이나 파킨슨병의 치료제 개발 필요성이 공식화된 것이었다. 부시의 선언문은 이 장르의 글이 으레 그렇듯이 화려하고 거창하게 마무리된다.

그리하여 나, 조지 H. W. 부시 미합중국 대통령은 지금 여기에서 1990년 1월 1일에 시작된 10년을 뇌의 10년으로 선언합니다. 나는 이 10년을 적절한 프로그램들과 행사들과 활동들로 기념할 것을 합중국의 모든 공직자와 국민들에게 호소합니다.[4]

10년 후, 당시 독일 노르트라인베스트팔렌 주의 총리 볼프강 클레멘트가 후원하는 가운데 〈인간 뇌의 10년〉이라는 명칭의 유사한 계획이 등장했다. 이 계획은 본 대학교에서 열린 한 학회에서 몇몇 저명한 자연과학자들에 의해 선포되었다.

당혹스럽게도, 이 계획을 알리는 보도 자료는 부가 설명 없이 그 표현 그대로는 받아들일 수 없는 다음과 같은 문장으로 시작된다. 〈생각하는 뇌를 들여다볼 수 있는 날이 오리라는 것은 10년까지만 해도 순전한 억측이었을 것이다.〉[5] 이 문장은 〈생각하는 뇌를 들여다보는 것〉[6]이 지금은 가능함을 함축한다. 그러나 엄밀히 따지면, 이것은 상당히 놀라운 발언이다. 왜냐하면 생각 활동Denkakt을 들여다볼 수 있다는 것은 궁극적으로 터무니없는 생각이기 때문이다. 생각 활동은 비가시적이다. 가시적인 것은 기껏해야 생각 활동의 필수 전제 조건들로 간주될 수 있는 뇌 구역들이다. 그렇다면 〈생각하는 뇌를 들여다본다〉 저 표현은 뇌가 생각 내용들을 어떻게 처리하는지를 말 그대로 볼 수 있다는 뜻일까? 그러니까, 이제 우리는 그저 생각을 품거나 이해하기만 하는 것이 아니라 갑자기 볼 수도 있다는 뜻일까? 아니면 저 발언은, 뇌를 들여다볼 수는 있으나 그 생각 내용까지는 읽어 낼 수 없다는 겸허한 주장만 담고 있을까?

조지 H. W. 부시는 뇌 과학자가 아니므로, 뇌의 10년의 성취는 기껏해야 정치적일 수 있다. 이를테면 국가의 자원이 뇌 과학에 더 많이 투입된 것이 나름의 성취일 수 있겠다. 그러나 그 성취가 생각하는 뇌를 〈들여다볼〉 수 있다는 것과 무슨 상관이란 말인가?

독일의 선언문이 넌지시 암시하는 기능성 자기 공명 영상법을 비롯한 영상화 기술의 개발은 의학에서 절대적인 진보다. 과거의 많은 기술들과 달리 영상화 기술들은 전혀 침습적이지 않다. 다시 말해 우리는 본래의 뇌에 심하게 개입하지 않으면서, 살아 있는 뇌를 (직접으로는 아니고!) 컴퓨터로 만든 모형을 통해 가시화할 수 있다. 그런데 이 의학적 진보가 더 나아간 호언장담과 결합한다. 생각을 가시화할 수 있다는 호언장담과 말이다. 그리고 이 호언장담은 이행될 수 없다. 엄밀히 따지면 그것은 터무니없는 소리에 가깝다. 무슨 말이냐면, 〈생각하기〉가 생각 내용을 의식적으로 품기를 뜻한다면, 생각하기는 영상화 기술로 가시화할 수 있는 뇌 과정들 외에 훨씬 더 많은 것을 포함한다. 뇌 과정들을 어떤 특정한 의미에서 가시화할 수 있기는 하지만, 생각하기를 가시화할 수는 없다.

공식적으로 2010년 12월 31일에 종료된 미국과 독일의 뇌의 10년은 의학적 진보에 머물지 않고 자기인식을 향한 희망을 우리에게 제공했다는 점에서 특징적이었다. 이런 맥락에서 신경과학은 한동안 인간의 자기탐구를 선도하는 분야로서의 사명을 짊어졌다. 사람들은 인간의 사유, 의식, 《나》, 심지어 우리의 정신 그 자체가 위치한 장소를 알아내고 그것들을 공간과 시간 안에서 관찰 가능한 사물과 동일시할 수 있다고 믿었다. 뇌 혹은 중추신경계와 동일시할 수 있다고 말이다. 나는 이 생각을 간단히 신경중심주의로 명명하고 이 책에서 반박하려 한다. 유럽중심주의, 곧 유럽이 나머지 세계보다 문화적으로 우월하다는 과거의 식민주의적 생각은 다른 초강대국들이 등장하면서 더는 심각한 문제가 아니게 되었다. 지금은 유럽중심주의에 못지않게 (그다지 과학적이지도 않은) 전능 환상에 빠져 있는 신경중심주의를 공격할 때다. 유럽중심주의는 우수한 인간적 사유가 한 대륙(유럽) 혹은 한 지역(서양)에 매여 있다고 그릇되게 생각했다. 그와 유사하게 지금 신경중심주의는 인간적 사유의 위치를 뇌로 규정한다. 그런 식으로 — 예컨대 버락 오바마가 주도하는 〈뇌 활동 지도Brain Activity Map〉 프로젝트가 암시하듯이 — 사유의 지도를 작성함으로써 사유를 더 잘 통제할 수 있기를 바라면서 말이다.

신경중심주의의 기본 사상에 따르면, 정신적인 생물이라는 것은 적당한 뇌를 가졌다는 의미에 다름 아니다. 요컨대 신경중심주의의 가르침은 한마디로 〈나는 뇌다〉로 요약된다. 《나》, 〈의식〉, 〈자아〉, 〈의지〉, 〈자유〉, 또는 〈정신〉의 의미를 이해하려면, 철학이나 종교, 또는 상식 따위에 문의할 것이 아니라 자연과학의 방법으로 — 최선의 경우에는 신경생물학과 짝을 이뤄 — 뇌를 연구해야 한다는 것이다. 나는 이 가르침에 동의하지 않으므로 〈나는 뇌가 아니다!〉를 이 책의 비판적인 길잡이 명제로 삼는다.

나는 이제껏 언급한 정신 철학의 기본 개념들 외에 〈자유 의지〉도 면밀히 고찰할 것이다. 우리는 단적으로 자유로울까, 아니면 우리의 자유를 의심할 만한 정당한 이유가 있을까? 우리가 실은 생에 대한 갈급에 내몰린 생물학적 기계이며 오로지 자신의 유전자를 퍼뜨리는 것만을 추구하는 존재라고 간주할 정당한 근거들이 최근에 정말로 나온 것일까? 나는 우리가 실제로 자유로우며, 우리의 자유는 무엇보다도 우리가 정신적인 생물이라는 점과 관련이 있다고 믿는다.

이 사실을 더 명확하게 드러내기 위해서는 멀거나 가까운 과거의 정신 철학들을 살펴보는 것이 유용하다. 정신 철학이 신경중심주의를 멀리할 것을 권고한다는 사실은 시작된 지 얼마 안 된 21세기의 대중에게 거의 알려져 있지 않으니까 말이다.

철학은 한동안 신경중심주의의 기본 사상에 이론적 토대를 제공하려 애썼다. 그런 식으로 철학은 뇌의 10년에 부분적으로 열정을 다하여 참여했다. 그 과정에서 〈나는 뇌다〉라는 명제가 전혀 자명하지 않다는 것이 드러났다. 《나》 혹은 〈정신〉 같은 개념들은 정신 철학의 역사 속에서 등장했고, 그다음에 다른 분야들(이를테면 심리학)에서 제각각 고유한 경력을 쌓았다. 《나》나 〈자아〉 같은 개념들은 (전문적인 철학자들로부터도) 자주 공격을 당하지만, 그 개념들이 본래 어디에서 유래했고 그것들을 도입한 사상가들이 어떤 통찰들을 그것들과 연결했는지는 검토되지 않았다.

지난 200년에 걸친 정신 철학의 많은 이론들과 주요 성과들은 신경중심주의의 기본 사상을 반박한다. 그러므로 나는 꽤 오래전에 죽은 사상가들도 다시 거론할 것이다. 철학에서는 단지 과거에 살았던 사람이라는 이유만으로 그의 생각은 틀렸다고 판단하는 것이 전혀 사리에 맞지 않는다. 플라톤의 정신 철학이 고대 아테네에서 — 더구나 우리 자신에 대한 심오한 통찰들 중 일부가 유래한 고도 문화의 맥락 안에서 — 생겨났다는 사실은 그 철학을 전혀 손상시키지 않는다. 호메로스, 소포클레스, 셰익스피어,

엘프리데 옐리네크는 우리 자신에 대해서 신경과학자들보다 더 많은 것을 가르쳐 줄 수 있다. 신경과학자들은 우리의 뇌 혹은 중추신경계와 그것의 작동 방식을 다룬다. 뇌가 없으면, 정신도 없다. 뇌는 우리가 의식 있는 삶을 살아가기 위한 필요조건이다. 그러나 뇌가 우리의 의식 있는 삶과 동일한 것은 아니다. 필요조건은 충분조건이 아니다. 두 다리를 보유하는 것은 자전거를 타기 위한 필요조건이지만 충분조건은 아니다. 자전거를 타려면, 자전거 타는 법을 익혀야 하고 내가 자전거가 있는 곳에 있어야 하는 등의 조건들도 따로 갖춰야 하니까 말이다. 뇌를 이해하면 우리의 정신을 완전히 이해하리라는 믿음은 우리의 다리를 이해하면 자전거 타기를 완전히 이해하리라는 믿음과 유사하다.

《나》와 뇌를 동일시할 수 있다는 생각의 주요 약점 중 하나는, 그런 식의 동일시로 인해 뇌가 우리에게《나》와 외부 세계의 허상을 보여 줄 뿐이라는 주장에 곧바로 이르게 된다는 점이다. 바꿔 말해, 우리는 실재 자체를 인식할 수는 없고 뇌가 만드는 실재의 정신적 그림들만 인식할 수 있는 것처럼 여기게 된다. 그렇다면 우리의 정신적 삶 전체는 일종의 환상 또는 환각일 것이다. 나는 이미『왜 세계는 존재하지 않는가』에서 이 주장을 신경 구성주의로 규정하고 공격한 바 있다.[7] 신경 구성주의는 우리의 모든 정신적 능력들을 뇌 구역들과 동일시할 수 있으며 그 구역들의 기능은 실재의 정신적 그림들을 구성하는 것이라고 본다. 우리는 그 그림들로부터 떨어져 나와서 그것들을 실재 자체와 비교할 수 없다. 라이너 마리아 릴케는 이 생각을 유명한 시 「표범Der Panther」에서 다음과 같이 표현한다. 〈마치 천 개의 막대가 있고 / 천 개의 막대 너머에 세계는 없는 것처럼.〉[8]

이런 생각에 맞서 등장한 여러 반론 중 하나로 이른바 새로운 리얼리즘이 있다. 새로운 리얼리즘의 기본 사상은 신경 구성주의의 타당 범위를 둘러싼 논쟁을 촉진하기도 했다. 그 논쟁의 한 예를 대중용 과학 저널 『뇌와 정신Gehirn und Geist』에 실린 기사 「거대한 환상: 뇌는 우리에게 세계의 허상을 보여 줄 뿐일까?」에서 볼 수 있다. 이 기사는 정신 철학을 참조하고 미국 철학자 알바 노에와 한 인터뷰에 기초하여 신경 구성주의를 의문시한다.[9]

인간의 자기탐구를 기준으로 말하면, 뇌의 10년은 근본적으로 실패했다고 할 만하다. 『쥐트도이체 차이퉁』은 그 기획을 되돌아보며 이렇게 단언한다. 〈인간은 여전히 읽어 낼 수 없는 존재다.〉[10] 요컨대 지금은 인간 정신이 과연 누구 혹은 무엇인지를 새롭게 숙고할 때다. 나는 이 책에서 21세기를 위한 정신 철학의 윤곽을 제시할 것이다. 새로운 리얼리즘과 신경 구성주의 비판을 둘러싼 기존 논쟁에 대한 지식은 이 책을 이해하기 위한 전제 조건이 아니다. 철학에 관심이 있기는 하지만 하루 종일 철학 문헌을 읽지는 않는 독자는 한 철학 작품을 이해할 수 있으려면 먼저 다른 책들을 수없이 많이 읽어야 한다는 느낌을 받곤 하는데, 그 느낌은 흔히 옳다. 그러나 이 책은 항상 배경에 깔린 기본 사상들을 알려 줄 것이므로 사전 지식이 없더라도 이해할 수 있을 것이다.

뇌 스캔 속의 정신적 자유?

나의 목표는 정신적 자유의 개념을 방어하는 것이다. 그 개념은 우리가 착각할 수 있고 비합리적일 수 있다는 것을 포함한다. 또한 우리가 진실을 알아낼 능력이 있다는 점역시 포함한다. 철학도 다른 모든 학문과 다르지 않다. 철학자도 이론을 구성하고, 그 이론의 근거를 제시하고, 사람들이 인정하고 특정한 의미로 이해해야 마땅한 사실들을 들이미는 등의 활동을 한다. 이론은 참이나 거짓일 수 있는 생각들로 이루어진다. 오류를 범하지 않는 사람은 없다. 이 원리는 특히 자기인식 분야에서 타당하다. 소포클레스의 『오이디푸스 왕』은 이 사실을 극적으로 보여 준다. 바라건대 이 책에선 상황이 그토록 비극적으로 펼쳐지진 않을 것이다.

이 책에서 내가 공격할 주요 표적들, 곧 신경중심주의와 그 선배들 — 자연과학적 세계상, 구조주의, 포스트구조주의 — 은 모두 철학 이론들이다. 때때로《나》와 뇌가 동일하다는 명제를 마치 뇌 과학의 경험적 판정인 것처럼 내세우는 사람들을 본다. 내가 비판적 시각으로 〈신경중심주의〉로 명명한 입장을 옹호하는 그 사람들은 마치 자신들이 의심의 여지가 없는 자연과학적 발견들을 제시하는 것처럼, 전문가들이 인정하는 사실들을 들이댈 수 있는 것처럼 행세하기를 즐긴다. 그러나 그들의 포괄적인 견해들은 전형적인 철학적 주장들로서 어떤 다른 학문에 떠넘길 수 없는 주장들이다. 하지만 이 사실이 명백히 드러나지 않기 때문에 그들은 비판에 아랑곳하지 않는다.

신경중심주의도 의식, 사유,《나》, 정신, 자유 의지 등의 개념들을 사용한다. 그러나 경험적으로 정당화할 수 없는 절대성을 주장하며 사용할 경우, 그 개념들은 예나 지금이나 철학적 개념들이다. 철학적 개념들의 도움으로 우리는 예컨대 우리의 생물학과 — 우리의 생활 공간인 지구가 까마득한 과거부터 쏜살같이 누벼 온 — 우주에 관한 앎에 도달한다.

우리가 우리 자신을 정신적 생물로 서술할 때 사용하는 저 개념들에 대한 우리의 이해는 수천 년에 걸친 정신사, 문화사, 언어사의 산물이다. 그 이해는 우리의 자연 이해, 문학, 법적 판단, 예술, 종교, 사회사적 경험 등이 팽팽하게

얽힌 장에서 복잡하게 발전했다. 그 발전의 과정을 자연과
학의 언어로 서술하는 것은 단적으로 불가능하다. 신경 신
학, 신경 독문학, 신경 미학 등의 분야들은, 『차이트』에 실
린 새로운 리얼리즘에 관한 기사에서 토마스 슈미트가 극
적으로 표현한 대로, 〈섬뜩한 이론-골렘들Teorie-Golems〉
이다.[11] 만일 대상을 연구하는 뇌를 관찰할 수 있다는 것에
서 그 연구 분야의 합법성이 나온다면, 신경과학의 합법성
을 보증하는 신경 신경과학도 필요할 것이다. 그렇다면 더
나아가 신경 신경 신경과학, 신경 신경 신경 신경과학 등도
고안해야 할 텐데, 정말 그럴지는 미래가 알려 줄 것이다.

　뇌의 10년이 1989년 베를린 장벽이 무너지면서 냉전의
종결이 뚜렷해진 직후에 조지 H. W. 부시에 의해 선포된
것은 과연 우연일까? 그 프로젝트는 오로지 의학 연구를
정치적으로 지원하기 위한 것이었을까? 생각하는 뇌를 ―
따라서 시민을 ― 들여다볼 수 있다는 전망은 감시 사회를
(또한 군산 복합체를) 위한 새로운 통제 가능성을 의미하
지 않을까? 뇌에 관한 지식의 향상이 소비자들을 통제하는
수단의 발전을 약속한다는 것은 이미 오래전부터 널리 알
려졌다. 어쩌면 신경과학에 기초한 약물을(또한 광고를)
활용하는 새로운 여론 조작 메커니즘들이 개발될 수도 있
지 않을까?

　펠릭스 하슬러가 저서 『신경 신화Neuromythologie』에서

설득력 있게 서술했듯이, 뇌의 10년은 새로운 로비의 활성화를 가져왔고, 그 결과로 현재 미국 대학교들에는 흡연하는 학생보다 향정신성 약물을 사용하는 학생이 더 많다.[12] 해상도가 향상된 뇌 영상에 대한 더 세밀한 이해는 크리스토프 쿠클리크가 〈통제 혁명Kontroll-Revolution〉이라고 적절하게 요약한 사회적 변환을 약속한다. 통제 혁명의 주요 특징 가운데 하나는 우리가 〈착취〉당할 뿐 아니라 개별적으로 또한 정확하게 〈해독(解讀)〉당할 수 있다는 것이다. 쿠클리크는 그런 상황을 〈알갱이 사회granulare Gesellschaft〉라고 칭했다.[13]

요컨대 알쏭달쏭한《나》가 과연 누구 혹은 무엇인가라는 질문은 철학 분야에서뿐 아니라 궁극적으로는 정치에서도 의미심장하며, 우리는 일상의 어디에서도 그 질문을 비켜갈 수 없다. 예를 들어 사랑은 실은 특정한 〈신경 전달 물질들의 칵테일〉과 동일하다는 주장, 혹은 사회적 일상에서 우리의 관계 맺기 행태는 까마득한 선사 시대까지 거슬러 올라가며, 우리의 선조들이 익힌 행동 패턴이 오늘날에도 우리의 행태를 규정한다는 주장을 생각해 보라.

내가 보기에 이런 주장들의 배후에는 부담 벗기의 환상이 있다. 따지고 보면, 스스로 자유롭게 살면서 타인들도 자유롭다고 전제하는 것은 몹시 부담스러운 일이다. 그럴 수만 있다면 선택권을 기꺼이 양도하겠다는 사람들, 삶이 멋진 영화처럼 자기 내면의 눈앞에서 흘러가면 좋겠다는 사람들이 있는 것도 납득할 만하다. 미국 철학자 스탠리 카벨의 말마따나 〈자신의 인간성을 부정하고 싶은 바람보다 더 인간적인 것은 없다〉.[14]

그런 바람에 맞서 나는 이 책에서, 정신의 개념이 — 정치적 맥락에서도 사용되는 — 자유의 개념과 짝을 이룬다는 생각을 옹호할 것이다. 자유는 우리가 그 의미를 제대로 알지 못하면서 옹호하는 매우 추상적인 가치에 불과한 것이 아니다. 또한 자유는 시장 경제가 우리에게 보장해 주는 자유, 곧 소비자로서 다양한 상품들 중 일부를 선택할 자유에 국한되지 않는다. 궁극적으로 인간의 자유는 우리가 정신적 생물이라는 것에 기초를 둔다. 자연과학을 모범으로 삼아 우리의 인간상을 과학화한다면, 정신적 생물로서의 우리를 완전히 이해하는 것은 단적으로 불가능하게 된다.

이로써 우리는 이 책이 다루는 주제의 한복판에 도달한 셈이다. 이제 우리는 우리 자신에 대해서 숙고할 참이니까 말이다. 그 숙고는 우리 〈삶 꼴Lebensform〉*의 일부다. 우리는 환경 속의 여러 사물들만 의식하는 것이 아니며 의식적인 인상들과 (느낌들을 포함한) 체험들만 가지는 것이

---

* 〈삶의 형태〉로도 번역됨.

아니다. 우리는 또한 의식에 대한 의식을 가진다. 우리 철학자들은 이를 자기의식이라고 부른다. 이 자기의식은 일상적인 독일어에서 자기신뢰를 뜻하는 자기의식과는 다르다.

오늘날 우리는 우리 자신에 관한 지식처럼 보이는 것들의 홍수 속에 거의 수몰될 지경이다. 신경과학, 진화 심리학, 진화 인류학 등의 수많은 자연과학 분야들(혹은 그 분야들의 몇몇 대표자들)은 자기인식 분야에서 진보를 이뤄냈거나 적어도 결정적인 도약을 코앞에 두었다는 주장을 거의 매일같이 내놓는다.

독일 라디오 방송국 DLF의 연속 프로그램 「뇌 스캔 속의 철학Philosophie im Hirnscan」에서는 〈인간 정신이 아니라, 뇌가 의사 결정을 조종하는 것이 아닐까〉라는 질문과 〈자유 의지는 착각임을 증명할 수 있다〉는 주장이 숙고되기까지 한다.[15] 또 다른 프로그램은, 임마누엘 칸트가 우리는 세계를 그 자체대로 인식할 수 없다고 주장했는데 뇌과학이 그 주장을 확고하게 뒷받침함을 보여 주려 한다.[16] 그 방송은 마인츠 대학교의 의식 철학자 토머스 메칭거의 말을 인용한다. 그는 철학이 신경과학에 접근하는 것을 옹호하면서 이렇게 말했다고 한다.

철학과 뇌 과학의 견해는 일치한다. 지각은 세계를 보여 주는 것이 아니라 세계의 모형을 보여 준다. 유기체의 필요에 따라서 준비되고 고도의 처리 과정을 거친 아주 작은 파편을 보여 주는 것이다. 심지어 공간과 시간, 원인과 결과도 뇌에서 산출된다. 그럼에도 당연히 실재는 존재한다. 실재는 직접 경험될 수 없지만 포위될 수 있다.[17]

그러나 인식론과 지각 이론을 연구하는 철학자의 대다수는 오늘날 이 주장을 전혀 받아들이지 않을 것이다. 우리가 실재를 직접 경험할 수는 없고 포위할 수만 있다는 주장을 꼼꼼히 살펴보면, 그 이론의 비일관성이 드러난다. 그 이론은, 위 인용문에서 보듯이, 우리가 세계의 모형을 직접 경험할 수 있다고 전제한다는 점에서 비일관적이다. 만약에 우리가 이 모형도 간접적으로 포위해야 한다면, 우리는 한편에 모형이 있고 다른 편에 그 모형이 모사하는 세계가 있다는 것을 전혀 모를 테니까 말이다. 사람들이 실재의 모형을 만든다는 것을 당신이 안다면, 단도직입적으로 말해서 당신은 실재에 대하여 무언가 아는 것이다. 요컨대 우리가 항상 모형을 필요로 하는 것도 아니고 무조건적으로 모형 안에 갇혀 있는 것도 아니다. 또 모형을 실재의 일부로 보면 안 될 이유가 어디에 있을까? 예컨대 나는 지금 런던에 비가 내린다는 내 생각을 보유하기 위해서 우선 그것을 간접적으로 포위할 필요가 전혀 없는데, 왜 그 생각은 실재에 속하지 않는다는 말인가? 이란 맥락에서 새로운 리얼리즘은 우리의 생각이 우리가 숙고하는 대상보다 덜 실재적이지 않으며, 따라서 우리는 실재를 인식할 수 있고 단지 모형만으로 만족할 필요가 없다고 주장한다.[18]

내가 펼칠 〈정신적 자유〉의 개념은 장폴 사르트르가 말한 〈실존주의〉와 연결된다. 사르트르가 철학적·문학적 작품들에서 그린 자유의 상(像)은 고대에서 기원했으며, 그 흔적은 프랑스 계몽 철학, 임마누엘 칸트, 독일 관념론(요한 고틀리프 피히테, 프리드리히 빌헬름 요제프 셸링, 게오르크 빌헬름 프리드리히 헤겔), 카를 마르크스, 쇠렌 키르케고르, 프리드리히 니체, 지그문트 프로이트, 그 밖에 많은 사상가들에게서 발견된다. 오늘날 철학에서 이 전통은 주로 미국에서 칸트와 헤겔의 이름을 앞세워 활발히 추진되는데, 키르케고르와 니체도 거기에 한몫한다. 반면 알베르 카뮈와 사르트르는 아직까지 외면당한다.

내가 거명한 사상가들은 그들이 공유한 사상의 대표자들일 뿐이다. 나는 그 공통의 사상을 신(新)실존주의로 명명한다. 〈신〉이라는 접두사를 붙인 것은, 이 시대에 적합한 새로운 실존주의는 위에 거명한 사상가들의 실존주의에 붙어 있는 바닥짐 없이 존립해야 한다는 점을 말하기 위해서다. 신실존주의에 따르면, 인간은 자기 자신의 상을 스스로 만들어 보유해야 비로소 누군가이고, 그런 한에서 자유롭다. 우리는 우리가 누구이고 누구이기를 원하고 누구여야 하는지 보여 주는 자화상을 그리고, 다양한 규범, 가치, 법, 제도, 규칙의 형태를 띤 그 자화상을 지침으로 삼아 길을 찾는다. 무엇을 해야 할지에 대해서 아무튼 어떤 생각을 가지려면, 우리는 우리 자신을 해석해야 한다. 이때 우리는 불가피하게 가치들을 기준점으로 삼는다. 그 가치들은 우리의 자유를 속박하지도, 우리를 독단적으로 만들지도 않는다(정반대로 생각하는 사람도 있을 수 있겠지만). 여기에서 결정적으로 중요한 생각은, 우리가 흔히 그릇되고 왜곡된 자화상을 그리며 심지어 그 자화상이 정치적 힘을 발휘하게 놔둔다는 것이다.

인간은 자신의 범위를 훌쩍 벗어난 실재 속에 자신이 어떤 식으로 삽입되어 있는지에 대해서 생각하는 그런 존재다. 이 때문에 우리는 사회상과 세계상을 그리고, 심지어 존재하는 모든 것을 거대한 파노라마로 굽어보기 위하여 형이상학적 믿음 체계를 구성한다. 우리가 아는 한에서 우리는 이런 활동을 하는 유일한 생물이다. 나중에 설명하겠지만, 나는 이 판단이 우리를 추어올리지도 않고 다른 생물들을 깎아내리지도 않는다고 본다. 이 책이 말하려는 바는, 우리 인간이 의기양양하게 우리의 자유에 도취하여 이른바 인류세(인간이 지구를 지배하는 지질 시대를 일컫는 신조어)의 도래를 축하하며 건배해야 마땅하다는 것이 아니다. 이 책의 일차적인 의도는, 민주 사회의 대중들 사이에서 인문학이 변방으로 밀려남으로 인해 우리의 정신적 자유의 공간이 어두워지는 것에 맞서 그 공간을 환히 밝히는 것뿐이다.

20세기와 21세기에 정신 철학이 도달한 주요 결과들 중 다수는 폭넓은 대중에게는 여전히 상대적으로 거의 알려져 있지 않다. 틀림없이 한 가지 이유는 철학의 방법들과 논증들 중 일부가 복잡한 전제들에서 유래하고 고도로 특화된 전문 언어로 표현된다는 점에 있을 것이다. 이런 점에서 철학은 심리학, 생물학, 천체 물리학, 로망스어 문학, 통계학적 사회 연구와 마찬가지로 하나의 분과 학문이다. 그건 그것대로 좋다.

다만 철학은 임마누엘 칸트가 〈계몽〉이라고 부른 것을 또 하나의 사명으로 삼고 있다. 바꿔 말해, 철학은 대중적 공간에서도 역할을 한다. 칸트는 철학의 〈학교 개념Schul-begriff〉과 〈세계 개념Weltbegriff〉을 명시적으로 구분한다.[19] 이 구분이 의미하는 바는, 우리 철학자들의 활동이 논리적이고 엄밀한 논증들을 주고받고 전문 언어를 개발하는 일에 국한되지 않는다는 것이다. 이 활동은 학교 개념의 철학, 곧 학술 철학이다. 이 활동을 넘어서, 철학자들은 자신들의 연구가 우리의 인간상에 대해서 함축하는 바를 대중에게 최대한 많이 알릴 의무가 있다. 이것이 세계 개념의 철학이다. 학교 개념의 철학과 세계 개념의 철학은 동반 관계이며 서로를 비판할 수 있다. 이 생각은 계몽에 대한 칸트의 기본 사상과 일치한다. 철학은 일찍이 고대 그리스에서도 이 역할을 맡았다.

USB 스틱으로서의 《나》

신경과학이 우리의 인간상에 관한 지식에 기여할 가능성은 제한적이라는 통찰이 이미 대중들 사이에 널리 퍼져 있다. 그럼에도 불구하고 유럽연합위원회가 10억 유로가 넘는 예산을 지원하는 — 어느새 격렬한 비판에 직면한 — 〈인간 뇌 프로젝트Human Brain Project〉는 뇌에 관한 현재의 지식을 종합하고 뇌를 컴퓨터로 시뮬레이션할 것이라고 한다.

그 프로젝트와 발을 맞추기라도 하듯이, 인공지능의 능력에 대한 매우 과장된 생각들이 시대정신을 물들인다. 스파이크 존즈의 「그녀Her」, 뤽 베송의 「루시Lucy」, 월리 피스터의 「트랜센던스Transcendence」, 닐 블롬캠프의 「채피Chappie」, 알렉스 갈랜드의 「엑스 마키나Ex Machina」 등의 영화들에서 뇌와 컴퓨터는 환상적으로 융합한다. 「그녀」의 주인공은 겉보기에 지능이 매우 높은 소프트웨어와 사랑에 빠진다. 그 소프트웨어는 실존적 문제들을 지닌 인격을 발달시킨다. 「트랜센던스」에서 주인공은 그의 《나》를 컴퓨터에 업로드함으로써 영원불멸하고 전능한 존재가 되어 인터넷을 통해 퍼져 나간다. 「루시」에서 여주인공은 아시아에서 만든 새로운 약물의 도움으로 뇌 활동의 100퍼센트를 의식적으로 통제할 수 있게 된 후에 그녀의 《나》를 USB 스틱으로 전송하는 데 성공한다. 그녀는 데이터 저장 매체에 담긴 순수한 데이터로 변신함으로써 불멸의 존재가 된다.

우리의 《나》를 우리의 두개골 속 뇌와 동일시하려는 욕망을 부추기는 것은 부담 벗기의 환상만이 아니다. 현재의 세계상에서 그 욕망의 발생에 결정적으로 기여하는 것은 불멸과 불가침을 향한 바람이다. 인터넷은 불멸의 플랫폼으로 묘사된다. 언젠가 인간은 몸으로부터 분리된 자신의 정신을 인터넷에 업로드하여 정보 유령으로서 무한한 이진수 공간을 영원히 누빌 수 있으리라는 희망이 제기된다.

인간 뇌 프로젝트에 참여하는 과학자들은 조금 더 냉철하게, 뇌에 관한 지식의 향상을 통해 의학적 진보를 이루기를 바란다. 다른 한편으로 그 프로젝트의 홈페이지는 〈전망Vision〉이라는 제목 아래, 실제 뇌를 가지고 연구하지 않아도 되는 (그래서 윤리적 문제에 봉착하지 않는) 컴퓨터 모형 기반의 인공 신경과학을 홍보한다. 홍보 글에 따르면 그 신경과학은 〈유전자에서 세포와 신경 회로로, 또한 궁극적으로 인식과 행동으로 이어지는 세부 메커니즘

들 — 우리를 인간으로 만드는 생물학 — 을 밝혀낼 잠재력이 있다〉고 한다.[20]

과학적·기술적 진보는 당연히 환영해야 마땅하다. 원자폭탄, 기후 변화, 은밀한 데이터 조사를 통한 더 정확한 시민 감시와 같은 문제들을 일으켰다는 이유로 과학 기술의 발전을 비난하는 것은 전혀 비합리적인 행동일 것이다. 우리는 우리 인간이 일으킨 근대의 문제들을 오직 계속적인 진보를 통해서만 다룰 수 있다. 우리가 그 문제를 해결하게 될지, 혹은 어쩌면 인류가 가까운 미래에 심지어 멸종하게 될지는 예단할 수 없다. 미래를 결정할 여러 요인들 중 한 가지는 우리가 그 문제들을 알아차리고 적절하게 서술할 수 있느냐 하는 것이다. 플라스틱 과잉 생산이나 현재 수억 인구를 괴롭히는 중국의 심각한 대기 오염에서 보듯이, 우리는 많은 문제들을 과소평가한다. 또한 우리가 아직까지 거의 이해하지 못한 문제들도 있다. 이를테면 근동(近東)의 복잡한 사회경제적 상황이 그러하다.

석기 시대로 돌아가고 싶은 사람은 당연히 없을 것이다. 19세기의 기술적 상황으로 돌아가기를 바라는 사람 역시 없을 것이 틀림없다. 칭얼거리는 진보 비판은 누구에게도 도움이 되지 않는다. 다만, 문명의 종말이 닥치기를 바라는 사람들에게는 예외적으로 도움이 될 텐데, 그 바람은 그들 자신의 문명 불안, 곧 프로이트가 말하는 〈문명 속의 불만〉을 반영할 가능성이 높다. 오늘날을 사는 우리 디지털 원주민들은 이메일 없는 삶을 거의 상상할 수 없다. 이메일이 없다면 우리의 일터인 기업과 기관의 업무를 대체 어떻게 조직해야 할까? 그러나 늘 그렇듯이 새로운 기술과 그것의 이데올로기적 악용 가능성에 대한 공포도 존재한다. 그 공포는 디지털 혁명, 데이터 악용, 인터넷에서의 데이터 감시를 둘러싼 논쟁들을 주도한다.

하지만 일반적인 기술 진보는 단점만 가지지 않는다. 오히려 정반대다. 나는 이메일을 작성할 수 있고 세계 여러 곳의 친구들과 연결될 수 있어서 기쁘다. 또한 영화를 빌리려고 비디오 대여점에 갈 필요가 없게 되어서 기쁘다. 때때로 피자 배달을 시킬 수 있어서, 휴가 여행을 위한 비행기 표를 온라인으로 예약하고 여행지의 호텔, 해변, 미술관에 관한 정보를 미리 수집할 수 있어서 기쁘다. 기술적으로 탄탄히 무장하고 자연과학적으로 존중할 만하게 진보하는 우리 문명은 철학자 테오도어 아도르노의 뒤를 이은 비관론적 문화 비판자들이 생각하는 것처럼 그 자체로 〈현혹맥락Verblendungszusammenhang〉인 것은 아니다. 그러나 모든 시대와 마찬가지로 오늘날에도 현혹은 존재한다.

우리 시대의 과학적-기술적 진보는 당연히 어두운 면을 가진다. 진보는 예기치 못한 규모의 문제들을 일으켰다. 사이버 전쟁, 환경 파괴, 인구 과밀, 드론, 사이버 왕따, 사회 연결망을 통해 계획된 테러, 원자 폭탄, 주의력 장애를 정당하거나 부당하게 진단받고 향정신성 약에 찌든 아이들 등의 문제들을 말이다. 그럼에도 최근의 디지털 진보는 〈자유 의식의 진보〉(헤겔)와 조화를 이루는 한에서 환영할 만하다. 다른 한편으로 — 이것이 이 책의 의도인데 — 자기인식 분야에서의 주목할 만한 퇴보들을 지적할 필요가 있다. 그 퇴보들의 바탕에는 이데올로기, 곧 특정한 형태의 환상이 있다. 아무도 이데올로기에 반발하지 않으면 이데올로기는 계속 즐겁게 번창할 것이다. 이데올로기 비판은 사회 전체의 맥락 안에서 철학의 주요 기능들 중 하나이며 우리가 방기하지 말아야 할 책임이다.

신경강박과 다윈염 — 「파고」의 경우

이와 유사한 맥락에서 영국 의학자 레이먼드 탈리스는 신경강박Neuromanie과 다윈염(炎)Darwinitis을 이야기한다. 그는 이 단어들로 현재 인류의 자기오해를 표현한다.[21] 신경강박이란 인간의 중추신경계 — 특히 뇌의 작동 방식 — 에 대한 경험적 지식을 계속 늘리면 우리 자신을 알 수 있다는 믿음을 말한다. 다윈염은 우리의 까마득한 생물학적 과거를 끌어들여 신경강박을 보완한다. 다윈염에 걸린 사람들은, 지구상의 다양한 종들 사이에서 벌어진 생존 투쟁에서의 적응적 장점들을 재구성하면 현 인류의 전형적인 행태를 더 잘 혹은 비로소 처음으로 이해할 수 있다고 주장한다. 신경중심주의는 신경강박과 다윈염의 조합이다. 즉, 뇌의 진화 역사를 고려하면서 뇌를 연구해야만 정신적 생물로서의 우리 자신을 이해할 수 있다는 생각이 바로 신경중심주의다.

다윈염의 경탄할 만한 반어적 사례를 걸작 텔레비전 시리즈 「파고Fargo」의 한 에피소드에서 볼 수 있다. 빌리 밥 손턴이 연기한 탁월한 사이코패스 청부 살인업자 론 말보는 그를 알아본 경찰관에게 체포된다. 그러나 말보는 사전에 꾀를 내어 한 홈페이지에 자신을 목사로 소개해 놓은 덕분에 곧바로 석방된다. 경찰이 목사 협회의 인터넷 홈페이지를 경솔하게 신뢰했기 때문이다. 말보가 경찰서를 나설 때, 그의 정체를 알아채고 그를 체포했던 경찰관이 그에게 이런 계략을 그의 인간적 양심과 어떻게 조화시킬 수 있느냐고 묻는다. 그러자 말보는 사람들이 녹색의 수많은 색조들을 시각적으로 구분할 수 있는 이유가 무엇이겠느냐고 반문한다. 경찰관은 어찌 대답해야 할지 몰라 말문이 막히지만, 나중에 애인에게 그 질문의 답을 구한다. 그녀는 이렇게 대답한다. 즉, 우리가 녹색 영역의 색조들을 세밀하게 구분하는 능력을 지닌 것은 인간이 숲속에서 사냥하면서 살던 시절에 덤불과 울창한 숲속의 천적과 사냥감을 식별해야 했기 때문이라고 말이다. 요컨대 자연 선택

덕분에 우리의 특별한 색깔 구분 능력이 진화했다는 것인데, 이는 일반적으로 흠잡을 데 없이 옳은 말이다. 자연 선택이 없었다면, 우리 종은 아마도 존재하지 못했을 것이다.

그러나 말보가 그 반문을 통해 전하려는 진짜 메시지는 자신이 사냥꾼이라는 것이다. 그는 우리가 사냥꾼과 살인자의 후예이므로 자신의 살인은 일종의 자연적 필연이라고 지적함으로써 자신의 행동을 정당화하려 한다. 따라서 그는 투박한 형태의 사회 다윈주의를 옹호하는 셈이고 결국 하나의 철학적 입장을 지지하는 셈이다. 사회 다윈주의는 진화 생물학적으로 탐구할 수 있는, 생물학적 종의 생존을 위한 매개 변수들을 통해서 인간들 사이의 모든 행동을 이해하고 설명하고 정당화할 수 있다고 주장한다.

다윈주의는 19세기 후반기에 처음 생겨났지만, 사회 다윈주의의 몇몇 기본 사상들은 훨씬 더 오래되었다. 일찍이 고대 그리스인들도 그 사상들을 논의했다. 한 예로 플라톤의 주요 저서들 중 하나인『국가』1권이 있다. 거기에 등장하는 고대 철학자 트라시마코스는 정의란〈다름 아니라 강자의 이익일 뿐〉이라고 정의한다.[22] 19세기 전반기에 아르투어 쇼펜하우어는『의지와 표상으로서의 세계』에서 인간 특유의 행동들을 초보적인 사회 다윈주의에 입각하여 서술하기 시작했다. 예컨대 그는 사랑에 빠지는 것을 비롯해서 성(性)을 둘러싼 모든 사회적 행동을 짝짓기 행동으로 설명한다. 그의 사상에서 이 설명은 보편적이며 뚜렷한 인간 경멸, 특히 여성 혐오와 연결된다. 실제로 쇼펜하우어는 이성과의 교제에서 ─ 완곡하게 표현하면 ─ 어려움을 겪었다.

오늘날 우리는 이런 형태의 설명들을 도처에서 접한다. 특히 우리 모두가 이런저런 방식으로 매일 참여하는 관계들에서의 인간 행동의 기본 구조를 설명하려 할 때 생물학적 범주들이 동원된다. 인간도 〈단지〉 동물이라는 것이 결국 밝혀지기를 우리는 바란다. 적어도 우리가 동물계에서 완전히 분리되었다고 믿을 만큼 순박하지는 않으려 한다. 어쩌면 (우리가 동물원에서 넋을 잃고 구경하거나 청명한 여름 저녁에 맥주병을 든 채로 불판에 그 고기를 굽는) 다른 동물들에 대한 양심의 가책 때문에 우리는 인간이란 동물계의 예외가 아니라고, 단지 우연히 정신적 생물이기도 할 따름이라고 믿으려 한다. 어쨌든 내가 아는 한, 우리는 적어도 다른 생물들을 기계로 찢어발기고 내장을 압착하고 불판 위에 올려 이리저리 뒤집으면서 최고의 요리법에 관한 대화를 나눈다는 점에서만큼은 유일한 생물이다.

정신-뇌 이데올로기

이 책의 주요 주장들 중 하나는, 우리의 자기인식을 새로 등장한 자연과학 분야들에 위임해야 한다는 ─ 이제 막

제기된 — 생각은 이데올로기적이며 그릇된 환상이라는 것이다. 이 책에서 내가 이데올로기로 규정하고 비판하려는 것은, 정신적 자유의 산물들을 자연적·생물학적 사건들로 오해하는 자기인식 분야의 생각들과 주장들의 시스템이다. 그러고 보면, 이 같은 현재의 이데올로기가 특히 인간의 자유라는 개념을 퇴출시키려 애쓰는 것은 놀라운 일이 아니다. 그 이데올로기를 옹호하려면, 인간의 자유가 아예 없는 것이 최선일 테니까 말이다.

만일 사람들이 예컨대 하인리히 폰 클라이스트의 『암피트리온*Amphitryon*』, 조아키노 로시니의 「장엄 미사Missa Solemnis」, 1990년대의 힙합, 혹은 엠파이어스테이트 빌딩 건축을 동물계에 널리 퍼져 있는 놀이 충동의 조금 더 복잡한 버전들로 해석해 낸다면, 그 이데올로기는 목표를 달성한 셈일 것이다. 그러나 사람들이 기꺼이 인정하듯이, 우리의 자연과학은 그 목표에서 아직 무한히 멀리 떨어져 있다. 예컨대 저널 『뇌와 정신』에 실린 〈뇌 과학의 현재와 미래에 관한 선도적 신경과학자 11인의 선언문〉의 말미에 이런 대목이 나온다.

설령 우리가 인간의 공감, 사랑에 빠져 있음, 도덕적 책임감의 바탕에 깔린 신경학적 과정 전체를 해명한다 하더라도, 이 내면 관점Innenperspektive의 독자성은 여전히 존속할 것이다. 이는 사람들이 바흐의 푸가가 어떻게 구성되어 있는지 정확히 이해하더라도 그 음악의 매력이 조금도 손상되지 않는 것과 마찬가지다. 뇌 과학자는 자기가 말할 수 있는 것과 자기의 관할 범위를 벗어난 것을 명확히 구분해야 한다. 이는 — 다시 위의 예를 들면 — 음악학자가 바흐의 푸가에 대해서 이런저런 말을 하더라도 그 음악의 유일무이한 아름다움에 대해서는 침묵해야 하는 것과 같다.[23]

신경중심주의 — 곧, 《나》= 뇌라는 주장 — 의 대표적인 예로 네덜란드 뇌 과학자 디크 스왑의 저서 『우리는 우리 뇌다*Wir sind unser Gehirn*』를 들 수 있다.[24] 이 책의 도입글 첫머리에 다음과 같은 구절이 나온다.

우리가 생각하고 행하고 방치하는 모든 것이 우리 뇌를 통해서 일어난다. 이 환상적인 기계의 구조가 우리의 능력, 한계, 성격을 결정한다. 우리는 우리 뇌다. 뇌 과학은 이제 더는 뇌 질병의 원인을 찾는 작업에 국한되지 않는다. 뇌 과학은 왜 우리는 이러이러한 우리인가라는 질문의 답을 찾는 작업, 우리 자신을 찾는 작업이기도 하다.[25]

보다시피 신경중심주의자들에게 뇌 과학은 매우 유용한 기관인 뇌의 작동 방식에 대한 연구에 국한되지 않는다.

이제 뇌 과학은 — 적어도 디크 스왑에 따르면 — 〈우리 자신을 찾는 작업〉에 나서려 한다.

이런 입장에 맞서 나는, 인간을 그 자체로 뇌라고 생각하면 우리 자신을 찾는 작업 곧 자기인식 프로젝트는 완전히 망가진다고 주장한다. 건강한 뇌가 없으면, 당연히 우리는 존재할 수 없다. 우리는 생각할 수도 없고, 깨어 있거나 의식을 가지고 살 수도 없다. 그러나 이 사실에서 우리가 우리 뇌와 동일하다는 결론이 — 많은 추가 논증들을 거치지 않는다면 — 나오지는 않는다.

우리가 뇌 없이 존재할 수 없다 하더라도 우리가 뇌와 동일하다고 여겨야 하는 것은 아니다. 이 점을 명확히 이해하는 데 도움이 되는 첫 번째 작업은 필요조건과 충분조건의 구분이다. 예컨대 내가 잼과 빵을 소유하는 것은 내가 잼 바른 빵을 먹을 수 있기 위한 필요조건이지만 충분조건은 전혀 아니다. 만일 잼은 냉장고에 있고 빵은 빵 상자에 있다면, 나는 잼 바른 빵을 아직 가지지 않은 것이다. 잼 바른 빵을 가지려면, 나는 잼과 빵을 올바른 방법으로 — 이를테면 우선 버터를 빵에 바른 다음에 — 결합해야 한다.

뇌에 관한 사정도 이와 유사하다. 우리가 우리 뇌와 동일하지 않은 이유 하나는 우리가 당장 몸을 가지고 있으며 그 몸은 신경들로만 이루어진 것이 아니라 다른 유형의 세포들로 구성된 다른 많은 장기들을 포함한다는 점에 있다.

뿐만 아니라 우리가 타인들과 사회적 상호작용을 하지 않는다면, 우리는 지금의 이러이러한 우리와 근사적으로도 닮지 않을 것이다. 사회적 상호작용이 없다면, 우리는 언어를 보유하지 못할 테고 심지어 생존 능력조차 없을 것이다. 인간은 타인들과의 소통 없이도 의식을 가질 수 있는 타고난 유아론자(唯我論者)가 전혀 아니다.

이런 문화적 사실들을 뇌 하나를 관찰함으로써 설명할 수는 없다. 최소한 온전한 유기체들이 보유한 다수의 뇌들을 관찰해야 한다. 이 때문에 신경과학의 입장에서는 영영 감당할 수 없을 만큼 일이 복잡해진다. 왜냐하면 단 하나의 뇌조차도 그것의 개별 특징과 가소성 때문에 완전히 기술하기가 전혀 불가능하니까 말이다. 이를테면 신경 생물학의 방법들로 현재 중국 어느 대도시, 또는 독일 슈바르츠발트 지역 어느 마을의 사회문화적 구조를 연구한다고 해보자. 이 시도는 성공할 가능성이 사실상 없다. 심지어 완전히 유토피아적일뿐더러 불필요하다. 왜냐하면 우리는 그런 연구를 위한 전혀 다른 방법들을 오래전부터 가지고 있기 때문이다. 인간 정신의 오랜 자기인식의 역사에서 기원한 그 방법들은 철학 외에도 당연히 문학, 음악, 미술, 사회학, 심리학, 다양한 인문학들, 종교 등을 아우른다.

정신 철학에서는 100여 년 전부터 정신과 뇌의 관계가 주요 주제로 떠올랐다. 그런데 이 주제는 근대 초기에 특히 르네 데카르트에 의해 첨예화되었으며, 더 거슬러 올라가면 우리 몸과 정신 혹은 영혼은 어떤 관계인가라는 고대 그리스인들의 질문과 맥이 닿아 있다. 이 때문에 사람들은 몸-영혼 문제Leib-Seele-Problem라는 용어를 쓰기도 한다. 뇌-정신 문제는 이 같은 더 포괄적인 문제 복합체의 한 버전이다. 그 문제를 가장 일반적으로 표현하면 다음과 같다. 의식 없고 차가우며 순전히 객관적으로 자연법칙에 따라 운행하는 우주 안에 대체 어떻게 의식 있고 주관적이며 정신적인 체험이 존재할 수 있을까? 저명한 오스트레일리아 의식 철학자 데이비드 챌머스는 이 질문을 의식에 관한 어려운 문제로 명명했다. 질문을 이렇게 표현할 수도 있다. 우리가 우주를 보는 관점은 외견상 편협한 듯한데, 어떻게 그 관점이 모든 표상 능력을 초월하는 이 우주와 조화를 이룰까?

뇌-정신 문제의 바탕에 깔린 접근법은 특히 〈우리는 과연 누구인가?〉라는 철학의 핵심 질문과 관련해서 난점들을 불러온다. 하지만 우리는 널리 퍼진 몇몇 추론이 오류임을 철학의 도움으로 밝혀낼 수 있다. 예컨대 어떤 이들은 뇌가 우리의《나》를 산출한다고 여긴다. 그러면서《나》의 발생을 종들과 개체들의 생존 투쟁에서의 적응적 장점으로 간주하기도 한다. 그렇다면 의식은 단지 의식을 산출하는 특정한 뇌들이 진화 역사에서 선택되었기 때문에 존재할 터이다. 그러나 우리의《나》가 뇌에 의해 산출된다면, 뇌와《나》가 단박에 동일할 수는 없다. A가 B에 의해 산출된다면, A와 B는 아무튼 엄밀하게 동일하지는 않으니까 말이다. 요컨대 우리의《나》는 뇌에 의해 (생존에 이로운 환상으로서, 혹은 우리 유기체의 사용자 인터페이스로서) 산출되든지, 아니면《나》는 뇌와 동일하든지, 둘 중 하나다. 우리는 벌써 여기에서 양자택일을 하거나 적어도 명확성과 일관성에 도달하기 위해 노력해야 한다. 그러나 샘 해리스는 저서 『자유 의지Free Will』에서 이 노력을 특히 두드러지게 등한시한다.[26] 그는《나》가 뇌에 의해 산출되며 따라서 자유롭지 않다고 주장한다.

우리 뇌가 무의식적으로 결정을 내리기 때문에 우리는 자유롭지 않다고 주장하면서 동시에 우리는 우리 뇌와 동일하다고 주장하는 것은 일단 앞뒤가 맞지 않는다. 왜냐하면 우리와 우리 뇌가 동일하다면, 뇌는 어떤 다른 시스템의 무의식적 결정에 종속되지 않으니까 우리는 자유로울 테니까 말이다. 나의 뇌가 나를 조종하는데, 나는 다름 아니라 나의 뇌라면, 나의 뇌, 곧 나는 자기 자신을 조종하는 것이다. 따라서 자유가 손상되기는커녕 해명된다. 즉,《나》와 뇌를 동일시하는 사람들은 비록 의식적으로 숙고된 결정의 차원에서는 아니더라도 어딘가에서 자유를 받아들이는 셈이다.

자기해석의 지도

신경중심주의에 대한 비판은 이 책이 의도하는 여러 목적들 가운데 하나에 불과하다. 그 비판과 동시에 나는 정신 철학의 핵심적인 기본 개념들을 설명함으로써 우리의 자기인식의 정신적 지형을 보여 주는 지도를 작성하고자 한다. 의식, 자기의식, 《나》, 지각, 사유 같은 개념들은 서로 어떻게 연결되고 애당초 어떻게 우리의 어휘 안으로 진입했을까?

본문에서 우리는 긍정적 자기인식, 곧 〈우리는 과연 누구인가?〉라는 질문의 답도 다룰 것이다. 이 책에서 개략적으로 제시할 신실존주의의 긍정적 주요 주장은 다음과 같다. 인간 정신은 불특정 다수의 정신적 역량들을 산출한다. 왜냐하면 인간 정신은 그 자기해석들을 통해 자화상을 제작하기 때문이다. 인간 정신은 자화상을 제작하고 그럼으로써 다수의 정신적 실재들을 산출한다. 이 과정은 역사적으로 열린 구조를 가지며, 그 구조를 신경 생물학의 언어로 파악하는 것은 불가능하다. 이 불가능성의 이유는 우리가 지금 다양한 언어들을 가진다는 데 있지 않다. 인간 정신이 순수한 생물학적 현상이 아니라는 데 있다.

거짓된 세계상과 자아상도 그릴 수 있는 우리의 능력은 이데올로기로 이어진다. 결정적으로 중요한 것은, 바로 그런 거짓된 자아상도 그것을 참된 자아상으로 간주하는 사람들에 대해서 무언가 말해 준다는 점이다. 사람들이 많은 상상을 한다는 것, 자기 자신과 자신의 솜씨와 능력에 관한 상(像)을 만들고 타인들(친구와 적)과의 대화에서 그 상을 시험대에 올린다는 것은 아주 일상적인 경험이다.

정신적 실재 산출의 스펙트럼은 예술, 종교, 학문(인문학, 사회과학, 공학, 자연과학 등)에서 이루어지는 우리 자신에 대한 심오한 이해에서부터 매우 다양한 형태의 환상 — 이데올로기, 자기기만, 환각, 정신병 등 — 까지 폭이 넓다. 우리는 의식, 자기의식, 사유, 《나》, 몸, 무의식 등을 가지고 있다.

나의 긍정적인 주요 주장을 이렇게 요약할 수 있다. 방금 열거한 개념들은 인간 정신이 그리는 자화상의 요소들이다. 이때 인간 정신은 그 자화상의 기반에 놓인 사물이 아니다. 인간 정신은 이 자화상의 요소들로부터 독립적인 — 따라서 이 자화상의 요소들과 비교할 수 있는 — 실재성을 가지지 않는다. 인간 정신은 오직 자화상을 그리는 방식으로만 실존한다. 따라서 인간 정신은 항상 스스로 만드는 결과가 된다. 바로 그렇기 때문에 인간 정신은 역사를, 정신사를 가진다.

정신사에서 우리의 시대, 곧 근대는 신경중심주의를 산출했고, 그 입장은 근대의 근본 동기들 중 하나인 〈과학을 통한 계몽〉과 전적으로 조화를 이루는 것처럼 보인다. 그러나 우리가 점점 더 망각해 온 것은 이 시대의 역사성, 그리고 이 시대가 좌초하고 붕괴할 수 있다는 사실이다. 우리는 더 적은 근대성이 아니라 더 많은 근대성을 필요로 한다. 그리고 근대성은 우리 자화상의 역사성에 대한 통찰을 포함한다. 우리 자화상의 역사성은 지난 200년 동안 철학의 핵심 주제였다. 정신의 개념을 다룰 때 우리는 그 역사성을 등한시하지 말아야 한다.

정신 철학은 무엇을 다루는가?

정신 철학은 당연히 정신을 다룬다. 하지만 이 문장은 처음에 드는 느낌만큼 자명하지 않다. 왜냐하면 지난 세기에 정신 철학에 다가가는 새로운 유형의 접근법, 곧 영어권에서 〈심리 철학philosophy of mind〉으로 부르는 것이 생겨났기 때문이다. 버트런드 러셀이 1921년에 출판한 저서 『정신의 분석The Analysis of Mind』은 심리 철학의 모범으로 꼽을 만하다.[1] 오늘날에는 독일어권의 많은 저자들도 영어권의 〈심리 철학〉에서 파생된 〈정신 철학Philosophie des Geistes〉을 논한다. 하지만 〈philosophy of mind〉는 독일어 의식 철학Bewusstseinsphilosophie으로 번역해야 적합할 것이다. 나는 이 새로운 접근법을 기존 사상들과 구분하기 위하여 〈의식 철학〉이라는 번역어를 사용하고자 한다. 이 접근법의 새로움은 그 내용에 있다기보다 오히려 다음과 같은 명확한 질문에 답하는 것을 정신 철학의 과제로 부여한다는 점에 있다. 어떤 것을 정신적 상태 혹은 사건으로 식별하기 위한 표지는 무엇일까? 오늘날 널리 퍼진 이 접근법에 따르면, 정신 철학은 우선 〈정신적인 것의 표지(영어로 mark of the mental)〉를 알아내야 한다. 그런데 대다수 철학자가 받아들이는 표지는 의식이다. 이 때문에 정신 철학은 인간 정신의 능력들 중 하나일 뿐인 의식에 너무 일면적으로 집중해 왔다.

정신적인 것의 표지를 묻는 질문의 배경에는, 과거에 우리가 정신적이라고 간주한 많은 것들이 순전히 자연적인 것으로 밝혀졌다는 근대적인 생각이 있다. 여기에서도 우리는 미신에 맞선 근대인의 싸움을 목격하게 된다. 과거 사람들은 천체들이 규칙적인 궤도와 배치로 운동하면서 우리에게 신들의 메시지를 전달한다고 믿었을지 몰라도, 우리 근대인은 우주에 그런 메시지가 들어 있지 않음을 최종적으로 깨달았다. 천체들의 규칙적 운동은 기계적으로 설명되며 어떤 유형의 의도나 신도 그 배후에 숨어 있지 않다.

이런 관점에서 보면, 정신은 우주 혹은 자연에서 점점 더 멀리 추방되었다. 어떤 이들은 이 변화를 세속화와 관련 짓는다. 비종교적, 특히 자연과학적 설명을 위해 종교가 사라지는 현상, 근대를 특징짓는다고들 하는 그 현상 말이다. 그러나 이런 질문들이 제기된다. 어떤 것을 정신적인

(혹은 의식적인mental) 것으로 간주할 수 있기 위한 기준을 우리는 가지고 있을까? 또 종교적 설명과 자연과학적 설명이 대체 어떤 조건 아래서 양립 불가능하다는 것일까?

우주 안의 정신?

근대적 논증 방식에서 첫 번째로 등장하는 대비는 자연과 정신의 대비다. 러셀은 우리가 바로 이 대비를 거부해야 한다고 주장한다. 왜냐하면 이 대비를 받아들이면 거의 모두가 두려워하고 경멸하는 이원론에 봉착하기 때문이다. 이원론은 우주가 두 가지 유형의 대상들 혹은 사건들로 이루어졌다는 견해를 옹호한다. 이때 그 유형들은 정신적 유형과 자연적 유형이다. 오늘날의 의식 철학자 대다수는 이 견해를 받아들일 수 없다고 보는데, 왜냐하면 이 견해를 받아들일 경우, 순수한 자연적 사건들로 이루어진 — 톱니바퀴 장치처럼 작동하는 — 에너지 보존 및 변환의 과정에 정신적 사건들이 어떤 식으로든 개입해야 한다는 생각이 불가피하다고 보기 때문이다. 그러나 에너지 보존 및 변환이 어떻게 이루어지는지 가르쳐 주는 자연법칙들은 인과적으로 사건에 개입하는 정신의 존재에 대해서 아무 말도 해주지 않는다. 오히려 순전히 자연적으로 일어나는 모든 일은 정신이 없더라도 설명할 수 있는 것처럼 보인다. 자연법칙들에 따르면, 오직 에너지를 보유한 물질적인 것들만 인과 과정에 개입할 수 있으니까 말이다. 그런데 이 모든 논증은 정신이 물질적이지 않을 때만 타당하다. 만약에 정신이 물질적이라면, 이 논리에 따라서 정신은 인과 과정에 개입할 수 있을 테니까 말이다. 그리하여 대대수 의식 철학자들은 정신을 뇌에서 찾는 것이 최선이라고 판단한다. 왜냐하면 실제로 우리는 뇌가 없으면 의식적인 내면의 삶Innenleben, 곧 의식을 가지지 못하는데, 의식 철학은 궁극적으로 의식을 정신적인 것의 표지로 간주하니까 말이다.

한 예로 욘카라는 여성이 커피를 마시고 싶다고 해보자. 그녀는 주방으로 가서 커피 머신을 켠다. 이 상황을 물리적 관점에서 보면, 우리는 욘카의 몸속 어딘가에서 생명력 Lebenskraft이나 영혼 또는 정신이 퍼져 나가 그녀의 몸을 주방으로 향하게 한다고 생각하지 말아야 한다. 만약에 그런 무언가가 있다면, 그것과 몸 사이의 상호작용이 벌써 오래전에 밝혀졌을 것이다. 왜냐하면 그런 정신도 오직 자연법칙에 부합하는 방식으로만 자연에 개입할 수 있으니까 말이다. 바꿔 말해, 그런 정신도 에너지를 투입해서 몸과 상호작용할 테고, 우리는 그 에너지를 측정할 수 있을 것이다. 따라서 외견상 욘카는 커피를 마시려는 의지를 가진 듯하지만, 우리는 그 의지를 자연의 톱니바퀴 장치 속 어딘가에서 찾아야 하는 상황에 도달한다. 그런데 자연의 톱니바퀴 장치 속에서 영혼은 발견되지 않았어도 뇌는 발견되었으므로, 이제 뇌와 정신이 어떤 관계인가라는 질문이 제기된다. 이런 맥락에서 사람들은 자연의 인과적 혹은 법칙적 폐쇄성을 이야기한다. 이 폐쇄성 때문에, 순수한 자연적 과정은 순수한 정신적 과정의 영향을 절대로 받지 않는다. 이 생각은 우리가 정신을 비물질적 실체로, 순전히 정신적인 사유 담당자로 이해하는 한에서는 전적으로 타당하다.

이와 관련해서 한국계 미국인 의식 철학자 김재권은, 말하자면 거의 비물질적인 정신이 우리의 몸과 어떤 식으로든 인과적으로 연결될 수 있겠느냐고 약간 냉소적으로 물었다. 마찬가지로 이런 식이라면 다음과 같은 질문들도 제기된다. 몸이 빠른 속도로 이동할 때 정신은 어떻게 뒤처지지 않고 몸을 따라잡을 수 있을까? 우주인이 우주로 떠날 때, 우주인의 정신은 어떻게 가속할까? 그 가속을 물리적으로 측정할 수 있을까? 아니면 그 가속을 어떻게 상상해야 할까? 몸이 충분히 빨리 이동하면 정신을 따돌릴 수 있을까? 아니면 정신은 몸속 어딘가에, 이를테면 의식 철학의 시조인 르네 데카르트의 생각대로 뇌의 솔방울샘에 달라붙어 있을까?

이런 질문들의 바탕에 깔린 전제들은 더 많은 해결 불가능한 문제들을 일으킨다. 그 전제들 중에서 중요한 것 하나는, 순전히 자연적인 실재는 정확히 하나의 대상 영역을 이루며, 우리가 자연과학적 엄밀성과 객관성을 갖추면서 파악하고 서술하고 설명할 수 있는 모든 일은 그 영역 안에서 일어난다는 것이다. 나는 그 물리적 실재의 영역을 우주라고 칭한다.

여기까지는 어떤 문제도 없다. 하지만 심리학의 지위는 어떨까? 심리학은 인간 정신을 실험의 도움으로, 따라서 자연과학적 엄밀성과 객관성을 갖추고 연구하지 않는가? 만일 심리학이 자연과학적 엄밀성과 객관성을 갖췄다면, 정신은 우주에 속해야 한다. 그렇다면 자연과 정신의 대비는 순식간에 붕괴한다. 따지고 보면, 정신을 자연 속에 집어넣는 것이 문제라고 여기는 사람들도 (그들의 의지에 반해서) 이원론자다. 우리의 두개골 속에 신비로운 비물질적 에너지원(정신, 영혼)이 있다고 여기는 사람들만 이원론자인 것은 아니다.

우리가 정신을 우주 안에서 발견하지 못한다는 것은 옳다. 하지만 이로부터 정신이 존재하지 않는다는 결론이 나오는 것은 아니다. 이 결론은 우주가 존재의 유일한 영역이며 유일하고 참된 실재라는 우주상을 채택할 때만 나온다. 그런데 그런 우주상은 자연과학적으로나 물리적으로 입증 가능한 것이 결코 아니며 오히려 필요할 경우 철학적 논쟁거리로 삼을 수 있는 순수한 믿음이다. 이런 의미에서도, 실재의 영역이 단 하나라는 전제는 좌초하고 만다.

이 대목에서 자연주의자들은 모종의 설명을 통해 정신을 아예 부정함으로써 — 이를 이론 환원주의Theoriereduk-tionismus라고 한다 — 방금 개관한 문제를 간단히 없애야 한다고 느낀다. 이론 환원주의란 정신적 과정들을 거론하는 모든 이론을 〈정신〉이라는 단어가 등장하지 않는 이론으로 바꿔야 한다는 주장을 말한다. 이론 환원주의의 초기 역사에서는 예컨대 행동주의가 번창했다(행동주의를 뜻하는 독일어 Behaviorismus는 행동이나 행태를 뜻하는 영어 behavior에서 유래했다). 행동주의는 정신적 과정에 관한 모든 진술을 관찰 가능하며 궁극적으로 물리적이고 측정 가능한 행동에 관한 진술로 번역하려 했다. 행동주의에 따르면, 통증을 느낀다는 것은 단지 통증 행동을 나타낸다는 것일 뿐이다. 따라서 정신적 과정이 존재한다는 생각은, 만일 우리가 정신을 우주 안에서 찾으려 하고 우주를 유일하고 참된 실재로 간주한다면, 전근대적 미신의 잔재로 보인다.

헤겔의 정신

이처럼 〈심리 철학〉은 다음과 같은 질문을 가장 중요하게 다룬다. 어떻게 정신적 과정들, 더 정확히 말하면 의식적 상태와 사건들을 순전히 자연적인 우주 안에 집어넣을 수 있을까? 그러면서 심리 철학은 우리가 물리적 실재를 실재 개념의 표준 혹은 출발점으로 받아들여야 한다고 전제한다. 그런데 그렇게 받아들이고 나면, 의식적mental 실재는 이미 정의상 물리적 실재의 건너편에 놓이게 되고, 우리는 곧바로 물리적 실재와 의식적 실재 사이의 간극을 어떻게 메우거나 제거할 수 있을까라는 질문을 던지게 된다.

이 같은 문제 설정 방식 전체를 자연주의적 형이상학으로 명명하자. 형이상학이란 실재 전체(이른바 〈세계〉)의 통일성에 관한 이론이다. 형이상학은 모든 것, 가장 큰 전체, 삼라만상Weltall을 다룬다. 그런데 삼라만상을 자연과 동일시하면, 실재하는 모든 것은 자연적이어야 한다는 견해에 이르게 된다. 이 견해는 흔히 〈자연주의〉와 짝을 이룬다. 즉, 실은 순수하게 자연적인 것만, 자연과학이 연구할 수 있는 것만 존재한다는 주장과 결합한다. 그 결과로 발생하는 것이 바로 자연주의적 형이상학이다. 그런데 이것을 유의해야 하는데, 자연주의적 형이상학은 어떤 개별 자연과학 분야나 자연과학 분야들 전체에서 나온 확증된 연구 결과도 아니고, 물리적 연구의 전제도 아니다. 오히려 자연주의적 형이상학은 세계 전체가 어떠한가에 관한 하나의 철학 이론이다.

꽤 오래전부터 철학자들은 자연주의적 형이상학이 거의 근거가 없다고 여겨 왔다. 『왜 세계는 존재하지 않는가』

에서 나는, 아무튼 단 하나의 실재가 존재한다고 여기는 형이상학적 세계상들 전반을 비판했다. 그 유일한 실재를 우주와 동일시하는지 여부는 나의 비판과 무관했다. 그 비판에 따르면, 통상적인 〈심리 철학〉의 엄밀한 틀에 맞서서 최소한 대안들을 제시할 수 있다. 많은 이들은 그 틀이 근거가 없다고 여기고, 나는 심지어 틀렸다고 생각한다.

첫째 문제는 자연주의적 형이상학이 터무니없이 격상되었으며 또한 낡은 자연 개념을 사용한다는 점이다. 정확히 하나의 우주가 존재하며, 최선의 경우에 그 우주를 〈만물의 이론theory of everything〉과 같은 통일된 물리학으로 완벽하게 설명할 수 있다는 것은 오늘날 자연과학의 관점에서도 지극히 유토피아적인 생각으로 보인다. 자연주의적 형이상학은, 처음엔 뉴턴만 있으면 나중엔 뉴턴과 아인슈타인만 있으면 원리적으로 완벽한 우주상을 수학의 언어로 충분히 구성할 수 있을 것처럼 보였던 시절에 등장했다. 그러나 양자 물리학이 등장한 이래로 그런 우주상을 구성할 수 있다는 생각은 상당히 설득력을 잃었으며, 현재 거론되는 통합 물리학의 후보인 끈 이론의 다양한 버전들은 실험적으로 입증될 가능성이 전혀 없는 듯하다. 간단히 말해서 우리는 어떻게 하면 우주 전체를 실험적으로 뒷받침된 자연과학을 통해 연구할 수 있을지를 근사적으로라도 말할 수 있는 처지가 전혀 못 된다.

통상적인 〈심리 철학〉의 둘째 문제는 그것이 정신을 다루지 않고 〈마인드mind〉*를 다룬다는 점이다. 벌써 이런 주제 선정을 통해서, 정신이 의식적 체험과 같은 유형의 주관적 현상이라는 견해를 전혀 받아들이지 않는 철학적 전통의 상당 부분이 배제된다. 그 전통에 따라 독일어권에서는 예컨대 시대정신이 거론된다. 헤겔은 〈객관적 정신〉이라는 개념을 도입했다. 이 개념에 기초하여 그는 도로 표지판을 정신적인 대상으로 본다. 왜냐하면 도로 표지판은 공인된 인간 행동 규칙을 명확히 밝힐 의도의 표현이기 때문이라는 것이다. 또한 전통적으로 정신은 언어와 연결된다. 그런데 언어는 과연 순전히 주관적일까? 과거로부터 전승된 텍스트는 한 정신이 받았던 — 이제 더는 주관적 인상으로서 존재하지 않지만 그럼에도 한때 실재했던 — 인상을 전달해 줄 수 있다. 본 대학교의 철학자 볼프람 호그레베는 이를 다음과 같은 경구로 요약한다. 〈정신은 바깥에 있지만 안으로 뚫고 들어온다〉.[2]

정신 개념은 19세기 말에 〈정신과학들Geisteswissenschaften〉**이라는 표현을 낳았다. 그러나 이 표현의 등장은 거짓 대립을 암시하는 측면도 있었다. 사람들은 한편에 자연과학들이 있고 다른 편에 정신과학들이 있다고 여겼다. 20세

---

* 저자가 영어를 그대로 가져와 mind로 쓴 부분은 〈마인드〉로 음역한다.
** 통상적인 번역어는 〈인문학〉이다.

기에 이른바 해석학(〈해석학〉을 뜻하는 독일어 Hermeneu-tik은 고대 그리스어 〈hermeneia = 이해하다〉에서 유래했다)은, 정신과학들은 사람이 이해할 수 있는 것만 탐구하는 반면, 자연과학들은 이해하지 않고 설명하려 한다고 여겼다. 이런 의미에서 하이델베르크 대학교의 위대한 해석학자 한스게오르크 가다머는, 정신과학들은 언어를 다루고 언어는 〈이해될 수 있는 존재〉를 다룬다고 썼다.[3]

자연과학들과 정신과학들(곧, 인문학들)을 대립시키면, 정확히 하나의 실재가 있고 그 실재는 실은 오직 자연과학들에 의해 탐구된다는 생각을 암묵적으로 받아들이게 된다. 그렇다면 인문학들은 〈엄격한 과학〉(영어로 hard science)이 담당하는 사건들보다는 실재성이 (모종의 방식으로) 떨어지는 사건들을 다룬다고 여겨지게 된다. 이것은 아주 큰 문제가 있는 생각이다.

그러나 오늘날의 철학은 이미 얼마 전부터 이른바 독일 관념론의 르네상스를 겪는 중이다. 독일 관념론이란 칸트에서 시작하여 19세기 전반기까지 발전한 위대한 철학 시스템을 말한다. 독일 관념론의 르네상스는 정신과학들의, 혹은 세계 해석을 위한 학문으로서 철학의 가치 절상으로 이어진다. 이런 맥락에서 오늘날 다시 중요한 역할을 하는 철학자를 꼽으라면, 〈정신〉이라는 표현을 자기 철학의 중심에 놓는 헤겔이다. 헤겔 철학은 〈자연〉과 〈정신〉의 관계에 대한 통찰을 제공하는데, 이는 여전히 풍부한 잠재력을 지녔다. 무엇보다도 헤겔은, 인간 정신의 본질이란 자기 자신을 — 그리고 자기를 훨씬 벗어난 실재 안에서 자기의 위치를 — 보여 주는 그림을 그리는 것이라는 생각의 상당히 설득력 있는 버전을 내놓았다.

그 생각을 헤겔은 이렇게 표현한다. 〈정신이란 단지 정신이 자기를 만들어 가는 과정의 귀결일 따름이다. 정신은 자기를 산출하고 파악하는 활동이다.〉[4] 이 문장 안에는 칸트와 피히테의 몇몇 근본 사상들이 들어 있다. 이 두 철학자 역시 오늘날의 윤리학과 실천 철학에서 중요하게 거론된다. 〈마인드〉를 중심에 놓고 정신 철학을 단지 통상적인 의미의 〈심리 철학〉으로 이해하면, 이 같은 전통 전체가 배제된다. 바꿔 말하면, 독일어에서 〈Geist(정신)〉 혹은 — 영어와 독일어 외에 다른 언어를 예로 들면 — 프랑스어에서 〈ésprit(정신)〉라고 부르는 그것을 편하게 거론할 수 없게 된다.

내가 거론하는 정신 철학은 플라톤부터 사르트르와 그 너머까지 이어지는 철학 전통을 포함한다. 또한 그 정신 철학은 〈심리 철학〉을 배제하지 않는다. 적어도 심리 철학의 숙고들이, 인간 정신은 과연 누구 또는 무엇인가라는 질문과 연결될 수 있는 한에서는 그러하다. 그러나 통상적인 〈심리 철학〉에서처럼, 우리의 의식적 내면의 주관적 현

상이 익명이고 맹목적이며 무의식적이고 의도가 없는 ─
그 규칙성이 자연과학적으로 서술되는 ─ 자연과 어떻게
조화를 이루는가라는 질문에 답해야 한다는 것이 전제된
다면, 이것은 이미 잘못된 문제 설정이다. 왜냐하면 이 문
제 설정은 낡은 자연과학적 세계상을 엄밀한 틀로 확정하
기 때문이다. 21세기를 위한 정신 철학을 개발하려면, 가장
먼저 이 독단을 깨부숴야 한다.

사회적 무대 위의 역사적 동물

정신은 자화상을 통해 비로소 자기를 자기로 만든다는
헤겔의 근본 사상은, 정신은 사물들 사이의 한 사물일 수
없다는 것을 함축한다. 우리는 산맥, 호수, 바닷말과 마주
치듯이 정신과 마주치지 않는다. 헤겔의 뒤를 이은 철학뿐
아니라 대표적으로 카를 마르크스도 이 생각을 계승한다.
마르크스는 이제껏 인간이 거짓된 이데올로기적 자화상들
을 그려 왔으며 그 자화상들을 정치경제의 장에서 극복해
야 한다고 본다. 마르크스에 따르면, 거짓 자화상들의 출
처는 이데올로기적 상부 구조다. 이 생각은, 인간은 역사
적 동물이라는 실존주의적 근본 사상의 특수한 한 형태다.
마르크스 역시 정신이 자연과학적으로 탐구 가능한 우주
를 의미하는 자연에 속한다고 간주하지 않는다는 점을 유
의할 필요가 있다. 마르크스는 예컨대 〈인간의 자연주의

Naturalismus des Menschen〉가 등장하는 그 유명한 문구에서 〈자연의 인간주의Humanismus der Natur〉도 함께 이야기한다.[5] 그 문구의 배후에 놓인 마르크스의 생각은 이러하다. 우리가 사회적 실천들에 기초하고 특히 노동에 기초하여 인공물들을 생산하는 한에서, 인간 정신은 한 조각의 자연이다. 인공물들에서 인간은 (우리가 어떤 방식으로 사회적 실재를 형성하는지 깨닫지 못한 채로) 자연과 하나가 된다. 그런데 헤겔과 달리 마르크스는 본질적으로 정신은 물질적으로 표현된 노동을 통해서, 곧 감각적으로 접근 가능한 환경의 개조를 통해서 자기를 산출하며, 그 일차적인 산출 형태는 예술, 종교, 철학 따위가 아니라고 여긴다. 그러나 마르크스 역시 인간 정신을, 우리의 두개골 속에서 일어나며 예컨대 심리학 실험이나 심지어 — 마르크스의 시대에도 뇌 스캐너가 있었다고 가정하면 — 뇌 스캐너를 수단으로 삼아 연구할 수 있는 주관적 현상으로 간주하지 않는다. 그는 무엇보다도 경제를 정신의 자기인식의 특권적 형태로 여긴다.

19세기 중반부터 20세기의 이른바 실존주의까지 정신철학의 핵심적인 생각 하나는, 인간은 사회적 무대 위에서 자기 자신을 연기하는 배우이므로 자유롭다는 것이었다. 이 생각을 특히 탁월하게 표현한 작품은 물론 사르트르의 소설들과 희곡들이겠지만, 당연히 카뮈의 문학 작품들도 빼놓을 수 없다. 실존주의에 따르면, 인간은 우선 자기를 단적으로 실존하는 놈으로서 발견하고 이어서 끊임없이 이 사태에 대해서 모종의 태도를 취해야 한다. 그리고 바로 이 점 때문에 인간은 다른 모든 생물과 구별된다. 바로 이것, 곧 자신의 실존에 대해서 모종의 태도를 취한다는 것을 사르트르는 유명한 에세이 「실존주의는 인본주의다」에서 우리의 〈본질〉로 칭한다. 그리하여 그는 실존주의를 다음과 같은 한 문장으로 요약할 수 있었다. 〈실존은 본질에 선행한다.〉[6]

이 문장의 배후에 있는 근본 사상은 현재까지도 전 세계에서 아주 큰 영향력을 발휘하는 칸트 윤리학의 중심 테마이며, 특히 그 뒤를 이은 정신 철학의 중심 테마다. 또한 그 근본 사상은 오늘날의 철학에서도 다시 결정적인 역할을 한다. 예컨대 크리스틴 코스가드, 스탠리 카벨, 로버트 피핀, 주디스 버틀러, 조너선 리어, 제바스티안 뢰틀의 철학에서 그러하다.

이들이 대표하는 신실존주의의 기본 생각은 아주 쉽게 이해할 수 있다는 장점이 있다. 그 생각에 접근하기 위해 일상적인 시나리오 하나를 상상해 보자. 우리는 슈퍼마켓에서 오이를 찾으러 가다가 한 남자를 본다. 그는 빵 선반쪽으로 가더니 빵 봉지 여러 개를 집어 들고 꼼꼼히 살펴본다. 그 모습을 보면서 우리는 더없이 단순한 질문을 스스로에게 던진다. 저 남자는 무얼 하는 걸까? 금세 떠오르는 대답은 그가 통밀 빵 봉지 여러 개를 손에 쥐고 자세히 살펴본다는 것이다.

여기까지는 대수로울 게 없는 상황이다. 하지만 이 대답은 정말로 적절한 서술일까? 당신의 지인 중에 통밀 빵 봉지 여러 개를 집어 들고 자세히 살피기 위해 슈퍼마켓에 가는 사람이 과연 몇 명이나 있을까? 그것은 정말 특이한 행동일 터이다. 어찌 보면 그것은 특정 약물을 섭취한 사람이나 재미있다면서 할 법한 행동 같기도 하다. 저 남자는 대체 무얼 하는 걸까?

자, 다른 설명을 들어 보자. 그는 통밀 빵을 사러 슈퍼마켓에 왔다. 그런데 그는 과거에 상한 통밀 빵을 산 적이 있기 때문에 이번에는 빵을 더 꼼꼼히 살펴본다. 요컨대 그가 통밀 빵 봉지들을 자세히 들여다본다는 사실은 더 큰 맥락 속에 놓여 있다. 바꿔 말해, 그가 무엇을 하는지 이해하기 위하여 우리는 다음 문장으로 표현되는 특정한 구조를 요구한다. 〈그는 어떤 것을 이루기 위해 무언가를 한다.〉 사회학과 철학에서는 그 무언가를 행위Handlung라고 부른다. 행위란 항상 목표를 향하며 동기에 의해 지도되는 활동이다. 행위는 의미를 가지며, 우리는 그 의미를 이해해야만 우리가 어떤 행위를 서술하거나 이해하거나 설명하려 하는지를 비로소 알 수 있다.

신실존주의는 사르트르의 생각, 곧 한 개인의 행위를 이해하려면 반드시 그의 인생 계획Lebensentwurf(사르트르의 표현으로는 〈프로젝트〉)을 이해해야 한다는 — 이미 말한 대로 영향력이 큰 선배 철학자 칸트도 가졌던 — 생각을 이어받는다. 그 프로젝트의 수행은 개인이 다소 유의미한 개별 행위들을 하는 것에 국한되지 않는다. 오히려 개인이 자기의 삶을 어떻게 유의미하게 빚을 것인가라는 일반적인 생각의 틀 안에서 다양한 행위들 중에 일부를 선택하는 것이 그 프로젝트 수행의 핵심이다.

왜 모든 사건은 아니더라도 일부 사건은 목적을 향해 일어나는가

이 생각은 외견상 아주 사소한 듯하지만 상당히 광범위한 귀결들을 가진다. 철학자들이 쓰는 용어로 목적론적 행위 설명이라는 것이 있다. 목적론Teleologie(그리스어 telos = 목표, 목적)이란 목적을 향한 사건들에 관한 이론이다. 목적론적 행위 설명은 사람은 어떤 목적을 추구하기 때문에 무언가를 한다고 전제한다. 만일 누군가가 목적론적 행위 설명은 항상 객관적으로 거짓이고 불충분하다고 진지하게 주장한다면, 그 주장은 터무니없기 그지없을 것이다. 하지만 바로 이 주장이 지금 신경중심주의와 연합하여 세력을 확장하고 있다.

실제로 그러한지 이해하기 위해서, 우리가 우리 뇌라고 가정해 보자. 그렇다면 앞서 예로 든 슈퍼마켓 안의 남자도 당연히 그의 뇌다. 따라서 우리는 그의 행위를 항상 그의 뇌에 귀속시켜서 말해야 할 것이다. 그의 뇌가 통밀 빵을 들여다본다라는 식으로 말이다(물론 그의 손톱이 그의 뇌에 속하지 않는다는 점이나 그의 눈은 이미 그의 뇌의 일부라는 점을 벌써 지적해야겠지만). 그런데 뇌에서 일어나는 일들을 객관적으로 서술하려면 어떤 언어가 가장 적합할까?

근대에 자연과학이 옳은 예측들을 내놓는 일과 일반적으로 자연을 이해하는 일에서 아주 큰 성공을 거둔 이유는 다름 아니라 목적론을 버린 것에 있다고 많은 사람들은 생각한다. 그들의 관점에서 보면, 자연적 사건들의 배후에는 어떤 의도도 없으며, 일반적으로 자연법칙들은 의도적인 장치로서가 아니라 벌거벗은 사실들로서 해석된다. 이 같은 자연과학의 이해에 따르면, 우리는 자연에서 한 사건이 어떤 다른 사건의 발생을 위해서 일어난다는 생각을 하지 말아야 한다. 오히려 순수한 자연적 사건들은 자연법칙에 의지하여 해석되어야 하고, 우리는 어떤 사건이 어떤 다음 사건을 일으키는지를 자연법칙의 도움으로 일반적으로 설명해야 한다.

이 관점을 채택하면, 상한 통밀 빵을 사지 않으려는 바람은 자연과학적 대상이 아니다. 그 바람이 자연과학적 대상이 되려면 먼저 적절한 언어로 번역되어야 한다. 이를테면, 우리가 곰팡이라고 부르는 물질의 화학적 조성이 언급되어야 하고, 곰팡이 섭취를 피하면 유기체의 생존 능력이 특정한 확률로 향상된다는 것, 광자들이 시각 수용기들에 도달하는 것, 망막이 받은 자극이 복잡한 과정을 거쳐 전달되는 것 등이 언급되어야 한다. 그러나 그 남자가 어떤 목적을 추구하기 때문에 무언가를 한다는 이야기는 나오지 말아야 한다. 이런 의미에서 뇌는 어떤 목적도 추구하지 않는다. 뇌는, 자연적 환경 속에서 살면서 필요할 경우 그 환경에 반응하는 복잡한 유기체 안에서의 정보 처리 기능을 수행할 따름이다. 뇌는 어떤 의도도 가지고 있지 않다. 의도는 개인만 가지며, 개인에게는 뇌 말고도 아주 많은 것들이 속한다.

늘 거듭해서 강조되는 근대 자연과학의 획기적인 성취들 중 하나는 자연법칙을 목적론 없이 정식화한 것이다. 아이작 뉴턴과 아리스토텔레스 사이의 현격한 대비를 보면 이 성취의 의미를 알 수 있다. 아리스토텔레스는 다섯 가시 원소, 곧 흙, 불, 물, 공기, 에테르가 존재한다고 여겼다. 에테르는 천체들이 마찰 없이 규칙적으로 운동하는 이유를 이해하기 위해 아리스토텔레스가 도입한 실체다. 그 에테르에서 독일어 Quintessenz(정수, 精髓)가 유래했다.

이 단어의 글자 그대로의 의미는 〈제5원소〉다. 아리스토텔레스에게 에테르는 거의 신적인 원소였다. 그에 따르면 모든 원소들은 제각각 자기의 자연적인 위치로 돌아가려는 경향을 띤다. 그래서 불과 공기는 위로 올라가고, 흙은 아래로 내려가는 경향이 있다. 더 나아가 아리스토텔레스는 보편적으로 자연에 있는 모든 것이 제각각 자기의 이상적인 혹은 완벽한 형태를 추구한다고 여겼다. 이것이 아리스토텔레스 목적론의 근본 사상이었다. 아리스토텔레스에 따르면 자연은 질서 정연하며 이해 가능하다. 왜냐하면 주어진 자연적 종을 이해하기 위해서는 그 종의 완벽한 형태만 알아내면 되기 때문이다.

반면에 근대 과학에 따르면, 우리는 수학적으로 표현 가능한 관계들에 의지하여 자연법칙들을 알아낼 수 있다. 자연이 이해 가능한 것은 자연이 우리가 기대하는 완벽성을 갖추었기 때문이 아니다. 우리가 실험과 수학적 등식의 도움으로 관계들을 알아채고 정확히 정식화할 수 있기 때문이다. 이런 방식으로 뉴턴은 중력을 발견했고, 이로써 아리스토텔레스의 제5원소 이론은 최종적으로 반박되었다고 판정할 수 있게 되었다.

자연과학은 수백 년에 걸쳐서 점점 더 많은 관계들을 발견했다. 그것들은 우리가 일상에서 체험하는 관계들과 반드시 일치하지는 않는다. 실제 자연은 우리가 맨눈으로 자연을 탐구할 때 갖게 될 법한 견해와는 전혀 다르게 작동한다고 근대 물리학은 가르친다. 우리가 볼 수 있는 것, 그리고 다른 감각들을 통해 직접적으로 지각할 수 있는 것은 한정된 범위의 대상들이다. 우리가 아리스토텔레스처럼 이 대상들만 고려하면 우리의 자연 설명은 그리 발전하지 못한다. 그런데 목적론적 행위 설명 역시 한정된 일상의 범위에서만, 예컨대 우리가 슈퍼마켓에서 마주치는 개인들에만 적합하다. 따라서 우리가 개인으로서 참여하는 사건들의 실상은 그것들이 일상에서 우리에게 나타나는 모습과 전혀 다르다는 견해가 생겨날 법도 하다. 이 견해는 인간의 행동을 다루는 자연과학을 추구할 동기의 구실을 한다.

과학적으로 정확하게 고찰한 자연은 우리가 첫눈에 보는 자연과 전혀 다르다는 통찰은 커다란 각성으로 이어졌다. 이 각성이 없었다면, 우리가 아마도 무한한 우주 안에 있고, 어쩌면 그 우주가 무한히 많은 우주들 중 하나에 불과함을 우리는 (단지 사변적으로 추측하는 것에 머물지 않고) 결코 실제로 알아내지 못했을 것이다. 우리는 전화, 인터넷, 열차, 심지어 가정용 전기조차 가지지 못했을 것이다. 전기의 경우에도 사람들은 참으로 놀랍게 느껴지는 관계들을 발견함으로써 그것을 통제하는 법을 터득했다.

개인적으로 나는 우리가 실제로 하나의 무한 안에 있을

뿐 아니라 많은 무한들 안에 있다고 생각한다. 그래서 모든 현상들의 바탕에 깔린 단 하나의 실재(유일무이한 세계) 따위는 존재하지 않을뿐더러 존재할 수조차 없다고 생각한다. 정확히 하나의 실재, 하나의 세계 — 모든 일이 일어나는 장소 — 가 존재한다는 전제는 고대 그리스인이 생각한 코스모스의 바탕에 깔려 있다. 이 코스모스 개념은 아리스토텔레스의 5원소론이나 체액 병리학, 곧 질병들은 우리 몸속에서 흐르는 다양한 체액들과 관련이 있다는 이론과 마찬가지로 마침내 폐기하는 것이 바람직하다.

뇌 과학은 우리 자신을 포함한 자연 앞에서의 근대적 각성과 관련해서 많은 긍정적 측면들을 지녔다. 예컨대 우리 두개골 속 어딘가에서 영혼이 살거나 정신이 돌아다닌다고, 정신이 우리 뇌 속을 파헤치거나 뇌 속에 갇혀 있다고 믿는 사람이 있다면 뇌 과학은 그 사람을 각성시킬 수 있다. 영국인 철학자 길버트 라일은 저서 『정신의 개념*The Concept of Mind*』에서 그런 믿음을 비웃기 위해 〈기계 속 유령ghost in the machine〉이라는 유명한 열쇳말을 사용한 바 있다.[7]

진화 생물학자 리처드 도킨스는 우리 인간 속에 〈천성적인〉 몸-영혼 〈이원론〉과 〈천성적인 목적론〉이 존재한다고 지적함으로써 이런 형태의 영혼 미신을 설명한다. 〈내 눈 뒤에 《나》가 숨어 있으며, 그 《나》는 최소한 소설 속에서 다른 몸속으로 옮겨 갈 수 있다는 생각은 나를 비롯한 모든 사람들 속에 깊이 뿌리내려 있다〉[8](하지만 과연 우리 모두의 속에 뿌리내려 있는지는 의심할 만하다). 그 〈유치한 목적론〉은 〈모든 것의 배후에 의도가 있다〉는 생각으로 이어진다.[9] 도킨스는 이 생각이 종교의 원천이라고 본다. 그에게 종교는 그의 유명한 저서의 제목대로 〈신 망상God Delusion〉*에 불과하다.

실제로 우리 눈 뒤에는 《나》가 없고 뇌가 있다. 그런 한에서 도킨스는 옳다. 유기체를 살아 있게끔 하는 영혼 실체가 있다는 생각도, 우리가 생명의 화학을 이해할 수 있음이 명확해진 이래로 근대 생물학에 의해 무력화되었다. 생명, 곧 생물학적 생명의 화학 외에 따로 생명력이 있어야 할 까닭이 어디 있겠는가? 이런 생각들은 근대 자연과학에 의해 시대에 뒤처진 것들로 전락한다. 이 통찰은 우리의 자아상을 위해 전적으로 중요하다.

요컨대 실제로 뇌 과학은 자연과학적 방법론을 지침으로 삼은 고유한 인식 관심의 틀 안에서, 목적론적 세계상에서 유래한 과거의 생각들을 무력화한다. 예컨대 신경 세포를 산의 신호 전달을 이해하고자 한다면, 이온 통로들과 소수성(疏水性) 지방산 사슬들을 탐구해야 한다. 더 포괄

* 한국어판 제목은 『만들어진 신』.

적인 이해를 원한다면, 무수한 화학적 세부 사항들에 관한 정보를 수집하고 개별 뇌 구역들의 기능을 연구해야 한다.

이런 탐구 방법을 채택한 사람은 목적론적 행위 설명을 시도하지 않을 것이다. 특정 신경 세포들이 이를테면 멀리 떨어진 뇌 구역의 신경 세포들에 정보를 전달하기 위하여 점화한다는 말은 오해를 유발하는 은유적 표현이다. 비록 뇌 과학자들은 이 표현의 목적론적 함의에 주의하지 않고 이 표현을 사용하지만 말이다. 유기체 내부의 사건들은 프랑스의 고전적인 아동용 과학 애니메이션 「옛날 옛적에 생명이 있었네」가 아이들에게 설명해 주는 것처럼 목적론적으로 일어나지 않는다. 뇌 속 과정들은, 개별 세포들이나 뉴런 연결망들의 수준에서 보면, 이것들이 특정 목적을 추구하기 때문이 아니라 특정 기능을 수행하기 때문에 일어난다.

유기체 내에서의 생물학적 기능은 목적론적 행위 설명에서 거론되는 의미의 목적이 아니다. 특정 신경 세포들의 정확한 기능 방식을 서술하면, 적어도 뇌 속 과정을 마치 거기에 관여하는 주도자가 없는 것처럼 서술할 수 있다. 실제로 세포 속에는 조종간을 움직여 무언가가 세포막을 통해 분비되도록 만드는 누군가가 없다. 시냅스는 누군가가 열고 닫는 수문이 아니다. 이 서술 층위에서는 주도자, 목적, 행위의 개념을 제쳐 두는 것이 합당하다. 왜냐하면

이 개념들이 (재미있을지는 몰라도) 터무니없는 생각들을 유발하기 때문이다.

이제 한 편의 영화를 상상해 보자. 영화에서 한 장면이 진행되는데, 갑자기 다른 장면이 삽입된다. 첫 장면은 선반에서 통밀 빵을 집어 드는 남자를 보여 준다. 갑자기 끼어드는 두 번째 장면은 특정 뇌 구역에서의 뉴런들의 점화나 인체 내부의 다른 신체적 과정을 보여 준다. 이런 식으로 현대 영화에서 자주 등장하는 — 예컨대「루시」뿐 아니라 셰인 카루스의「업스트림 컬러Upstream Color」에서도 계속되는 — 관점 교체가 일어난다. 그런 갑작스런 장면 삽입을 통한 관점 교체의 효과는 철학자 페터 비에리의 다음과 같은 적절한 표현으로 요약할 수 있다. 〈무언가를 하는 사람이 갑자기 없어진다. 이제 존재하는 것은 한 과정을 보여 주는 장면뿐이다.〉[10]

이 인용문에 담긴 생각을 우리의 예에 쉽게 적용할 수 있다. 우리가 예로 든 남자에게 〈래리〉라는 이름을 붙이자. 래리는 통밀 빵을 사려 한다. 그는 이 목적을 추구하기 때문에 그런 행동을 한다. 이 대목에서 어쩌면 이렇게 질문하고 싶은 독자도 있을 것이다. 래리의 목적 설정은 하나의 생물학적 기능에 불과하지 않을까? 만일 그렇다면 그가 목적을 설정한다는 것은 일종의 환상, 단지 우리가 진화와 래리의 뇌에 대해서 충분히 알지 못하기 때문에 떠올리는 설명에 불과할 것이다.

우리의 목적론적 행위 설명들이 모조리 환상에서 비롯된다는 주장은 20세기 후반기에 실존주의에 대한 반론으로 이미 제기된 바 있다. 그리고 그 주장 역시 역사를 가지며, 그 역사에서 예컨대 마르크스와 그를 계승한 일부 사회학자들이 중요한 역할을 했다. 우리는 그 주장에 곧바로 이름을 붙일 수 있다. 그것은 구조주의다. 구조주의에 따르면, 인간적 목적들은 개인들이 시스템 구조에 속해 있기 때문에 만들어지는 일종의 환상이다. 구조주의는 피상적인 자유의 인상을, 우리를 특정 방식으로 행동하게 만드는 제도나 익명의 권력 구조의 탓으로 돌린다. 나는 구조주의가 틀렸다고 본다. 또한 구조주의의 뒤를 이은, 지금도 일부 추종자들을 거느린 포스트구조주의도 틀렸다고 본다. 우리를 조종하는 구조가 존재한다면, 우리는 이미 스스로 그 구조에 속해서 우리 자신을 조종하는 것이다. 곧 보겠지만, 아무리 많은 이들이 어떤 구조가 결정권을 쥐기를, 또한 자유로워야 한다는 불안을 일으키는 생각으로부터 해방되기를 원하더라도, 우리의 자기결정은 불가피하다.

2장

의식

대략 50년 전부터 의식 철학은 그 명칭에서 알 수 있듯이 의식의 개념을 출발점으로 삼아 왔다. 이 출발점 설정은 우리의 목적을 위해서도 적합하다. 왜냐하면 의식은 일상적인 현상으로서 우리에게 익숙하기 때문이다. 하지만 의식의 개념은 곧바로 많은 난점들을 유발한다. 조금만 생각해 봐도 의식은 정말 기이한 현상이다. 대체 왜 우주 안에서 누군가가 우주가 존재함을 의식하는 일이 벌어져야 할까? 철학자 프리드리히 빌헬름 요제프 셸링이 제기한 오래된 생각에 기대어 오늘날에도 쓰이는 아름다운 비유는, 인간 안에서 자연이 눈을 뜬다는 것이다. 이런 생각을 바탕에 깔고, 미국 철학자 토머스 네이글은 저서 『정신과 우주Mind and Cosmos』에서, 오늘날의 자연과학은 저 질문을 적절히 다룰 능력을 영영 획득하지 못할 것이라고 말한다.[1] 하지만 안타깝게도 네이글은 코스모스, 곧 자연의 총체적 질서라는 관념에 얽매여 있으며 정신을 그 질서 속에 다시 기입하려 애쓴다. 우리는 저 질문을 의식에 관한 우주론적 수수께끼로 명명하자.

의식에 관한 우주론적 수수께끼는 챌머스가 말하는 — 내가 앞서(51면) 언급한 바 있는 — 〈어려운 문제〉와 다르다. 이미 근대 초기에 고트프리트 빌헬름 라이프니츠가 특히 명확하게 제시한 그 〈어려운 문제〉는 어떻게 특정한 물질적 사물(예컨대 뉴런들이나 어떤 뇌 구역 전체)이 내면의 삶을 가질 수 있는지 이해할 길이 도통 없는 듯하다는 것이 핵심이다. 대체 왜 우리는 뉴런들의 점화를 특정한 방식으로 체험할까? 챌머스는 의식을 다루는 자연과학의 기존 방법으로는 이 문제를 풀 수 없다고 보기 때문에 이를 어려운 문제로 간주한다. 물론 그의 견해에 동의하지 않는 이들도 많지만 말이다.

챌머스의 숙고에서 주춧돌 역할을 하는 것은 철학적 좀비에 관한 사고실험이다. 챌머스가 말하는 철학적 좀비는 인간과 물리적으로 똑같은 복사본이다. 이를테면 챌머스의 완벽한 복사본을 생각해 보자. 이 정확한 복사본은 모습뿐 아니라 행동도 챌머스와 똑같다. 그러나 결정적인 차이는 의식이 없다는 점, 일상적인 표현으로 말하면 그 내면에 아무것도 없다는 점이다. 챌머스는 철학적 좀비가 순수한 논리적 관점에서 가능하며 아마 물리적으로도 가능하리라고 보지만, 많은 이들은 이 견해에 동의하지 않는다(나는 철학적 좀비가 생물학적으로 불가능하다고 본다. 왜냐하면 챌머스가 말하는 〈의식〉은 반드시 신경 생물학적 토대를 가져야 하기 때문이다. 단지 우리가 그 토대를 아직 정확히 모를 뿐이다).

의식에 관한 우주론적 수수께끼와 어려운 문제는 오늘날 특히 시급하게 일궈야 할 철학 분야가 의식 철학이라는 점을 부각하기 위해 흔히 거론된다. 이 현상은 지금 우리가 실제로 자기인식 분야의 주제들이 부활하는 기쁜 시기를 살고 있다는 점과 맥을 같이 한다.

하지만 우리는 한 걸음씩 차근차근 전진하기로 하자. 의식이라는 놈은 과연 무엇일까?

우리는 아침에 깨어나서 차츰 의식을 회복한다. 그 과정에서 때때로 우리는 꿈을 회상한다. 즉 우리가 꿈 상태에서 모종의 방식으로 의식했던 바를 회상한다. 낮의 일과에서 우리는 계속해서 다양한 사물, 사건, 사람에 주의를 집중한다. 이를테면 커피 머신, 치약, 출근길 교통 혼잡, 직장 상사에 말이다. 우리는 아침에는 살짝 피곤을 느끼고 샤워를 하고 나면 생생해지고 부당한 대우를 받는다고 느끼면 화가 나고 좋은 소식을 들으면 기뻐한다. 이 모든 것을 우리는 의식적으로 체험한다. 반면에 우리의 손톱이나 머리카락이 성장하는 것은 의식적으로 체험하지 못한다.

일상에서 우리가 겪는 일과 실행하는 일 대부분은 무의식의 수준에서 처리된다. 우리는 자가용의 운전석 문을 열면서 그 행동이 정확히 어떻게 이루어지는지 주의하지 않는다. 예컨대 이 문장을 타이핑할 때 우리는 의식 없이 손가락들을 움직인다. 우리 유기체 안에서 일어나는 일들의 절대다수는 대개 의식되지 않는다. 물 한 모금이 소화되는 것, 혈류가 간을 통과하는 것, 무수한 신경 세포들이 점화하여 우리가 손가락을 움직이거나 누군가에게 화를 내거나 우리 눈앞의 이 글을 의도적으로 구성한 생각의 표현으로 알아채는 것을 가능하게 만드는 것이 그러하다. 우리 유기체가 처리한 인상들 중 일부만이 —20세기 말의 용어를 쓰면— 〈의식의 병목Enge des Bewusstseins〉을 통과한다. 유기체 전체를 감안할 때, 그 인상들은 순수한 자연적·무의식적 과정들로 이루어진 깊은 바다 위로 솟은 빙산의 일각에 불과하다.

의식은 현대 자연과학의 마지막 수수께끼들 중 하나라는 말을 우리는 자주 듣는다. 이 말은 우리가 자연과학에 재정적·정신적 자원을 더 많이 투입해야 하는 이유들 중 하나로 제시되곤 한다. 또한 현재의 정신 철학을 대표하는 많은 이들도 의식이란 무엇인가라는 질문을 적절하게 정식화하여 의식과 자연을 합치는 일에 어떤 식으로든 기여하려 애쓴다.

하지만 의식이란 과연 무엇일까? 언뜻 생각하면 우리 모두는 의식을 친숙하게 아는 듯하다. 아무튼 우리는 의식이 있으니까 말이다. 당신은 예컨대 지금 이 문장을 읽으면서 의식이 있고, 나는 이 문장을 타이핑하면서 의식이 있다. 당신이 이 문장을 읽는 시점에 내가 이미 죽었다면 나는 더 이상 의식이 없겠지만, 당신은 의식을 가진다는 것이 대체 무슨 뜻인지를 다루는 책을 의식을 가지고 읽는 (그 미래 시점의 세상이 사람들이 의식적으로 체험하고 싶을 만한 세상이라고 전제하면) 행운을 누리는 중일 것이다.

이로써 우리는 이미 의식의 주요 특징 하나를 알게 되었다. 우리는 의식에 친숙하다. 의식은 우리가 의식 상태에 있음을 통해서, 또한 상당히 높은 확률로 오로지 우리가 의식 상태에 있음을 통해서만, 우리에게 알려진다(당신이 의식 상태에 있지 않다면, 당신은 아무튼 이 문장을 읽을 수 없거나 — 예상외로 당신의 삶이 긴 꿈에 불과하다면 — 읽는다고 꿈꿀 수 없을 것이다). 흔히 철학자들은 이를 내면 관점, 또는 오늘날 더 널리 쓰이는 표현으로는 일인칭 관점이라고 부른다. 곧 《나》의 관점이다. 일인칭 관점의 핵심은 정확히 우리 각각이 의식 있음을 통해서 또한 바로 그러함을 통해서만 우리가 의식에 친숙할 수 있다는 것이다.

요컨대 우리가 의식이 있는 한에서, 의식은 우리 곁에 무척 가까이 있다. 이 때문에 사람들은 흔히 〈나의〉 의식, 또는 〈그녀의〉 의식을 언급한다. 이를 소유 조건Besitzbedingung이라고 부르자(철학자들은 소유성Possessivität이라는 용어도 사용한다). 소유 조건의 의미는 의식은 항상 누군가의 의식이라는 것이다. 나는 나의 의식을, 당신은 당신의 의식을 가진다. 나는 당신의 의식에 직접 친숙할 수 없으며, 마찬가지로 당신은 나의 의식에 직접 친숙할 수 없다. 왜냐하면 그러려면 내가 당신이 되거나 당신이 내가 되어야 하기 때문이다.

하지만 소유 조건만으로는 충분치 않다. 의식 철학자들은 의식이 있기 위해서 충족되어야 하는 또 다른 조건들을 제시한다. 그 조건들은 일인칭 관점을 더 풍부하고 특별하게 만든다. 여기에서 언급할 만한 한 가지는, 사람이 자신의 의식을 오직 내면으로부터만 알 수 있다는 것이다. 바꿔 말해 사람은 오직 자기 자신의 의식만 의식할 수 있다. 적어도 겉보기에는 그러하다(나는 나중에 이 겉모습을 깨뜨릴 것이다). 이를 의식의 프라이버시라고 부르자. 의식의 프라이버시란 누구나 오직 자기 자신의 의식에 대한 의식만 획득할 수 있다는 것이다.

물론 나는 마르타가 배가 아프다는 것, 따라서 그녀가 복통을 의식적으로 체험한다는 것을 모종의 의미에서 의식할 수 있다. 하지만 그렇다 하더라도 나는 여전히 그녀의 복통을 체험하지 못한다. 내가 마르타의 복통을 아무리 생생하게 상상하더라도, 내가 마르타의 복통을 생각하면서 아무리 몽롱해지더라도 마찬가지다. 이 때문에 우리는 타인의 의식에는 간접적으로만 접근할 수 있는 반면, 우리 자신의 의식은 — 우리가 의식이 있는 동안에는 — 직접 체험한다는 생각이 들기 쉽다.

일인칭 관점에서 보면, 마치 우리가 제각각 자신의 의식 안에 갇혀 있는 것 같다는 생각이 금세 든다. 이와 관련해서 미국의 의식 철학자 대니얼 데닛은 〈데카르트적 극장Cartesian theater〉을 거론한다. 이 명칭이 암시하듯이, 데닛은 그런 생각이 궁극적으로 데카르트에게서 유래했다고 여긴다.

엄밀히 말하면 이 같은 데닛의 견해는 틀렸다. 왜냐하면 데카르트는 오히려 우리가 우리 의식 안에 갇혀 있을 수 없음을 옹호하는 논증을 펴기 때문이다. 그 논증은 그의 유명한 저서 『성찰』의 진정한 목표이기도 하다. 그 작품에서 데카르트는 정신의 자기인식 능력을 출발점으로 삼아 인간 정신에 의존하지 않는 객관적이고 인식 가능한 진리들이 존재한다는 결론에 이른다. 그러나 특히 영어권 정신철학에서는 100여 년 전 이래로 데카르트를 희생양으로 삼는 관행이 굳어졌다.

데닛이 〈데카르트적 극장〉이라는 표현으로 무엇을 말하려 하고 비판하려 하는지는 쉽게 이해할 수 있다. 우리가 지금까지 했던 것처럼 내면 관점을 통해 의식에 접근하면, 마치 우리가 의식하는 모든 것이 등장하는 무대가 존재하는 것처럼 생각하기 쉽다. 우리의 직장 상사, 우리의 화, 우리의 기쁨, 우리의 시야, 때때로 성가신 배경 잡음 등이 등장하는 무대 말이다. 이런 식으로 생각하면, 곧바로 다음과 같은 질문이 떠오른다. 그럼 무대 위에서 벌어지는 일들을 지켜보는 이는 과연 누구일까? 누가 그 구경거리를 참관할까? 그럴싸한 대답은 이것이다. 나, 또는 당신도 《나》인 한에서 바로 당신이다. 다시 말해, 자신의 정신적 내면을 주의 깊게 조명하고 거기에서 일어나는 일을 관찰하는 누군가다. 따라서 의식을 말하자면 내부에서 조종하고 관찰하는 누군가를 찾아야 한다는 생각이 절로 든다. 그런 누군가를 철학에서 〈호문쿨루스Homunculus〉라고 부른다.

나는 네가 보지 못하는 것을 본다!

〈호문쿨루스〉라는 단어는 라틴어에서 유래했으며 〈작은 인간〉을 뜻한다. 호문쿨루스-오류의 핵심은 우리의 의식을 순전히 사적인 무대로 상정하고 그 무대 위에서 벌어지는 일을 《나》는 관찰하지만 타인이 외부 관점에서 관찰할

수는 없다고 상상하는 것에 있다. 호문쿨루스 개념은 근대
에 고안된 것이 전혀 아니다. 이 오래된 개념은 수천 년에
걸친 정신의 자기탐구 역사와 함께 해왔다.《나》혹은 자아
는 존재하지 않으며 이를 뇌 과학이 입증했다는 말을 흔히
듣게 되는데, 이 말은 기껏해야 호문쿨루스가 존재하지 않
는다는 것을 의미한다. 그리고 이 사실은 뇌 과학에 의해
밝혀지지 않았다. 데카르트적 극장이 존재할뿐더러 우리
머릿속에 작은 관람자가 존재한다는 생각은 철학이 이미
오래전에 반박한 불합리한 상상이다. 뿐만 아니라 데닛은
데카르트적 극장을 공식적으로 배척하는 사람들 중 다수
도 여전히 호문쿨루스의 개념을 받아들인다는 점을 거듭
강조한다. 그는 그런 사람들의 입장을 〈데카르트적 유물
론〉으로 칭한다.

   일찍이 칸트는 유명한 저서 『유령을 보는 사람의 꿈
Träume eines Geistersehers』에서 당대의 유령 미신에 반발했
다. 그뿐 아니라 〈나의 생각하는《나》가 나의 자아에 속하
는 몸의 다른 부분들의 위치와 구분되는 어떤 위치에 있
다〉라는, 오늘날까지도 만연한 생각에도 반발했다.[2] 칸트
는 〈어떤 성험노〉 우리에게 〈나의 분할 불가능한《나》를 뇌
의 미시적으로 작은 구역에 가두라고〉 가르치지 않는다고
지적한다.[3] 칸트는 그런 생각을 비웃으면서 다음과 같은
상상에 빗댄다. 즉, 인간의 영혼이 뇌 속의 〈형언할 수 없

이 작은 구역)⁴에 자리 잡고 감각한다.

마치 거미줄의 중앙에 자리 잡은 거미처럼 말이다. 뇌의
신경들은 영혼을 밀치거나 흔드는데, 그 결과로 영혼은 이
직접적 인상이 표상되도록 만드는 것이 아니라, 한참 멀리
떨어진 신체 부분들에서 발생하는 인상이 뇌 바깥에 현전
하는 객체로서 표상되도록 만든다. 또한 영혼은 그 구역에
서 기계 전체의 끈들과 조종간들을 움직여 임의로 자의적
인 운동을 유발한다. 이런 문장들은 아주 피상적으로만 증
명되거나 전혀 증명되지 않으며, 영혼의 본성이 대체로 충
분히 알려져 있지 않기 때문에, 또한 마찬가지로 아주 약하
게 반박된다.⁵

우리 시대의 신경과학은 호문쿨루스 혹은 거미줄 중앙
에 자리 잡은 거미의 새로운 아바타들을 고안했다. 당장
신경과학 문헌에서 종종 접하는 다음과 같은 견해를 떠올
려 보라. 우리가 외부 세계에 직접 접근하는 것은 절대로
불가능하며, 대신에 우리는 항상 정신적 그림들만 구성하
는데, 그것들은 뇌에서 발생하고 〈저 바깥의〉 사물들과 거
의 또는 전혀 무관하다. 이것은 칸트가 『유령을 보는 사람
의 꿈』에서 이미 비판한 견해다. 비판의 이유는, 누군가가
그 정신적 그림들을 보고 이를테면 외부 세계의 모상으로

간주한다는 것을 이 견해가 전제한다는 점에 있다. 이 전제를 채택하는 것은 호문쿨루스를 끌어들이는 것과 같다. 비록 새로운 호문쿨루스의 형태가 이를테면 특정한 뇌 구역이나 뇌 전체라 하더라도 말이다. 이와 유사한 맥락에서 철학자 게르트 카일은 이렇게 말한다.

> 신경과학계에서 일부 저자들은 호문쿨루스 가설을 정식 연구 프로그램으로 간주한다. 즉, 중앙 통제 및 통합을 담당하는 뇌 구역을 찾아내는 연구 프로그램으로 말이다.[6]

호문쿨루스와 데카르트적 극장이 — 어느 정도 은폐되어 있기는 하지만 — 명백한 오류라는 점을 간단한 예 하나에서 분명하게 알 수 있다. 내가 지금 어떤 불상(佛像)을 바라본다고 해보자. 호문쿨루스 모형에 따르면, 그 불상은 나의 데카르트적 극장 안에 나타날 것이다. 이 사실을 내가 그 불상을 특정한 관점에서 본다는 점에서 확인할 수 있을 법하다. 그 불상은 내가 바라보는 각도에 의해 내게 왜곡된 모습으로 나타나며, 당신이 그 불상을 바라보려면 내 자리가 아닌 다른 자리에 서야 하므로, 당신의 데카르트적 극장 안에서 그 불상은 다른 모습이라는 것을 나는 안다. 요컨대 나는 당신이 보지 못하는 것을 본다.

다시 말해, 불상은 나의 데카르트적 극장 안에 나타나

고, 나, 곧 나의 《나》는 그 극장 안에서 불상을 본다. 그렇다면 곧바로 이런 질문이 떠오른다. 한편으로 나의 극장 안에 나타나고, 다른 한편으로 당신의 극장 안에 나타나는데 항상 약간 다른 모습인 하나의 불상이 저기에 있다는 것을 나는 대체 어떻게 알까? 당신이 정확히 어떤 색깔들을 지각하는지, 당신이 보는 불상의 모습이 정확히 어떠한지 내가 알 수 있을까? 혹시 당신은 불상 전문가여서 세부 사항들을 나와 전혀 다르게 체험하는 것이 아닐까?

가건물처럼 허술한 이 모형에 기초해서, 우리는 오직 불상을 의식함으로써만 불상이 저기에 있음을 알 수 있다는 결론을 내린다면, 우리는 호문쿨루스-오류의 수많은 촉수(觸手)에 걸려드는 것이다. 불상이 나의 내면 무대에 등장한다는 것이 그 결론의 의미라면, 나는 당신이 의식하는 불상과 동일한 불상을 의식하지 않을 것이며, 개나 고양이, 금붕어가 의식하는 사태와 전혀 다른 사태를 의식할 것이다. 그렇다면 〈저 바깥〉은 대체 무엇일까?

심지어 돌고래나 박쥐를 끌어들이면, 상황은 더욱 심각해진다. 토머스 네이글과 나는 뉴욕에서 꽤 오랜 기간 동안 이 문제에 관해서 대화할 수 있었는데, 네이글은 이 문제를 주제로 삼아서 지난 50년을 통틀어 가장 영향력이 큰 철학 논문들 중 하나를 썼다. 그 논문의 제목은 「박쥐로 산다는 것은 어떤 것일까?What is it like, to be a bat?」[7]이다. 그 논문에서 네이글은 당신이 주변에서 오는 초음파를 수신할 수 있다면 어떨지 상상해 보라고 제안한다. 아무리 애써도 당신이 박쥐의 관점에 서는 것은 불가능할 것이다. 돌고래의 수중 지각 능력과 뱀의 온도 감각에 대해서도 똑같은 이야기를 할 수 있다. 요컨대 우리 인간들 중 일부가 불상으로 간주하는 그것을 (영화 「인디애나 존스」에 자주 등장하는) 뱀과 박쥐가 들끓는 동굴 속에 놓는다고 해보자. 뱀의 의식과 박쥐의 의식에는 불상이 나타나지 않을 것이다. 그럼 무엇이 나타날까? 우리로서는 제대로 알 수 없다. 우리는 그런 낯선 의식에 내면 관점으로 접근할 수 없으니까 말이다.

영국에서 제작하여 어느새 50년 넘게 방영 중인 인기 텔레비전 시리즈 「닥터 후Doctor Who」에서 호문쿨루스의 함정을 멋지게 보여 주는 의미심장한 장면을 볼 수 있다. 최근 방영된 시즌 8의 한 에피소드(2회)는 제목이 〈달렉 속으로Into the Dalek〉다. 달렉은 살상 기계라고 할 수 있다. 그들의 유일한 목적은 자신들을 제외한 모든 생물을 없애는 것이다. 그들이 가장 좋아하는 대사는 〈말살하라!〉다. 달렉의 정체는 전투 기계 속의 돌연변이 된 신경망이다. 그 신경망의 활동에 의해 전투 기계가 조종된다. 그러니까 달렉은 오늘날 신경중심주의자들이 보는 우리 인간과 비슷하다. 기계 속에 자리 잡고 오직 종의 생존 투쟁에서 자신의 이익을 위해서만 그 기계를 활용하는 뇌와 대략 같다.

달렉들은 주인공인 〈닥터〉에게 맞서는 주요 적수이며, 닥터는 철학 교육을 받은 이데올로기 비판자로 해석하는 것이 합당하다. 에피소드 「달렉 속으로」에서 닥터는 나노 규모로 축소되어서, 놀랍게도 도덕적 숙고를 하기 시작한 어느 달렉 속으로 들어간다. 달렉이 도덕적 숙고를 하는 것은 극히 이례적인 일이다. 그 달렉은 〈아리스토텔레스〉라는 이름의 우주선의 승무원들이 잡아 왔고, 닥터는 그 달렉의 내부에서 무슨 일이 일어나고 있는지 알아내야 한다. 여담이지만, 흥미롭게도 아리스토텔레스는 저서 『영혼에 관하여』를 통해서 호문쿨루스-오류의 발생에 기여한 인물이라고 할 수 있다.[8] 어쩌면 이를 염두에 두고 시리즈의 작가는 호문쿨루스 장면이 벌어지는 우주선의 이름을 〈아리스토텔레스〉로 지었을 것이다.

아무튼 닥터는 달렉의 두개골 속으로 들어간다. 거기에서 사람들은 달렉의 뇌가 눈을 하나 가진 것과 그 눈앞에서 영화가 상영되는 것을 본다. 그 영화는 회상 이미지들과, 달렉이 외부로 돌출한 렌즈를 통해 얻는 외부 세계의 이미지들로 이루어진다. 모든 달렉은 내부의 눈과 더불어 그 렌즈를 일종의 눈으로 가지고 있다. 요컨대 달렉 속에 뇌가 들어 있고, 그 뇌에 눈이 장착되어 있으며, 그 눈은 타자들이 볼 수 없게 은폐된 영화를 본다. 그렇다면 곧바로 이런 질문이 제기된다. 달렉의 뇌 속에도 더 작은 뇌가 들어 있고, 이런 식으로 점점 더 작은 달렉 뇌들이 한없이 들어 있을까? 이것은 호문쿨루스-오류에서 나오는 문제들 중 하나다. 이 자승자박 격의 문제를 해결하려면, 한마디로 호문쿨루스가 너무 많이(무한히 많이) 필요하다.

의식 영화 속의 어지러운 입자들?

물론 뇌 또는 특정 뇌 구역이 바로 호문쿨루스라고 강변할 수도 있을 것이다. 하지만 그런 강변은 아무것도 설명하지 않고 신화를 진실로 받아들이는 것과 같다. 명백히 더 나은 또 하나의 선택지를 설명하려면 다시 불상을 출발점으로 삼아야 한다. 우리 의식은 무대이며, 누구나 각자 자신의 의식에만 접근할 수 있고 내밀히 친숙할 수 있다는 생각이 지닌 문제점은, 만일 그렇다면 우리가 외부 세계의 사물을 직접 지각한다는 주장을 더는 할 수 없게 된다는 데 있다. 지각은 의식의 한 형태다. 의식이 우리를 항상 실재, 곧 〈저 바깥의〉 사물들로부터 차단한다면, 지각도 마찬가지일 것이다. 따라서 우리는 〈저 바깥에〉 무엇이 있는지를 설내도 알시 못한다는 생각이 설도 늘 만하다. 왜냐하면 우리는 항상 뇌 속의 개인용 영화관에서 의식 영화를 관람하는 달렉과 다름없을 테니까 말이다. 그렇다면 우리는 〈저 바깥의〉 사물들이 우리의 사적인 영사막에 나타나는 그것들의 모습과 하다못해 비슷하기라도 한지를 어떻게 알겠는가? 심지어, 아무튼 〈저 바깥에〉 사물들이 존재한다는 것을 우리가 어떻게 알겠는가?

이 설명 모형을 뒷받침하는 듯한 유일한 근거는 실제로 우리가 불상 앞에서 제각각 조금씩 다른 모습을 본다는 점, 그리고 다른 생물들은 불상을 아예 보지 못하는 대신에 전혀 다른 것들을 감각한다는 점이다. 이를 받아들이면, 우리가 실재하는 사물들을 직접 지각한다는 것을 부정하고 오히려 우리는 뇌가 개인적 감각 인상에 기초하여 구성한 의식적 이미지 혹은 표상만 지각할 수 있다고 말하는 신경 구성주의에 도달하게 되는 것처럼 보인다.

하지만 실제 사정은 그렇게 간단하지 않다. 무슨 말이냐면, 신경 구성주의는 여전히 〈저 바깥에〉 무언가 존재한다고 전제해야 한다. 그 무언가가 나의 의식 영화관에서 내 관점에 따라 왜곡된 불상으로 나타나고 뱀에게는 전혀 다른 방식으로 나타난다고 말이다. 이 전제에 따르면, 나에게 불상으로, 뱀에게 X로, 박쥐에게 Y로 나타나는 무언가가 존재한다(X와 Y는 우리 인간이 상상할 수조차 없는 어떤 것들을 대신하는 기호다). 그럼 그 무언가는 대체 무엇일까? 신경 구성주의의 대답은 이러하다. 〈저 바깥에는 물리적 대상, 혹은 물리적 대상들의 거대한 무리가 있다. 말하자면, 입자들이 어지럽게 날아다니고 전자기파가 출렁

거린다. 그런 바깥을 우리는 우리의 감각 수용기들을 통해서, 다른 동물들은 그놈들의 감각 수용기들을 통해서 각자의 정신적 사용자 인터페이스, 곧 의식으로 업로드한다.〉

하지만 언뜻 보기에 명백하게 옳고 자연과학적이기까지 한 이 정보는 과연 우리 논의의 맥락에서 유효할까? 전혀 그렇지 않다. 왜냐하면 지금 논의되는 설명 모형에 따르면, 우리가 물리적 대상들(전자, 양성자, 전자기장, 일상적인 물체의 운동 에너지 등)을 의식할 수 있으려면, 그 대상들이 우리 각자의 사적인 정신적 화면, 곧 우리 각자의 의식 영화에 등장해야 하기 때문이다. 우리가 〈저 바깥의〉 사물들을 모종의 방식으로 직접 의식할(지각할) 수 있다는 근거를 우리는 이제껏 확보하지 못했다. 우리는 전자를 직접 지각할 수 없다. 오히려 우리는 적절한 방법들, 실험들, 모형들을 수단으로 삼아 전자의 존재를 추론해야 한다.

그럼 그 방법들과 실험들에 대한 우리의 의식, 아울러 전자에 대한 우리의 지식은 무엇일까? 이것들은 어디에서 유래했을까? 우리의 순전히 사적인 의식 표면으로 업로드된 것만 우리가 의식적으로 알 수 있다면, 이 원칙은 당연히 우리가 〈저 바깥의〉 사물들, 곧 외부 세계에 대해서 알 수 있는 모든 사항에 적용되어야 한다. 요컨대 우리는 자연과학적 실험을 통해서도 실재하는 사물들에 이르는 통로를 뚫을 수 없다. 우리는 여전히 의식 안에 갇혀 있으며,

그렇기 때문에 항상 선입견과 편견에 얽매인 주체, 바로 호문쿨루스들이다.

만일 의식이 말 그대로 우리 두개골 속에서 일어나는 어떤 신경 화학적 과정이고, 그 과정을 통해 (외부 세계를 모사한다고 추정되는) 영화가 상영된다면, 우리의 의식적 이미지들과 어떤 식으로든 연계된 무언가가 아무튼 〈저 바깥에〉 실재한다는 것을 우리는 대체 어떻게 알까? 우리가 그것을 자연과학적 실험들을 통해 알아냈다고 대답할 수는 없다. 왜냐하면 우리는 그 실험들도 우리의 의식 영화 안에서 수행했을 테니까 말이다. 루트비히 비트겐슈타인은 저서 『철학적 탐구』 265번째 절에서 이 문제와 관련이 있는 비유 몇 개를 적절하게 제시한다.

(어떤 이가 오늘 조간신문이 진실을 보도하는지 확인하기 위해 그 신문을 여러 부 샀을 때처럼) 표상된 실험의 결과에 대한 표상이 실험의 결과가 아닌 것과 마찬가지로, 표상 속에서 표를 찾아보는 것은 표를 찾아보는 것이 아니다.

한편으로 우리가 늘 우리 자신의 화면에 등장하는 것만 의식할 수 있다고 여기면서, 다른 한편으로 우리가 그 사실을 아는 것은 오직 우리 자신의 화면에 등장하지 않는 무언가를 우리가 의식한 덕분이라고 전제하는 것은 자기

모순이다.

의도했건 의도하지 않았건 간에, 우리가 오로지 사적인 의식 에피소드들만 의식할 수 있다는 주장은 틀린 전제들에서 비롯된다. 왜냐하면 그렇게 주장하는 사람은 사적인 내면적 의식 영화 속 사건들을 외부 사건들과 비교하는 셈이니까 말이다. 결국 그는, 왜 우리가 예컨대 저 앞 왼쪽에서 빨간 찻잔을 보고 ─ 우리 의도와 상관없이 ─ 저 앞 오른쪽에서 옷걸이를 보는지를 어떤 식으로든 설명해야 한다. 하지만 자연스럽게 짐작되는 바는 이것이다. 저 앞 왼쪽에 실제로 빨간 찻잔이 있고, 저 앞 오른쪽에 실제로 옷걸이가 있다. 찻잔과 옷걸이는 우리 의식 안에 놓여 있는 것이 아니라 거실이나 옷 가게에 있다.

불상과 뱀과 박쥐

이 문제와 관련해서 칸트는 신경 구조주의보다 훨씬 더 일관적이었다. 비록 신경 구조주의자들은 칸트를 자기네 입장을 두둔하는 철학자로 부당하게 들먹이기를 즐기지만 말이다. 칸트는 신경 구조주의가 항상 빠져 있는 모순을 꿰뚫어 보았다. 그의 주저들 중 하나인 『순수이성비판Kritik der reinen Vernunft』의 한 가지 목표는, 우리 사유 과정의 담당자를 모종의 사물(비물질적 영혼이건, 뇌건 간에)과 동일시하는 것은 오류 추론Fehlschluss임을 증명하는 것이다.

칸트는 자기인식 분야에서 우리가 자주 범하는 그 오류 추론의 정체를 폭로하고자 한다. 그는 그 오류 추론을 가리키는 용어로 오류 추리Paralogismus를 선택했는데, 이 단어는 별다를 것 없이 그냥 오류 추론을 뜻한다. 오류 추리는 무엇보다도, 사유 능력의 담당자가 세계 내 어딘가에서 발견할 수 있는 사물이어야 한다는 믿음에서 비롯된다. 그 담당자가 비물질적이며 포착하기 어려운 영혼이나 영혼력(力)이어야 한다는, 또는 그 위치를 정확히 특정할 수 없는 뇌(또는 뇌 구역들)의 속성이나 활동이어야 한다는 믿음까지 포함해서 말이다.

특히 칸트는, 앞서 언급한 불상 문제, 곧 똑같은 불상이 한 사람에게는 이렇게 나타나지만 다른 사람들이나 심지어 다른 생물들에게는 전혀 다르게 나타난다는 문제를 자연과학적으로 해결하는 것은 원리적으로 불가능함을 잘 안다. 만약에 의식이 정말로 사적인 사용자 인터페이스이고, 거기에는 오직 구성된 의식적 이미지들만 등장한다면, 어떤 자연과학도 우리를 도울 수 없을 것이다. 자연과학 역시 의식 영화에 등장하는 것만 서술할 테니까 말이다. 바꿔 말해, 자연과학이 전제하는 진정한 객관성은 전혀 불가능할 것이다.

그렇다면 칸트는 불상 문제에 어떻게 접근할까? 이 문제를 접한다면, 칸트는 아마도 우리에게 불상이 현상한다

erscheinen고 말할 것이다. 또 뱀에게는 X가 현상하고, 박쥐에게는 Y가 현상한다고 할 것이다. 칸트는 이 세 가지 변양태, 곧

1. 불상
2. X(뱀의 표상)
3. Y(박쥐의 표상)

위 모두를 〈현상〉으로 칭할 수 있을 테고, 이 현상들에 대해 독립적으로 그냥 거기에 있는 그것, 또한 칸트에 따르면 우리가 우리 의식에 대해 독립적으로는 인식할 수 없는 그것을 〈사물 자체〉라고 부를 것이다. 그리하여 칸트 철학에서 압도적으로 핵심적인 주장, 그것이 없으면 칸트의 사유 건축물 전체가 무너지는 주요 주장은 전적으로 일관되게도, 우리는 사물 자체 혹은 사물 자체들을 인식할 수 없다는 것이다. 우리가 현상만 인식할 수 있고 사물 자체는 인식할 수 없다는 칸트의 주요 주장을 일컬어 초월적 관념론이라고 한다. 예컨대 다음과 같은 칸트의 글을 보라.

섬세한 숙고 없이도 깨달을 수 있으며, 아마 가장 저속한 지성조차도, 비록 그 지성 스스로 느낌이라고 부르는 판단력의 불명료한 구분을 통해서나마 나름의 방식으로 깨달

을 수 있는 바는 이것이다. 우리의 자의 없이 우리에게 오는 모든 표상들(이를테면 감각의 표상들)은 우리가 인식할 대상들을, 그것들이 우리를 촉발하는 방식대로만 제공할 수 있다. 이때 그 대상들이 그 자체로 무엇인가는 알려지지 않은 채로 남는다. 따라서 이 유형의 표상들과 관련해서는, 지성이 최대한 애써서 주의력과 명확성을 보탠다 하더라도, 우리는 단지 현상들에 대한 인식에 도달할 수 있을 뿐, 결코 사물 자체들에 대한 인식에 도달할 수 없다.[9]

칸트의 생각을 다음과 같이 구체적으로 이해해 볼 수 있다. 당신이 당신 몸을 둘러싼 자연적 환경, 곧 외부 세계와 접하는 인터페이스가 오직 촉각뿐이라고 가정해 보자. 이 사고실험을 수행하기 위해서는, 눈을 감고 촉각에 주의를 집중하는 것만으로도 충분하다. 이제 누가 당신의 손바닥에 특정한 사물(이를테면 성냥갑)을 갖다 댄다고 해보자. 만약에 당신이 성냥갑을 이제껏 한 번도 본 적이 없다면, 설령 성냥갑이 손바닥에 닿는 촉감이 어떠한지 서술할 수 있다 하더라도, 성냥갑이 어떤 모습으로 보이는지는 결코 알아낼 수 없을 것이다. 당신이 성냥갑의 촉감과 외관을 연결할 수 있으려면, 당신은 이미 성냥갑을 본 적이 있거나, 성냥갑을 본 적 있는 사람들로부터 그 외관에 대한 정보를 얻었어야 한다. 당신이 촉각에 기초하여 〈저 바깥의〉

사물 — 사물 자체 — 에 대해서 어떤 이론을 구성하건 간에, 당신의 서술은, 당신이 저 바깥의 사물을 볼 수 있었다면 내놓았을 만한 서술과 사뭇 다를 것이다.

칸트는 이 생각을 우리의 모든 감각으로 확장하고, 특히 공간과 시간이 우리 직관의 형식들이며 어쩌면 사물 자체들이 어떠한가와는 전혀 무관하다는 견해에 이른다. 칸트의 충격적인 주장을 첨예화하면, 공간과 시간은 단지 우리 인간의 의식 영화의 틀일 뿐이다. 공간과 시간은 〈저 바깥〉의 실재에 속하는 것이 아니라 우리의 운영 시스템operating system에 속한다.

신경 칸트주의의 물결 위에서

이 모든 견해를 얼마든지 반박할 수 있으며 그렇게 하는 것이 바람직하다. 그러나 만일 사람들이 다음과 같은 주장, 곧 우리가 세계상을 단지 의식적으로 구성할 따름이며 이는 우리 신경계가 오직 특정한 자극들만 내적으로 처리할 수 있기 때문이라는 견해가 칸트에게서 유래했다고 여긴다면, 칸트는 그 생각에 전혀 동의하지 않으리라는 점만큼은 꽤 틀림없다. 칸트는 바로 이 견해에 맞서 누많은 반론을 제시했다. 비록 이 견해는 칸트를 모범으로 삼아 19세기에 감각 생리학에 진입했지만 말이다. 감각 생리학은 일찍부터 명시적으로 칸트를 들먹여 왔다. 예컨대 유명한 생리학자 겸 물리학자 헤르만 폰 헬름홀츠는 이렇게 썼다.

우리 지각들의 유형이 외부 사물들에 의해 제약될 뿐 아니라 마찬가지로 우리 감각들의 본성에 의해 제약된다는 점은 방금 제시한 사실들에서 매우 명확하게 드러나며, 이는 우리 인식 능력을 다루는 이론을 위해 더없이 중요하다. 최근에 감각의 생리학에서 경험을 통해서 증명된 바와 똑같은 것을 일찍이 칸트는 인간 정신의 무릇 표상들에 대해서 증명하려 했다. 이를 위해 그는 정신의 특수한 선천적 법칙들(말하자면 정신의 조직 체계)이 우리의 표상에서 차지하는 몫을 서술했다.[10]

칸트가 신경 구성주의의 선구자라는 그릇된 생각은 19세기 이래로 오늘날까지 교과서들에 일관되게 등장한다. 우리 시대의 예를 들면, 노벨상 수상자 에릭 캔들은 표준 교과서로 쓰이는 저서 『신경과학의 원리*Principles of Neural Science*』에서 이렇게 말한다. 〈우리는 다양한 진동수의 전자기파들을 수용한다. 하지만 우리가 지각하는 것은 색깔들, 이를테면 빨강, 녹색, 오렌지색, 파랑, 노랑이다. 우리는 압력 파동을 수용하지만 단어와 음악을 듣는다. 우리는 공기와 물을 통해서 무수한 화학 물질들과 접촉하지만 냄새와 맛을 감각한다. 색깔, 소리, 냄새, 맛은 뇌에서 감각이 처리됨으로써 발생하는 정신적 구성물이다. 이것들 자체가 우리 뇌 바깥에 존재하는 것은 아니다. (······) 요컨대 우리의 지각은 우리를 둘러싼 세계의 직접적인 기록이 아니다. 오히려 우리의 지각은 신경계의 능력들에 의해 부과되는 고유한 규칙들과 제약들에 맞게 구성된다. 이 같은 내재적 제한과 관련해서 철학자 칸트는 선험적 직관 형식들을 언급했다. 칸트에 따르면, 정신은 감각 인상들을 수동적으로 수용하지 않고, 관념적이거나 객관적인 기존 범주들 — 외적인 물리적 자극에 대해 독립적으로 존재하는 공간, 시간, 인과성 등 — 에 맞게 구성한다.》[11]

하지만 헬름홀츠와 캔들이 칸트와 연관 짓는 견해들 가운데 실제로 칸트의 견해인 것은 전혀 없다고 해도 과언이 아니다. 칸트는 우리가 파동을 수용하여 색깔로 지각한다고 여기지도 않으며, 공간과 시간이 범주라고 여기지도 않는다. 그는 직관 형식(공간과 시간)과 범주(인과성 등)를 구분하며, 우리가 범주를 적용함으로써 사물 자체가 어떠한지 알 수 있다는 입장을 배척한다. 더구나 칸트는 지각을 우리 신경계와 모종의 관계가 있는 정신적 구성물로 간수하지 않는다. 칸트의 견해는, 우리 안에서 대체 누가 혹은 무엇이 생각하는지를 우리가 원리적으로 알 수 없다는 것이다.

칸트의 관점에서 보면,《나》와 뇌를 동일시할 수 있다는 명제는 우리가 비물질적인 영혼을 가졌고 그 영혼이 우리 안에서 생각한다는 명제와 마찬가지로 배제된다. 짐작하건대 캔들은 칸트를 읽지 않았으며, 혹시 읽었더라도 이해하지 못했다. 위 인용문에서 캔들이 칸트에 대해서 하는 이야기는, 마치 철학자가 화학을 논하면서 서로 비슷하게 생겨먹은 H_2O와 CO_2를 혼동하는 것과 유사하다. 그런 화학 이야기도 캔들의 칸트 이야기와 똑같은 수준으로 유익하려나 모르겠다.

그러나 일찍이 칸트가 죽은 직후부터 시작된 하나의 전통이 있다. 그 전통은 칸트가 〈내가 생각한다das: Ich den-ke〉로 표기한 바를 뇌에 위치시키려 한다. 쇼펜하우어를 비롯한 사상가들뿐 아니라 헬름홀츠를 비롯한 자연과학자들도 이 전통에 속한다.

요컨대 캔들은 칸트의 인식론에 대한 정형화된 틀린 해석 하나를 상당히 무비판적으로 받아들여 첨예화하는 것이다. 그가 칸트를 들먹이는 동기가 무엇이든 간에, 그는 자신을 위해 칸트를 이용하고 있다. 그러면서 캔들이 — 칸트의 실제 견해가 무엇인가라는 문제는 제쳐 두더라도 — 철학적 선택지로 내놓는 것을 이 형태 그대로 옹호할 사람은 제대로 공부한 인식론자들 중에는 없다시피 할 것이다. 왜냐하면 그 선택지는 뻔히 보이는 오류 추론들로 가득 차 있으니까 말이다. 칸트가 찾아내려 애쓴 것은 바로 그 오류 추론들에 맞설 대안이었다.

뇌들이 제각각 다른 의식 표면을 구성하고, 따라서 우리는 외부 세계의 존재조차 이런저런 간접적 방식으로 알아낼 수 있을 뿐 절대로 직접 알아낼 수 없다는 생각은 어떤 자연과학적 진보로도 제거할 수 없는 오류 추론에서 나온다. 만일 의식의 본질이 정신적 호문쿨루스와 그의 사적인 무대 위에서 벌어지는 연극 사이의 관계에 있을 따름이라면, 자연과학에의 호소는 궁지를 벗어나는 데 전혀 도움이 되지 않는다. 왜냐하면 자연과학도 개별 과학자의 사적인 극장 위에서 벌어지는 일을 서술할 따름일 테니까 말이다. 내가 눈으로 보면서 불상이 있다고 믿는 그 자리에서 실은 색깔도 없고 불상의 형태를 띠지도 않은 입자들의 무리가 춤춘다는 것은 — 그 자리에 그 자체로 무엇이 있든지 간에 — 또 하나의 표상에 불과할 것이다. 만약에 우리의 모든 경험이 항상 의식적 구성물일 뿐이어서 우리 두개골 속의 사적이며 내면적인 무대에 등장하는 그림들만 우리에게 보여 준다면, 원리적으로 우리는 외부 세계에 대해서 상당히 근거가 희박한 사변적 가설들만 세울 수 있을 것이다.

자기 경험을 벗어날 수는 없다?

이 모든 것이 실제로 오늘날의 자연과학적 세계상이 직면한 중대한 문제이며, 그 점은 이 문제와 관련해서 흔히 옹호되는 한 전형적인 입장에서 그리 어렵지 않게 알아챌 수 있다. 그 입장은 의식과 뇌의 관계에 대한 통상적인 견해들에 커다란 영향을 미친다. 그렇다. 내가 언급하려는 것은 경험주의다. 경험주의란 우리 앎의 유일한 원천은 경험이라는 — 이 맥락에서는 특히 감각 경험이라는 — 주장이다. 철학사를 돌이켜보면 아주 오래되었으며 수천 년 동안 계속 다시 등장해 온 이 주장은 오늘날 예컨대 미국의 대중적인 물리학자 로렌스 크라우스에 의해 특히 공격적으로 제기된다. 크라우스는 유일무이한 과학적 방법이 존재한다고 거듭 강조한다. 그 방법이란 경험을 우리의 비판적 사유의 길잡이로 삼는 것이다. 이때 크라우스가 말하는 〈경험〉은 감각 경험과 측정 기술, 그리고 이것들에 기초한 이론 구성의 조합인 듯하다. 더 정확히 말하면, 크라우스의 견해는 우리가 이론에 기초를 둔 예측을 내놓고 실험을 통해 입증함으로써 실재를 경험한다는 것이다. 그에 따르면, 우리는 이미 일상에서 그렇게 실재를 경험하며 근대 자연과학은 그 경험을 완벽하게 다듬었을 뿐이다.[12]

이렇게 그는 자신이 세계 종교들에 맞서 벌이는 전쟁을 정당화한다. 현재 그의 주요 아군은 리처드 도킨스다. 당연한 말이지만, 크라우스와 도킨스는 〈종교〉를 고작 비합리적 미신으로, 자연의 작동 방식과 관련하여 명백히 틀린 주장들을 고수하면서 더 나은 지식을 모조리 배척하는 미신으로 이해한다. 철학자로서 나는 미신에 맞선 싸움에 당연히 일단 호의를 느낀다. 그러나 매우 부실하게 정당화된 철학적 입장, 자세히 들여다보면 그 자체로 미신인 철학적 입장에 기초해서 싸움을 벌이면, 미신을 그리 효과적으로 무찌를 수 없기 마련이다.

도킨스는 종교를 〈대대로 전승된 근거 없고 자의적인 확신들과 처방들〉로 격하한다.[13] 또한 그는 모든 종교의 핵심은 〈신〉이며 이 단어는 《우리가 숭배해야 마땅한》 초자연적 창조자를 가리키는 명칭〉이라고 여긴다.[14] 그런데 모든 종교의 핵심은 〈신〉이며, 〈신〉은 도킨스가 생각하는 바로 그것을 가리킨다는 통찰은 과연 어디에서 나왔을까?

세계 종교들은 (유대교, 기독교, 이슬람교처럼 유일신을 상정하든, 불교의 일부 유파들처럼 궁극적으로 무신론이든 간에) 근대적인 자연 개념이 전혀 없던 시절에 발생했다는 점을 도킨스는 간과한다. 「창세기」의 저자는 자연 개념을 갖고 있지 않았다. 그런 그가 어떻게 신을 초자연적 창조자로 생각할 수 있었겠는가? 단지 도킨스가 시대착오적으로 자연 개념을 과거로 투사하고 있는 것이다. 자연적 사건들에 대한 자연과학적 설명과 초자연적 설명을 시대착오적으로 맞세우는 것은 도킨스가 지휘하는, 역사를 잘 모르는 신무신론의 일관된 특징이다.

이것은 아주 단순한 패턴의 종교 비판이며 당연히 수백

년 전부터 잘 알려져 있다. 그러나 역사적·출처 비판적 quellenkritisch 지식을 갖춘 — 신학과 종교학이 이미 오래 전부터 채택해 온 — 관점에서 보면, 무릇 종교가 도킨스의 종교관에 부합해야 한다는 것은 한마디로 근거 없고 자의적인 확신이다. 도킨스는 자신의 종교 개념을 틀로 삼아 인류의 계몽과 유치한 미신으로부터의 해방을 위한 처방들을 찍어 내지만, 그의 종교관은 그가 스스로 내린 종교적 미신의 정의에 여러 모로 부합한다. 설령 그가 신을 믿지 않으며 신을 자연으로 대체하더라도 말이다.

이처럼, 우리가 우리 자신의 지식 획득에 대해서 어떤 생각을 가지느냐라는 질문은 철학적 인식론에 국한되지 않으며, 수많은 광범위한 귀결들을 가진다. 모든 지식은 오로지 경험이라는 원천에서 나온다는 입장을 채택하면, 우리는 곧바로 여러 난관에 봉착한다. 모든 지식이 경험에서 나온다면, 엄밀히 따지면 우리는 — 경험이 우리에게 항상 더 나은 지식을 줄 수 있을 터이므로 — 확정적인 지식에 결코 도달할 수 없을 것이다. 그렇다면 우리는 예컨대 아이들을 고문하지 말아야 한다는 것이나 정치적 평등을 민주 정치의 한 목표로 삼는 것이 바람직하다는 것을 어떻게 알까? 경험주의가 옳다면, 우리는 아이들을 고문하지 말아야 한다는 것을 확정적으로 알 수 없을 것이다. 더 나아가 1 + 2 = 3이라는 것도 확정적으로 알 수 없을 것이다. 이 등식도 경험에 의해 단박에 수정될 수 있을 테니까 말이다.

경험주의에 대한 반론을 더 쉽게 제기하려면 다음과 같은 간단한 질문 두 개를 던지면 된다. 정말로 모든 지식이 감각 경험이라는 원천에서 나온다면, 바로 이 사실에 대한 지식은 어떠한가? 모든 지식이 감각 경험에서 나온다는 지식을 우리는 감각 경험으로부터 얻는가? 만일 그렇다면, 이 지식과 관련해서도 경험이 우리에게 더 나은 지식을 줄 수 있다고 여겨야 할 것이다. 바꿔 말해, 우리가 모든 지식을 경험으로부터 얻는 것은 아니라는 지식을 경험으로부터 얻는 것이 원리적으로 가능해야 할 것이다.

그러나 그것은 불가능하다. 그 이유를 이해하려면 또 하나의 간단한 숙고가 필요하다. 철학적 논의에 참여할 때 크라우스를 비롯한 많은 자연과학자들은 모든 지식이 경험에서 나온다고, 혹은 표현을 바꾸면 〈증거에 기초를 둔다〉고 말한다. 그들이 이 말을 하는 목적은 우리가 오류를 범할 수 있다는 점을 주의시키기 위해서다. 우리는 오류를 범하기 쉽다. 이를 일컬어 오류 가능성Fallibilität이라고 한다. 경험주의의 장점은 왜 우리가 오류를 범하는지 설명해 준다는 데 있다. 우리는 외부 세계에서 데이터를 수용하여 이론적으로 해석하고 정리해야 하기 때문에 오류를 범한다. 이런 기초 위에서 무언가를 알고자 한다면, 어느 시점에선가 우리는 목표에 도달했다고 주장해야 한다. 그런 다음에 우리는 지식 주장Wissensanspruch(무언가를 안다는 주장)을 정식화한다. 우리는 오류를 범하지만 경험을 통해 그 오류를 수정할 수 있다. 이를 위해서 우리는 수정에 대해 열린 태도를 유지해야 한다.

그럼 모든 지식은 감각 경험에서 유래한다는 지식 주장도 감각 경험을 통해 수정될 수 있을까? 대답은 간단히 〈전혀 그렇지 않다!〉는 것이다. 따라서 모든 지식은 감각 경험에서 유래한다는 문장은 입증되거나 반증될 수 있는 자연과학적 가설이 아니다. 왜냐하면 자연과학적 가설은 아무리 잘 입증되고 이론 속에 확고히 자리 잡더라도 그 가설이 틀린 것처럼 보이게 만드는 증거들이 자연에서 튀어나오는 것을 생각할 수 있어야 하니까 말이다. 요컨대 경험주의는 자연과학적 가설이 아니다.

물론 지난 세기에 〈논리 경험주의〉를 열쇳말로 특히 루돌프 카르납과 윌러드 밴 오먼 콰인에 의해 널리 퍼진 미묘한 경험주의 유파들도 있기는 하다. 예컨대 카르납은, 감각 경험으로 얻지 않는 진리들도 존재한다고 보는 반면, 콰인은 카르납의 견해를 약간만 수정하여, 모든 지식은 항상 순수 이론적 요소들과 경험 데이터의 혼합물이라고 여긴다. 하지만 이 모든 개선책은 결국 상황을 다시 철학적으로 매우 미묘하고 복잡하게 만든다. 아무튼, 우리는 오직 자연과학적 지식만 가지고 있으며 더 나아가 그 지식은 우리 의식 영화에 나오는 사건들에 관한 서술일 수밖에 없다는 견해에 카르납과 콰인이 동의하지 않는 것만큼은 분명하다.

이런 난점을 염두에 두면, 크라우스가 전파하는, 〈상당히 투박한 경험주의〉라고 부를 만한 유형의 경험주의가 처한 상황은 훨씬 더 난처해진다. 공개적인 논쟁에서 철학자들이 크라우스에게 거듭 던지는 질문은, $1 + 2 = 3$이라는 지식을 비롯한 수학적 지식이 존재하는가라는 것이다. 크라우스는 학자로서의 일상에서 수학 등식을 늘 활용하는 이론 물리학자이므로, 자기가 수학적 지식을, 그것도 초등학교에서 배우는 구구단과는 비교할 수 없을 정도로 복잡한 수학적 지식을 가졌음을 부인할 수 없어야 마땅하다. 그런데 크라우스는 늘 전형적인 답변을 내놓는다. 그는 상대방이 자기를 함정으로 몰아간다는 것을 직감하고 반발하면서, 수학적 지식에 도달하기 위해서는 감각 경험이 필요하다는 점을 고집스럽게 강조한다. 예컨대 $1 + 2 = 3$이라는 등식을 읽어야 한다고, 혹은 수학적 공리들과 수학 기호들의 작동 방식을 배워야 한다고 말이다.

하지만 이 타개책은 속임수다. 바구니에 빵 두 개가 아직 남아 있음을 내가 감각 경험을 통해서 안다고 할 때, 이 지식은 그 빵들이 빛을 발산하고, 그 빛이 나의 빛 수용기들에 도달하기 때문에 가능하다. 빵들이 나의 감각 수용기들과 적절한 인과관계를 맺을 수 있기 때문에 나는 빵들에 관한 지식을 감각 경험으로부터 얻을 수 있다. 하지만 수 1, 2, 3과 수학적 기호들Symbole은 종이에 적힌 표시Zeichen와 동일하지 않다. 내가 수 1을 세 번 적는다면, 곧 1, 1, 1을 표시한다면, 이 세 개의 표시는 모두 정확히 동일한 수 1을 나타낸다. 하지만 그 구체적인 표시들은 제각각 다를뿐더러 수 1이 아니다. 앞선 두 문장에 1이 여섯 번 나오는데, 그것들은 서로 다른 수 1 여섯 개가 아니라, 내가 수 1을 적은 서로 다른 사례 여섯 개다. 내가 바구니 속에 빵 두 개가 있는 것을 볼 때, 그 빵들은 실제로 서로 다른 사물 두 개 — 이 빵과 저 빵 — 이다. 반면에 수는 볼 수도 없고 측정할 수도 없으며, 다만 표시를 통해 가시화할 수 있는데, 그 표시는 수와 동일하지 않다.

또한 사물들의 다름과 같음도 그 자체로 보거나 측정할 수 없다. 이 때문에 철학자들은 선험적인 것Apriori을 거론한다. 선험적(a priori, 글자 그대로의 뜻은 〈원래부터〉)이라 함은 모든 경험에 대하여 독립적이라는 뜻이다. 우리의 지식에 선험적 요소가 있다는 말의 의미는, 우리가 경험적 앎을 가질 수 있는 것은 오직 우리가 이론적 개념들 — 이를테면 원인, 자연법칙, 동일성, 대상, 사물, 의식 — 을 사용하기 때문이라는 것이다. 그 개념들은 확실히 경험과 연결되어 있지만 간단히 감각 경험을 통해 낚아챌 수는 없다.

다소 추상적인 지금까지의 논의를 마무리하고 다시 의식이라는 주제로 돌아오면, 지금 우리가 다루는 상당히 투박한 경험주의는 또 한 번 심각하게 난처한 입장에 처해 있다. 물론 다양한 의식 수준들이 있다는 말을 할 수 있을 것이다. 완전히 깨어 있는 의식부터 통증을 느끼는 의식을 거쳐 몽상에 빠진 듯이 가물거리는 의식까지 여러 수준이 있다고 말이다. 또한 일시적인 이행 상태들, 예컨대 여러모로 위험하거나 그저 짜증스러울 뿐인 선잠(예컨대 내릴 정거장을 코앞에 두고 드는 선잠, 혹은 따분한 강의에서 안간힘으로 버티다가 드는 선잠은 학자들의 일상에서 다반사다)도 있다. 그러나 우리 자신이 의식이 있다는 것을 우리가 감각 경험을 통해 안다는 경험주의적인 생각은 병적인 면모를 지녔다. 왜냐하면 그 생각은 우리 자신이 의식이 있다는 우리의 앎이 틀렸을 가능성을 근본적으로 포용하며, 따라서 그 생각에 따르면, 실은 우리가 전혀 의식이 없다는 것이 언제라도 밝혀질 수 있을 터이기 때문이다. 그러나 내가 나의 의식 있는 삶에서 매순간, 내가 의식이 전혀 없음을 경험하게 될까 봐 걱정해야 한다는 것은 앞뒤가 맞지 않는다. 우리는 적어도 내가 과연 의식이 있는가라는 질문에 대해서만큼은 아무튼 틀린 대답을 내놓을 수 없는 것으로 보인다. 이 통찰은 데카르트의 유명한 문장

〈나는 생각한다, 고로 존재한다〉, 줄여서 〈코기토〉의 배후이기도 하다. 데카르트의 코기토가 뜻하는 바는 이것이다. 우리가 의식 있는 한에서, 우리는 우리가 의식 있다는 것에 대해서 착각할 수 없다. 반면에 의식의 본질이 무엇인지에 대해서는 얼마든지 착각할 수 있다. 이 점은 데카르트 본인도 전혀 부정하지 않는다.

크라우스는 이 주제를 놓고 앞서 언급했던 철학자 대니얼 데닛과 함께 정기적으로 토론하며, 의식이 난해한 문제라는 점을 인정한다. 그러나 (데닛과 마찬가지로) 그는 미래의 신경 화학자들이 그 문제를 해결하리라고 믿는다. 하지만 우리가 의식 있다는 것을 우리가 어떻게 감각 경험을 통해서, 곧 경험적으로 알게 된다는 말일까? 우리가 의식 있다는 것이 거짓으로 드러날 수도 있다는 말일까? 당신이 지금 의식 없다는 것을 실험들이 당신에게 납득시킬 수 있을까?

프랑스 신경학자 쥘 코타르는 19세기에 한 병(病)을 발견했다. 그의 이름을 따서 〈코타르 증후군〉으로 명명된 그 병에 걸린 환자들은 자신이 죽었으며 실존하지 않는다고 진지하게 증언한다. 엄격한 경험주의자라면, 어쩌면 코타르 증후군 환자들이 옳고 실제로 죽었을 수 있다고 인정해야 할 것이다. 그렇다면 그 환자들은 좀비일 테고, 영화 「월드 워 Z」의 상황이 곧 터질 수도 있을 것이다. 하지만 당연히 그 환자들은 좀비가 아니며, 그들이 좀비라는 것은 엉뚱한 상상이다. 코타르 증후군에 걸린 환자들은 명백히 살아 있는 몸을 지녔고 의식이 있으며 타인들과 상호작용할 수 있으므로, 그들의 증언은 참일 수 없다. 오히려 그들은 신경학적 장애에 시달리는 것이며, 그들이 다시 건강한 의식을 회복하기 위해서 치료가 필요하다. 치료가 이루어지면 그들도 자신이 의식 있음을 알아챌 것이다.

보다시피, 우리가 의식 없음이 언젠가 밝혀질 수도 있다는 생각은 얼토당토않다. 자신은 전혀 의식이 없다고 진지하게 말하는 사람이 있다면, 우리가 그를 검사하여, 그가 어떤 병에 걸리지 않았는지 혹은 정교하게 제작된 안드로이드가 아닌지 알아보는 것이 합당하다. 오늘날 그렇게 정교한 안드로이드는 없다. 한편, 건강한 사람은 의식 없는 상태에서 자신의 의식 있음을 부정할 수는 없다. 요컨대 자신이 의식 없다고 말하는 사람은, 의식이 있으면서 의식 있음을 부정하는 것이다. 거듭되는 말이지만, 이 결론은 우리가 자기성찰을 통해서 의식의 본성이나 심지어 신경화학적 필요조건들을 알아낼 수 있다는 주장을 함축하지 않는다. 그런 주장을 제기한 사람은 아무도 없다. 데카르트도 그렇게 주장하지 않았다!

당연히 우리는 의식 있음이란 무엇인가에 대해서 틀린 생각을 품을 수 있다. 이 질문 앞에서 우리는 오류를 범할 수 있다. 의식 있음을 아는 것과 의식이 무엇인가를 아는 것은 다르다. 그렇기 때문에 의식을 다루는 학문 분야들이 있는 것이고, 그 분야들 중 하나는 철학이다. 하지만 과거에 아무도 의식이 없었다거나 지금 우리가 의식이 없다는 결론이 그 학문 분야들에서 나와서는 안 된다. 왜냐하면 이 〈결론〉은 — 완곡하게 표현하더라도 — 우리의 이론 구성에 무언가 문제가 있음을 명확하게 알려 주기 때문이다.

믿음, 사랑, 희망은 모두 다 환상인가?

그럼에도 오늘날 우리의 문화는 우리가 실은 전혀 의식이 없다는 의혹으로 가득 차 있다. 의식이 환히 깨어 있는 상태에서 자신의 의식을 잃는 것에 대한 공포는 「워킹 데드」와 같은 좀비 영화들과 텔레비전 시리즈들뿐 아니라 1990년에 나온 고전적인 영화 「깨어남Awakenings」에서도 표현된다. 「깨어남」은 뉴욕에서 일어났고 유명한 신경학자 올리버 색스의 저서 『깨어남』에 수록된 실제 사례 하나를 영화화한 것이다. 색스는 유행병인 기면성 뇌염Encephalitis lethargica으로 거의 완전히 의식을 잃은 환자 몇 명을 깨우는 데 성공했다. 그러나 동명의 영화(로빈 윌리엄스, 로버트 드니로 주연)가 보여 주듯이, 깨어난 환자들은 건강한 상태를 오래 유지하지 못했다.

실제로 일부 철학자들은 우리가 의식이 없다고 여긴다.

왜냐하면 엄밀히 따지면 의식이라는 개념은 아무것도 가리키지 않기 때문이라는 것이다. 지금 내가 거론하는 입장은 이른바 제거적 유물론eliminative Materialismus이며, 특히 열정적으로 이 입장을 옹호하는 인물로 신경 철학자 파트리샤 처칠랜드와 폴 처칠랜드가 있다. 이들은 최근까지 샌디에이고 소재 캘리포니아 대학교에서 가르쳤다. 제거적 유물론의 기본 주장에 따르면, 우리의 정신적 상태들은 모두 환상이다. 왜냐하면 실제로 우주 안에는 오로지 물질적 상태들과 과정들만 있기 때문이다.

폴 처칠랜드는 유명한 한 논문에서 모든 정신적 상태 각각을 제거한다. 그의 논증은 이러하다. 우선 그는 우리가 〈상식적 심리학commonsense psychology〉을 보유하고 있다고 전제한다. 사람들은 의식이 있다, 의견이 있다, 합리적이거나 비합리적이다, 감정을 무의식적으로 억누른다, 타인을 쉽게 믿는다, 따위의 말을 우리는 한다. 우리 모두는 의식에 대하여 나름의 표상을 가지고 있으며, 타인들이 우리를, 또 자기 주위의 사물들을 어떻게 지각하고 감각하는지를 끊임없이 상상한다. 처칠랜드는 다른 모든 이론과 마찬가지로 우리의 상식적 심리학도 경험적 이론이라고 여긴다. 여기에서 그의 경험주의적 성향이 대뜸 드러난다.

그가 보기에 우리는 우리 자신과 타인들에게 의식적 정신 상태들을 귀속시킨다. 왜냐하면 우리는 그런 상태들에 관한 특정 이론을 우리 경험으로부터 추출하여 보유하고 있기 때문이다. 현재 심리학과 인지 과학에서는 그 이론을 일컬어 〈정신 이론Theory of Mind〉이라고 한다. 정신 이론을 보유하고 있다는 말은, 타인의 의식 상태, 곧 느낌, 의도, 바람, 믿음을 짐작할 능력이 있다는 뜻이다. 처칠랜드에 따르면, 우리 인간은 그런 정신 이론에 기초하여 상식적 심리학을 구성했으며, 그 상식적 심리학은 매우 평범한 경험적 이론이다. 그러나 그는 이 이론이 상당히 나쁘다고 여긴다. 특히 그는 상식적 심리학이 수천 년 전 이래로 진보와 발전을 전혀 겪지 않았다고 주장한다. 내가 보기에 이 주장은 옳지 않다.

아무튼 처칠랜드의 출발점은, 상식적 심리학이 존재하며 그 심리학은 경험적 이론이라는 것이다. 그런데 이 주장의 배후에 있는 그의 의도는, 그 경험적 이론이 어쩌면 틀렸을지 모른다는 정도가 아니라 확실히 틀렸음을 넌지시 암시하는 것이다. 그는 그 이론을, 틀린 것으로 밝혀진 지구 중심 우주관에 명시적으로 빗댄다. 처칠랜드에 따르면, 태양이 떠오른다는 이론은 틀렸다고 할 수 있다. 왜냐하면 지상에서 보면 마치 태양이 떠오르는 것 같지만, 실은 지구가 자전하고 공전하니까 말이다. 엄밀히 말하면 태양은 떠오르지 않는다. 이는 지구가 태양계의 중심이 아닌 것과 마찬가지로 명백한 사실이다. 요컨대 이런 관점에서 보면, 일출은 존재하지 않으며, 단지 우리로 하여금 일출을 믿게 만드는 일종의 환상만 존재한다. 매일 아침 태양이 떠오른다는 경험적 이론은 이미 거짓으로 판명되었다. 그럼에도 우리가 평평하며 확고히 고정된 땅 위에 서서 일출을 본다고 믿게 만드는 일상적 환상은 여전히 남아 있다.

이어서 처칠랜드는 우리의 상식적 심리학이 특히 명제적 태도propositional attitude의 존재를 받아들인다는 점을 지적한다. 그런데 명제적 태도는 전형적인 철학 전문 개념이며 엄밀히 따지면 상식적 심리학의 요소가 전혀 아니다. 이 때문에 처칠랜드의 논지를 이해하는 데 어려움이 생길 수 있다. 그래서 나는 이 개념을 간단히 설명하려 한다. 명제적 태도란 우리가 사실과 관련해서 가질 수 있는 정신적 태도다. 우리는 예컨대 시리아 내전이 계속되는 것을 걱정하고, 통밀 빵이 아직 남아 있기를 바라고, 중국 사람들은 고양이를 구워 먹는다고 믿고, 사람은 손가락을 가지고 있음을 알 수 있다. 그럴 때 우리의 걱정, 바람, 믿음, 앎은 명제와 관계를 맺는다. 이런 의미에서 걱정, 바람, 믿음, 앎은 명제적 태도다. 언어철학에서 명제란 참이거나 거짓일 수 있는 — 〈……(라)는 것〉으로 표현되는 — 진술의 내용을 말한다. 한 개인이 동일한 명제에 대해서 다양한 태도를 취할 수도 있다. 예컨대 아래 명제를 보자.

시리아에서 내전이 맹위를 떨친다(는 것)

우리는 이 명제를 알거나, 믿거나, 이 명제 때문에 짜증을 내거나, 슬퍼하거나, 이 명제를 무시할 수 있다. 즉, 이 명제에 대하여 다양한 태도를 취할 수 있다. 실제로 많은 철학자들은 인간 정신의 본질을 명제적 태도를 취하는 능력이라고 여기며, 나는 이 견해가 좋은 출발점이라고 본다.

반면에 처칠랜드는 우리가 명제적 태도를 취한다는 것 자체를 의문시하며, 그럼으로써 곧장 자기모순의 함정으로 뒤뚱거리며 들어간다. 미국 철학자 린 러더 베이커는 이 같은 처칠랜드의 행보를 〈인지적 자살〉이라고 적절하게 표현했다.[15] 처칠랜드가 무엇을 의문시하는지 살펴보자. 금세 알 수 있듯이, 그는

명제적 태도가 존재한다는 것

을 의문시한다. 왜냐하면 만일 명제적 태도가 존재한다면, 실재는 자연과학적으로 탐구할 수 있는 물질적 상태들과 과정들로만 이루어지지 않았다는 생각에 도달할 법하기 때문이다. 처칠랜드는 명제적 태도가 존재한다는 믿음을 미신으로 여기며 제거하고자 한다. 그러나 그 과정에서 그는 명제적 태도가 존재한다는 명제에 대해서 의심이라

는 명제적 태도를 취한다. 이는 처칠랜드의 자기모순이다. 만일 명제적 태도가 존재하지 않는다면, 처칠랜드는 명제적 태도가 존재하지 않는다는 것을 절대로 믿지 못한다. 또한 그것을 알지도 못한다.

이 때문에 그는 논문 〈제거적 유물론과 명제적 태도〉의 막바지에서 공상 과학 소설의 상상을 동원하여 이 모순을 은폐하려 한다. 그는 미래에 우리가 우리의 뇌들을 모종의 방식으로 연결할 수 있으리라고 상상하면서, 그 멋진 미래를 앞당기기 위하여 가능한 모든 일을 하자고 촉구한다.

> 그렇게 되면 하키 팀이나 발레단, 연구 팀이 어떻게 달라질지 상상해 보라! 인구 전체가 그런 뇌 연결 장치를 갖춘다면, 모든 종류의 음성 언어가 완전히 사라지는 것도 충분히 가능할 것이다. 음성 언어는 〈날아다닐 수 있는데, 왜 기어 다녀?〉라는 원리의 제물이 될 것이다. 도서관은 책 대신에 모범적인 신경 활동 패턴들을 담은 기록물들로 채워질 것이다.[16]

철학 논문이 설성에 이르러 갤리포니아 SF 문학으로 면신한다. 실리콘 밸리의 몽상가, 선지자, 제작자들은 신경 활동 패턴들을 보관하기 위해 책을 없애고 멀거나 가까운 미래에 그 패턴들을 우리 뇌에 내려받는다는 생각에 어쩌면 동의할지도 모르겠다. 그러나 처칠랜드의 논문에서 이런 환상은, 우리가 정말로 의견과 생각을 가지고 있다는 우리의 믿음이 케케묵은 미신이라는 점을 우리에게 깨우치려 드는 한 철학적 입장의 비일관성을 은폐할 따름이다.

폴 처칠랜드와 달리 파트리샤 처칠랜드는 철학이 신경과학의 도움 없이 의식에 대해서 무언가 알아낼 수 있다는 생각을 제거하는 일에 주력한다. 그녀는 자신의 프로젝트를 〈신경 철학neurophilosophy〉으로 명명했다.[17] 그녀가 보기에, 〈명제적 태도〉 같은 개념들을, 또 그 개념들이 지각, 앎, 믿음 같은 다른 개념들에 어떻게 내장되어 있는지를 숙고하고 논증을 통해 확실히 분석하는 작업은 지식의 향상에 도움이 되지 않는다. 정신 철학은 수천 년 전부터 그 작업을 해왔지만 말이다.

하지만 어떻게 우리가 명제적 태도를 취하지 않으면서 의식이 있을 수 있을까? 의식은 무척 난해한 사안인 것이 틀림없다. 여러 난점 중에서 특히 지적할 만한 것은, 우리가 어떤 현상, 과정, 상태를 의식으로 간주하는지가 단박에 명확하지는 않다는 점이다. 그러나 명제적 태도를 취하지 않으면서 의식이 있다는 것이 어떤 것인지를 우리가 전혀 상상할 수 없다는 것만큼은 명확하다. 우리가 지하철 안에 앉아 음악을 듣는 상황을 생각해 보자. 우리는 주위 승객들을 둘러보며 음악에 주의를 집중한다. 그러나 때로는 음악을 잊고 이런저런 생각에 빠져든다. 이런 일상적 상황들은 문학에서 〈의식 흐름〉 묘사라는 잘 알려진 기법으로 서술된다. 영국 텔레비전 시트콤 「핍쇼Peep Show」의 중심에 있는 것도 탁월한 유머와 더불어 의식 흐름 묘사다. 이 프로그램에서 시청자는 주인공들의 내적 독백을 들을 수 있고 따라서 그들의 내면, 곧 의식을 관음증적으로 들여다볼 수 있다.

자, 우리도 상상력을 동원하여, 지하철을 타고 이동하는 상황에서 우리 자신의 전형적인 의식 흐름을 들여다보자. 그 상황에서 우리가 의식적으로 체험하는 바를 서술하기 시작하자마자, 우리는 우리 자신에게 명제적 태도를 부여하게 된다. 우리는 음악에 주의를 기울이며 지하철 안을 둘러보다가 눈길을 끄는 한 사람을 발견한다. 우리는 그 사람을 오래 응시하지 않으려 애쓴다. 왜냐하면 지하철 안에서 타인을 바라볼 때는 매우 조심해야 할 이유가 셀 수 없이 많기 때문이다. 그런데 아마도 그 이유들 중 대다수는, 그 타인이 우리의 과도한 응시를 알아채고 어떤 명제적 태도를 취할지를 우리가 확실히 알 수 없다는 사실로 환원될 수 있을 것이다. 만약에 명제적 태도가 정말로 존재하지 않는다면, 이 모든 상황은 전혀 무의미할 것이며, 엄밀히 말하면 아예 발생하지조차 않을 것이다. 우리가 자기성찰을 통해서 익히 아는 대로의 인간 의식은, 만약에 바람, 믿음, 의견, 의심, 의도 등이 없다면 존재하지 않을 것이다. 이와 관련해서 사회학자들은 소통은 일종의 이중 조율doppelte Kontingenz이라고 말한다. 이 개념의 의미를 간단히 설명하면, 사람들은 항상 타인들의 믿음을 짐작하고 그 믿음과 어울리게 자신의 믿음을 정한다는 것이다.

이 통찰은 상당히 자명한데도 신경중심주의의 틀 안에서는 즐겨 반박된다. 이 사실은 그 자체만으로도 주목할 만하다. 이 사실 앞에서 우리는 다음과 같은 질문을 던져야 마땅하다. 대체 왜 희망, 믿음, 의견, 의심, 의도가 정말로 존재한다는 것을 반박하려 들까? 우리 의식의 상당 부분이 환상이라는, 이 진정한 환상의 배후에는 무엇이 숨어 있을까?

명제적 태도가, 그러니까 우리 의식의 본질적 면모 하나가 환상이요 일종의 민간전승이어서 멋진 미래에 신경과학의 증거에 기초한 사유 기법을 통해 제거되리라는 것은 철학적 주장이다. 이 주장을 곱씹어 음미해 보면, 이 주장이 허술한 전제들에 기초해 있음을 알게 된다. 그 전제들은 단일한 오류가 아니라 여러 오류들이며, 우리는 이 책에서 그 오류들 중 다수를 논하게 될 것이다.

하지만 그 오류들은 오늘날 경제가 발달한 산업 국가들에서 많은 사람들의 일상적 자아상에 큰 영향을 미치고 있다. 왜냐하면 그 오류들이 진보적이고 과학적이라고 여겨지기 때문이다. 진보와 과학의 대안이 미신, 예속, 조작이라면, 우리는 누구나 진보적이고 과학적이기를 원한다. 그러나 문제는, 신경중심주의의 오류들이 바로 미신, 예속, 조작이며, 이 사실이 상당한 정도로 은폐되어 있다는 점이다. 그 오류들은, 우리가 충분한 시간을 들여 그 배후의 세계상과 그 세계상의 전제들을 캐물을 때 비로소 드러난다. 한 시대를 풍미한 미신들은 모두 다 그러하다. 비이성은 항상 위장한 채 나타난다. 그렇지 않다면 비이성은 그리 큰 위력을 발휘하지 못할 것이다. 그러나 현실의 위장한 비이성은 안타깝게도 위력이 막강하다. 따라서 이렇게 묻지 않을 수 없다. 우리가 명제적 태도를 보유하고 있지 않다는, 상당히 명백하게 터무니없는 주장을 위장하는 것이 어떻게 가능할까?

그 위장을 위해 다양한 전략이 동원된다. 널리 쓰이지만 철학적으로는 별로 흥미롭지 않은 한 전략은 간단히 자연과학적 사실들을 들이대는 것이다. 인간 뇌에 관한, 또 인간 지식의 신경 생물학에 관한 광범위한 지식이 축적되면 우리가 명제적 태도를 보유하고 있지 않음을 깨닫게 될 것이라고, 그 전략을 채택한 사람들은 주장한다. 물론 이 주장이 이렇게 선명하고 뚜렷하게 제시되는 경우는 드물다. 대신에 그들은 예컨대 무엇이 사람들을 사랑에 빠뜨리는지, 무엇이 사람들을 머물지 않고 가기로 결정하게 만드는지, 또 무엇이 사람들을 (최소한의 이타성을 발휘한다는 가장 일반적인 의미에서) 도덕적으로 행위하게 만드는지 연구한다. 사람이 왜 이타적으로 행위하는가라는 질문에 대한 평범한 대답은 자연과학적 지식에 의지하지 않는다. 왜 사람이 근본적인 단독자로서 숲을 누비지 않고 타인들을 고려하면서 공동체를 이뤄 사는가라는 질문은 수천 년 전부터 제기되어 왔다. 그리고 우리는 도덕의 기원을 묻는 질문이나 그밖에 질문들에 대해서 수많은 대답들을 이미 오래전부터 가지고 있다. 그러나 그 모든 대답들이 어둠 속에 묻힌다. 왜냐하면 사람들은 이제 최종적인 대답을 얻기를, 그것도 부적절한 방법들로 얻기를 원하기 때문이다.

각각의 자아 속에 이타주의자가 들어 있다

왜 인간은 그저 무자비한 이기적 포식 동물에 — 그런 포식 동물로서 행동할 수 있는데도! — 불과하지 않은가라는 질문에 대한 대답 하나는, 인간은 다른 인간들이 존중되어야 한다는 것을 통찰하는 능력을 지녔다는 것이다. 인간이 타인들을 존중해야 한다는 것을 더 정당화하려면, 타인들도 의식 있는 삶을 영위한다는 점을 지적할 수 있다. 의식 있는 삶을 영위한다 함은, 자신을 한 사건의 주관적 중심으로서, 곧《나》로서 체험한다는 것이다. 더 나아가 우리 인간의 의식 있는 삶은, 자신이라는 중심 외에 다른 중심들도 있음을 납득할 수 있는, 주목할 만한 가능성을 보유하고 있다. 예컨대 나에게는 전혀 하찮은 어떤 장난감을 세상에서 제일 중요하게 여기는 아이가 이 순간 상하이에 있을 수 있음을 나는 납득할 수 있다. 다른 의식 있는 삶이 존재함을 아는 것은 인간의 의식 있는 삶의 일부다.

이미 여러 번 언급한 바 있는 토머스 네이글은 이 통찰을 윤리학의 토대로 삼는다. 그가 말하는 윤리학이란, 우리가 선을 향할 능력과 악을 향할 능력을 모두 지녔다는 점을 감안하면서 우리 행위의 원리들을 정당화하는 것에 관한 체계적 숙고다.

그의 저서 『이타성의 가능성The Possibility of Altruism』과 특히 『어디에도 발 딛지 않은 시각The View from Nowhere』에서 네이글은 두 가지 범주, 곧 주관과 객관을 구분한다. 이때 〈주관das Subjektive〉이란 의식 있는 관점 하나에 묶인 우리의 사유를 뜻한다. 우리가 의식 있는 한에서, 우리는 모든 것을 하나의 관점에서 체험한다. 우리의 감각 지각만 그러한 것이 아니라 우리의 모든 믿음도 — 그 믿음이 우리가 단박에 굽어보지 못하는 개인적 믿음들의 연결망 안에 내장되어 있는 한에서 — 그러하다. 그래서 우리는 상호 모순적인 믿음들을 가질 수 있다. 왜냐하면 우리는 우리의 믿음들과 의견들 전체를, 또한 이 관점들이 모든 개별 사항에서 서로 어떤 관계를 이루는지를 굽어보지 못하기 때문이다. 간단한 예를 들어 보자. 내가 확신하건대, 나무를 본 적이 있는 사람이 인도에 일곱 명 넘게 있다고 당신은 믿을 것이다. 또한 당신은 나무를 본 적이 있는 사람이 함부르크에 일곱 명 넘게 있다고 믿는다. 하지만 아마도 당신은 이 믿음을 명시적으로 품은 적이 이제껏 한 번도 없을 것이다. 똑같은 이유에서 우리는 우리의 일부 믿음들이 다른 믿음들과 실은 양립할 수 없음을 깨달으면 우리의 믿음들을 바꿀 수 있다. 우리의 믿음들은 우리의 의식 있는 삶 안에서 끊임없이 파닥거리며 돌아다니지 않는다. 플라톤의 「테아이테토스」 편에 나오는 표현을 빌리자면, 우리의 의식 있는 삶은 북적거리는 비둘기장이 아니다.

반면에 〈객관das Objektive〉의 본질은 우리가 한 맥락의 일부이며 그 맥락은 그것에 대한 우리의 견해와 거의 상관없이 독립적이라는 통찰이다. 우리가 우리의 사유와 언어화된 이론적 구성물에 아무리 큰 힘을 부여하더라도, 거의 모든 사실들은 그냥 그것들이 그러한 대로 그러함을, 우리의 견해가 어떠하고 관점이 어떠한지와 전혀 상관없이 그냥 그러함을 우리는 누구나 안다. 이 때문에 객관성이라는 이상이 존재한다. 그 이상의 핵심은 우리 자신 — 우리의 이해 관심, 관점적인 의식 — 을 도외시하고 실재를 서술한다는 것이다. 물론 우리는 이 이상에 항상 도달하지는 못하며, 많은 인간관계의 영역들에서는 이 이상에 도달하기가 어쩌면 원리적으로 불가능할 것이다. 이 때문에 우리의 행위 맥락이 이상적으로 짜여 있지 않음을 통찰하는 것도 윤리학의 일부다. 바로 이러한 숙고, 곧 사실을 보는 주관적 관점과 객관적 관점에 대한 비교 검토로부터 우리 행위를 평가하기 위한 윤리적 차원이 형성된다.

모든 각각의 의식은 낯선 의식이 존재한다는 사실을 자신의 의도와 상관없이 인정해야 한다. 설령 당신이 「파고」에 나오는 말처럼 철저히 무자비한 이기주의자가 되기로 작정하더라도, 당신은 저 사실을 인정해야 한다. 그러지 않으면 당신의 목표들을 성취할 수 없기 때문이다. 인간은 타인들도 의식이 있음을 이해한 다음에야 비로소 이기적일 수 있다. 이기성은 얼핏 보면 이타성과 상반되지만, 사실 이기성은 타인들에 대한 고려를 특징으로 지닌 사고방식이며, 타인들도 의식이 있음을 통찰할 가능성에 그 기초를 둔다. 내가 타인을 단지 나의 이기적 목적을 위한 수단으로 이용하지 않을 이유를 (그 이유가 구체적으로 무엇이든 간에) 아무튼 가지고 있다면, 그 이유의 바탕에는 타인도 의식적 체험을 보유한다는 ─ 아픔을 느끼고, 무언가를 희망하고 바라고 기피하고 믿는다는 ─ 사실이 있다. 한편, 합리적이고 목표 지향적으로 이기적일 수 있으려면, 우리는 이미 타인의 관점을 접수한 상태여야 한다. 그렇지 않다면 우리는 타인의 동기를 이해하지 못하고 우리의 목표를 위해서도 이용하지 못할 테니까 말이다. 이런 탈중심화Dezentrierung가 없다면, 이기성도 없다. 요컨대 이타성의 가능성은 이런 탈중심화에 근거를 둔다. 이타성은 이기성을 통해 가능해진다. 순수한 이기성도 없고 순수한 이타성도 없다. 우리가 원하건 원치 않건 상관없이, 타인들도 의식이 있고 목표를 추구하며 따라서 윤리적으로 무시당하지 않을 자격이 있다. 그렇다고 우리가 윤리적으로 행위하기 위해서 이를테면 테레사 수녀처럼 우리 삶을 타인들을 위해 희생해야 한다고 생각하는 것은 옳지 않다. 이기성은 그 자체로 악이 아니며, 이타성은 그 자체로 선이 아니다. 이기성과 이타성은 윤리적 행위의 두 측면이며 서로의 조건이다. 우리가 누군가의 이기성을 비난할 때, 우리가 진정으로 지적하려는 바는 그가 이기성과 이타성의 나쁜 균형을 추구한다는 것이다. 이를테면 그가 어떤 행위를 타인을 위해서 한다고 생색내면서 은밀히 자기 이익을 꾀한다는 것이다. 그의 문제는 이기성이 아니라 기만하려는 의도다. 우리는 누구나 이 삶을 단 한 번 산다. 그러므로 우리는 이 삶을 우리의 삶으로서 의식 있게 영위할 권리와 의무가 있다.

이 모든 것을 배경에 놓고 생각해 보면, 인간이 의식이 있다는 점을 부정하는 편이 속 편하다는 판단이 설 만하다.

그 점을 부정하면, 타인들도 아픔을 느낄 능력이 있는 생물이며 사람들이 서로에게 가하는 잔인한 행위와 불의로 인해 고통 받을 수 있다는 사실을 인정하지 않아도 될 터이다. 주관적 관점을 제거하고 순수 객관적 관점으로, 즉 언젠가 도달 가능하다고들 하는 — 인간 정신을 다루는 — 신경 생물학의 관점으로 대체하는 데 성공한다면, 우리는 인간적 자유의 요구 사항들을 고되게 짊어져야 하는 부담으로부터 해방될 수 있을 터이다. 여기에서 다음과 같은 아이러니가 불거진다. 실재를 완전히 객관적으로 서술한다는 환상, 주관적 체험이 등장하지 않는 실재를 서술한다는 환상은 최고로 이기적인 환상이라고 할 수 있다. 왜냐하면 실재를 그렇게 서술함으로써 우리는, 명제적 태도들을 품은 의식적 삶이 존재한다는 데서 비롯하는 모든 윤리적 요구들을 우리의 세계상에서 말소할 수 있으니까 말이다. 우리가 서로의 의식을 부정하고 서로를 신경 컴퓨터로 간주하면, 우리가 실은 신경 컴퓨터들이 아니라는 사실에 대처하기가 편해진다. 자기 자신의 자유를 이런 식으로 이해하고 궁극적으로 우리의 신경 화학에 위임하면, 우리는 부담을 벗게 된다. 하지만 이 모든 것은 일종의 자기기만이다.

이런 기만을 감추기 위해 폴 처칠랜드와 파트리샤 처칠랜드는 즐겨 예들을 들면서 가족생활과 카누 타기가 얼마나 중요하고 삶을 풍요롭게 하는지 강조한다. 자신들은 박물관에 가느니 자연 속으로 들어가 캐나다 토착민들을 보며 경탄하는 것이 더 좋다고 단언하는 등의 전술을 쓴다.[18] 그런 취향에 공감할 수도 있고 그렇지 않을 수도 있겠지만, 아무튼 인간 사회가 언어화된 명제적 태도를 기반으로 삼는다는 사실은 변함이 없다. 명제적 태도는 기술이 변변치 않던 시대에 유래한 성가신 잔재가 아니다. 새로운 생물학에서 그 무엇이 발견되더라도, 인간 사회의 기반이 명제적 태도라는 사실은 조금도 바뀌지 않을 것이다.

요컨대 주관과 객관은 서로 맞물려 있다. 주관적 관점이 없다면, 우리는 우리를 개인들로서 구별되게 만들고 우리 삶의 다양한 기획들을 가능케 하는 믿음들과 믿음들의 연결망들을 전혀 보유하지 못할 것이다. 또한 우리를 개인들로서 구별되게 만들고 삶의 다양한 기획들을 가능케 하는 믿음들의 성취는 오로지 우리가 우리 자신을 제쳐 놓고서 타인들이 우리를 어떻게 보는지 짐작할 수 있기 때문에 — 우리는 이 짐작을 끊임없이 한다 — 가능하다. 자연과학적 객관성도 우리가 그것을 의식적으로 추구함으로써만 성취된다. 물론 그렇다고 자연과학적 객관성이 존재하지 않는다는 말은 아니다. 모든 것은 주관적이라는 주장과 모든 것은 객관적이라는 주장은 둘 다 똑같이 터무니없다.

데이비슨의 개와 데리다의 고양이

늦어도 이 대목에서 일부 독자는 이렇게 묻고 싶을 것이다. 그럼 인간을 제외한 다른 동물들은 어떠한가? 다른 동물들도 의식을 보유한 듯한데, 나는 이제껏 인간에 대해서만 이야기했으니까 말이다. 나는 다른 동물들도 의식을 가졌다는 점을 부정할 생각이 전혀 없다. 또한 〈다른 동물들도〉라는 표현에서 보듯이, 나는 인간을 당연히 동물로 간주한다.

〈인간〉, 혹은 이 맥락에서 더 적절한 명칭으로 〈호모 사피엔스〉는 특정한 동물 종을 가리키는 이름이다. 오늘날에도 널리 쓰이는 종명 〈호모 사피엔스〉를 〈자연 시스템System der Natur〉에서 도입한 카를 폰 린네는 인간을 특징짓는 표지로 〈너 자신을 알라nosce te ipsum〉는 고대의 명령을 제시한다.[19] 린네에 따르면, 바로 이 명령에서 거론되는 자기인식이 우리를 〈사피엔스〉로, 곧 지혜의 능력을 지닌 생물로 만든다.

이런 생각의 뿌리에는 중요한 역사가 있다. 소크라테스는 아테네 시민 법정에서 펼친 — 플라톤이 작품화한 — 유명한 자기 변론, 곧 『소크라테스의 변론』에서, 델포이 신탁이 자기를 모든 사람 가운데 가장 지혜로운 자로 지목했다고 보고한다.[20] 바로 그 신탁이 일반적으로 촉구하는 바가 자기인식이다. 그리하여 그 신탁에서 〈너 자신을 알라〉

는 유명한 명령이 유래했다고 한다. 이 명령은 고대 그리스 문학과 철학의 중요한 주제였다. 지혜는 자기인식에서 나온다. 이 때문에 린네는 인간을 〈호모 사피엔스homo sapiens〉로 정의한다. 라틴어 〈사페레sapere〉는 〈이해력이 있다〉를 뜻하니까 말이다. 그런데 린네의 분류법에서 〈사피엔스〉는 단순히 모든 형태의 이해와 관련이 있는 것이 아니라 콕 집어서 특별히 인간적인 형태의 자기인식과 관련이 있다. 요컨대 린네가 말하는 호모 사피엔스의 이해력은 지혜, 곧 성공적인 자기인식을 가능케 하는 능력이다.

다른 동물 종들도 의식 있는 삶을 산다. 우리는 그 동물들에게도 명제적 태도를 귀속시킨다. 사자가 숨어서 기다리는데 가젤 떼가 그 사자를 보고 깜짝 놀라 달아나는 상황을 묘사하지 않는 동물 다큐멘터리는 상상하기 어렵다. 물론 우리를 둘러싼 동물계에 명제적 태도를 귀속시키는 우리의 관행은 부분적으로 문제가 있다. 왜냐하면 우리는 역사적인 이유로 더 좋아하는 동물 종들에게 특정 태도들을 귀속시키고 다른 종들에게는 그 태도들을 귀속시키지 않으니까 말이다. 대개 우리는 아마존 밀림의 독사들보다 우리가 키우는 가축들을 더 우호적인 동물로 여긴다. 그런데 이와 똑같은 일을 우리는 사람들에 대해서도 한다. 즉, 우리의 적들에게는 질투와 무자비한 이기성 같은 동기와 기타 단점들만 귀속시키는 반면, 우리의 친구들(혹은 우리가 친구라고 여기는 사람들)에게는 호의와 칭찬할 만한 이 타성을 귀속시킨다. 하지만 유기체에게 의식을 귀속시키는 것이 정당하려면 유기체의 생물학적 조직성이 어떤 형태 혹은 수준이어야 하는지는 아직 명확히 밝혀지지 않았다. 이것은 중요한 문제다. 의식이 있으려면 당연히 (신경) 생물학적 토대와 여러 필수조건들이 갖춰져야 할 텐데, 그것들을 우리는 아직 충분히 알지 못하므로, 어떤 생물이 정말로 의식이 있는지 정확히 말할 수 없다. 실제로 이 문제를 해결하는 것은 윤리학과 철학을 위해서도 중요한 신경 생물학의 과제이다.

다른 동물 종들이 의식을 가졌다는 점을 전면적으로 부정하는 것은 결코 바람직하지 않다. 물론 도살장들과 의학의 진보를 위한 동물 학대 시설들 앞에서 양심의 가책을 느끼지 않으려면 그런 전면적인 부정이 더 속 편한 선택이겠지만 말이다.

하지만 우리를 제외한 동물계에 명제적 태도를 귀속시키기는 어렵다는 느낌이 들게 만드는 흥미로운 논증이 하나 있다. 그 논증은 정신 철학에 중요하게 기여한 미국 철학자 도널드 데이비슨에게서 유래했다. 안타깝게도 그의 글은 부분적으로 암호문 같거나 도통 알아먹을 수 없지만, 다행히 그의 기본 사상은 다른 저자들에 의해 다소 이해할 만한 형태로 꾸준히 재구성된다.

아무튼 데이비슨은 우리가 가진 형태의 의식을 다른 동물들은 가지지 않았다고 주장한 것으로 유명하다(악명 높다). 그 주장의 근거는, 우리 의식은 철저히 언어적으로 구조화되어 있다는 것이다. 데이비슨의 논증은 이러하다.[21] 당신이 귀가하여 집으로 들어서는데 당신의 개가 벌써 문가에 서서 꼬리를 흔들며 짖는다고 해보자. 일반적으로 우리는 그 행동을, 우리가 집에 돌아온다는 것에 대한 개의 기쁨으로 해석한다. 코미디언 제리 사인펠드의 말마따나, 이 모든 것은 우리의 자신감에 이롭다. 사인펠드에 따르면, 개는 우리가 날마다 집 밖으로 나갔다가 다시 돌아올뿐더러 그러면서 먹을거리까지 마련해 오는 일을 해내는 것에 늘 새롭게 감동하는 생물이니까 말이다. 개는 우리가 그 일을 어떻게 해내는지 전혀 모르는 채로 늘 감동해서 우리를 올려다본다. 반면에 우리 자식들은 사람들이 어떻게 생계를 꾸려가는지 이해하지 못하는 아이일 때까지만 그런 감동을 표한다. 자식이 그것을 이해하면, 신비롭다고 여겨온 부모의 힘과 마법은 간데없이 사라지고, 부모는 그저 평범한 사람들이라는 것이 드러난다. 이 통찰이 물밀듯이 몰려오는 때를 일컬어 〈사춘기〉라고 한다. 사춘기를 겪을 능력을 가진 가축이나 반려동물이 있을까? 내가 아는 한, 단 한 마리도 없다.

하지만 다른 동물 종들의 윤리적 자격은 그들이 특별히

정교한 명제적 태도들의 연결망을 보유했다는 것에서 나오지 않는다. 만약에 그런 연결망의 보유가 관건이라면, 우리는 젖먹이, 어린아이, 정신 장애인도 윤리적으로 존중할 이유가 없을 것이다.

데이비슨은 문가에서 꼬리를 흔드는 개 안에서 실제로 일어나는 일을 상상해 보라고 요구한다. 우리가 집에 온다는 것을 개가 기뻐한다는 우리의 말은 얼핏 느끼기보다 훨씬 더 문제적이다. 이를 더 명확히 하기 위해, 지금 집에 우리 개뿐 아니라 열일곱 살 먹은 딸도 있다고 상상해 보자. 그 딸도 우리를 보고 개에 못지않게 기뻐한다고 해보자. 하지만 딸은 사람이 귀가한다는 것이 무엇을 의미하는지 안다. 귀가하는 사람은 문을 열어야 하고, 그전에 예컨대 시내나 밭에 있었어야 하고, 자동차를 타거나 걸어서 이동했어야 한다는 것 등을 말이다. 더 나아가 딸은 그 과정을 특정한 방식으로 이해할 것이다. 예컨대 그녀는 우리가 무언가를 준다고 약속했기 때문에 우리의 귀가를 기뻐하고, 직장 일이 끝났기 때문에 우리가 귀가한다는 것을 알고, 등등일 것이다.

데이비슨은 이를 우리 믿음의 〈미세 입자성Feinkörnig-keit〉이라고 부른다. 우리는 누군가가 집에 올 때 그냥 기뻐하지 않는다. 오히려 우리의 기쁨은 변화하는 태도들의 연결망에 속해 있다. 반면에 개는 항상 그냥 기뻐한다. 물론 개가 심하게 병들고 기력이 없어서 우리가 귀가할 때 깨어나지도 못한다면 그럴 수 없겠지만 말이다. 우리가 귀가한다는 것에 대한 개의 기쁨은, 개 자신의 관점에서 보면 어쩌면 귀가라는 내용조차 가지지 않을 것이다. 왜냐하면 우리가 〈귀가〉라고 부르는 바를 개는 우리가 아는 식으로는 전혀 모를 테니까 말이다.

그리하여 데이비슨은 우리가 귀가한다는 것에 대해서 개가 기뻐하는 방식은 우리 딸이 기뻐하는 방식과 전혀 다르다는 결론을 내린다. 생각을 좀 더 심화하여 이런 질문을 던져 보자. 뮐러 할머니가 전화를 걸어 온다는 것을 우리 개가 기뻐할 수 있을까? 아마도 대답은 〈아니오〉일 것이다. 왜냐하면 개는 전화가 무엇인지 전혀 모르기 때문이다. 기껏해야 초인종 소리와 비슷한 전화벨 소리에 기뻐할 따름이다. 개들은 할머니들의 전화를 기뻐하지 않는다. 마찬가지로 개들은 스칼렛 요한슨이 출연하는 신작 영화가 훌륭하기를 바라지 않는다.

다른 동물 종들의 의식에 대한 이 같은 간단한 숙고는 겉보기에 자명하더라도 결코 불필요하지 않다. 게르트 카일은 우리의 형법이 받아들이는 책임 원칙(〈책임이 없으면 처벌도 없다〉)이 〈서양법의 역사에서 매우 이른 시기에 이룬 성취가 아니라는 점〉을 지적하면서 이렇게 덧붙인다.

프랑스 시골에서는 17세기까지도 범죄 혐의가 있는 동물을 법정에 세우고 처벌하는 것이 통상적인 관례였다. 우리가 보기에 이것은 책임 원칙의 명백한 위반이다.[22]

인간의 생활세계는 나머지 동물계와 끊임없이 접촉한다. 우리는 동물들을 사냥하고 죽이고 사육한다. 우리는 모기에게 물리고 갈매기에게 관찰당하고 미생물들의 서식지가 된다. 그러면서 우리는 일부 동물 종들에게 명제적 태도를 귀속시킬 이유를 충분히 발견하고 실제로 귀속시킨다.

그러나 데이비슨은 우리가 다른 동물들의 내면에 관한 그릇된 상상의 희생자가 되기 쉽다는 점을 옳게 지적한다. 왜 그런 희생자가 되기 쉽냐면, 우리가 우리의 삶 꼴에 맞게 재단된 언어로 동물들의 행동을 서술하기 때문이다. 우리는 다른 동물 종들을 의인화하는 경향이 있다. 의인화란 우리의 삶 꼴을 다른 동물 종들에게 투사하는 것을 말한다. 우리의 믿음들은 미세한 입자들로 이루어졌으며 수천 년에 걸친 문화사와 정신사를 반영하는 방식으로 세분화되어 있다. 우리가 아는 바로의 인간 정신은 역사를 지녔다. 우리는 그 역사의 일부를 다른 동물 종들, 특히 우리가 가축들로서 우리의 삶 꼴 안에 통합시킨 동물 종들과 공유한다.

하지만 우리와 우리의 동물 친구들 사이의 간극은, 최소한 부분적으로 동물친화성이 향상된 우리 시대에 사람들이 상상하는 정도보다 훨씬 더 크다. 프랑스 철학자 자크데리다는 이 사실을 명확히 드러내기 위해 한 상황을 예로든다. 그것은 어느 날 아침 그가 발가벗은 채로 고양이 앞에 서고 고양이가 그를 바라보는 상황이다. 처음에 그는마치 발가벗은 그를 다른 사람이 보기라도 하는 것처럼 반응한다. 그러나 고양이는 그가 발가벗었다는 것을 전혀 모른다는 점, 고양이는 적어도 그의 발가벗었음을 그가 고양이 앞에서 부끄러움을 느낄 때 염두에 두는 의미로는 전혀모른다는 점을 이내 깨닫는다.[23]

우리의 부끄러움은 우리의 삶 꼴에 속해 있으며, 우리가공동생활을 어떻게 해야 바람직한지, 어떤 행동이 적절한지 등에 대한 우리의 표상들과 맞물려 있다. 고양이들은물론 우리 곁에서 우리와 함께 살지만 매우 제한적으로만우리의 삶 꼴을 공유한다. 마찬가지로 우리 또한 당연히매우 제한적으로만 고양이들의 삶 꼴을 공유한다. 우리가정신적 과정들을 서술할 때 쓰는 어휘는 고양이가 밤에 공원을 누비면서 쥐를 사냥할 때 고양이의 내면이 어떠한지를 적절하고 충분히 세밀하게 서술할 능력이 없다. 우리는그런 고양이의 내면을 상상할 수조차 없다. 왜냐하면 밤에공원에서 쥐를 사냥한 다음에 입에 물고 집으로 돌아오는일은 우리에게 단적으로 무의미하니까 말이다.

입맛의 두 측면과 논쟁이 가능한 문제

요컨대 다른 생물들의 의식의 일부 요소들은, 특정한 경험들을 겪는다는 것이 어떤 것인지 혹은 어떤 느낌인지를 우리가 전혀 모르는 한에서, 우리에게는 대체로 이해 불가능하다. 이것은 같은 인간들 사이에서도 마찬가지다. 어릴 때 나는 나에게 맛있는 음식과 남에게 맛있는 음식이 대체 어떻게 다를 수 있을까라는 질문을 늘 던졌다. 〈다른 사람은 토마토소스 스파게티에 음료로 레모네이드를 곁들이지 않고 이를테면 푸아그라와 샴페인이 맛있다고 느낄 수 있구나. 대체 어떻게 그럴 수 있지?〉

나에게 무언가가 맛있는데 다른 사람에게는 맛없다면, 나는 그가 그 맛을 어떻게 싫어할 수 있는지를 실은 전혀 상상할 수 없다. 그런 상상을 할 수 있으려면, 살다 보면 입맛이 변한다는 것과 입맛도 당연히 개발할 수 있다는 것을 몸소 경험해 봐야 한다. 대개 우리는 맛을 중립적인 사실로서 먼저 체험하고 그다음에 추가로 그 맛이 좋은지 나쁜지를 평가하지 않는다. 우리에게 맛은 항상 좋은 맛이거나 나쁜 맛이다. 그러니 우리가 좋아하는 맛을 좋아하지 않는다는 것이 무엇인지, 혹은 거꾸로 우리가 거의 역겹다고 느끼는 맛을 좋아한다는 것이 무엇인지, 우리가 어떻게 알겠는가?

이 문제와 관련해서 의식 철학자들은 퀄리아Qualia를 거론한다. 퀄리아(어원은 라틴어 qualis = 이러저러함; 단수형 Quale)란 순수 주관적인 의식적 체험의 내용이다. 퀄리아의 예로는 색깔 인상과 맛 인상, 열 감각 등이 있다. 이때문에 최근까지도 철학에서는 퀄리아를 감각으로 부르기도 했다.

이런 이야기를 하는 동안에 우리는 이미 의식의 두 측면을 언급했다. 그 측면들을 다음과 같이 개념적으로 구분할수 있다.

1. 첫째 측면은, 우리가 무언가에 대한 의식을 가질 수있다는 것이다. 이 측면을 일컬어 지향성이라고 한다. 그러므로 우리는 지향적 의식intentionale Bewusstsein이라는 표현을 사용할 수 있다. 〈지향성〉이라는 단어는 〈펼치다〉, 〈쭉 뻗다〉를 뜻하는 라틴어 〈intendere〉에서 유래했다. 지향적 의식은 우리가 다른 무언가와 관계 맺는다는 점에 그본질이 있으며, 외향 관점, 외부 지각과 관련이 있다. 우리는 우리의 의식을 무언가로 향하고 그것을 숙고할 수 있다. 그럴 때 우리는 무언가에 주의를 기울임으로써 말하자면우리의 의식을 그 무언가 위로 펼친다. 최근에는 〈움켜쥐는 의식Zugriffsbewusstsein〉이라는 새 용어도 사용된다. 이용어는 주의를 집중해서 정보 상태들을 움켜쥐는 의식을표현한다.

2. 둘째 측면은 우리의 내면 관점과 관련이 있다. 이 맥락에서 쓰이는 용어는 현상적 의식phänomenalen Bewusstsein이다. 현상적 의식이란 우리의 순수 주관적인 의식적 체험을 말한다. 이미 말한 대로, 이 체험의 내용이 바로 퀄리아 혹은 감각이다.

의식의 개념은 이밖에도 많은 측면들을 지녔다(그래서 아마도 전혀 통일적이지 않다). 그럼에도 의식의 개념은, 지향적 의식과 현상적 의식을 서로 너무 가깝게 접근시키는 오류를 유발한다. 이를테면 우리가 우리의 감각들에 지향적으로 집중할 수 있다고 생각할 수도 있을 법하다. 실제로 나는 고급 포도주를 마시면서 나의 맛 체험을 아무 문제없이 보고할 수 있다. 요컨대 나는 의식적으로 그 체험을 향할 수 있는 것이 분명하다. 그럴 때 나는 포도주의 맛을 하나의 대상으로 만들지만, 타인들이 그 대상을 단박에 공유할 수는 없다. 타인들이 그 포도주에서 정말로 내가 느낀 맛과 똑같은 맛을 느낄지 어떻게 알겠는가? 물론 그들은 자기들이 느끼기에도 맛이 좋다고 보고할 수 있을 것이다. 어쩌면 그들은 내가 바닐라 향을 강조하는 것에도 고개를 끄덕일 것이다. 그러나 실제로 맛 체험이 평가와 동시에 이루어질 수밖에 없다면, 설령 여러 개인들이 한 포도주를 마셔 보고 거기에서 바닐라 향이 난다는 것에 동의하더라도, 그들은 그 포도주의 바닐라 향을 제각각 다르게 체험하는 것일 수 있다. 내가 느끼는 바닐라 향과 당신이 느끼는 바닐라 향을 비교할 길은 도무지 없지 않은가?

어쩌면 당신도 한 번쯤 고민해 본 문제일지 모르지만, 예컨대 뉴욕의 의식 철학자 네드 블록이 주요 연구 과제로 삼은 뒤집힌 스펙트럼inverted spectrum 문제라는 것이 있다. 블록은 그 문제를 다음과 같이 간단하게 요약한다. 〈당신과 내가 똑같이 《빨강》이라고 부르는 색깔이 어쩌면 당신에게는, 당신과 내가 똑같이 《녹색》이라고 부르는 색깔로 보일 수도 있지 않을까?〉[24]

이런 의심을 조금 더 심화하면 아주 까다로운 수수께끼에 도달하게 된다. 문제는 색깔 체험도 맛 체험과 마찬가지로 중립적이지 않다는 점에 있다. 색깔도 우리 마음에 들거나 들지 않는다. 우리는 단순히 색깔을 인지한 다음에 평가하는 것이 아니라 이미 평가하면서 체험한다. 우리는 색깔을 보면서 단박에 차갑거나 따뜻하다고, 편안하거나 부담스럽다고 느낀다. 뿐만 아니라 우리는 색깔 보기를 학습하며, 처음에는 동일하게 보일 만한 색깔들을 구분하는 솜씨를 향상시킬 수 있다. 그런데 우리의 시야는 온갖 색깔들로 가득 차 있다. 이 사실을 감안하면, 내가 시각을 통해 지각하는 실재 전체는 당신이 시각을 통해 지각하는 실재 전체와 사뭇 다르리라는 생각이 절로 든다. 설령 우리가 저 앞에 파란색 주사위가 있다는 것에 동의하더라도,

나의 이른바 파란색 체험은 당신의 그것과 어쩌면 영 달라서, 실은 우리가 똑같은 파란색 주사위를 이야기하고 있는 것이 전혀 아닐 수도 있다.

그렇다면 관건은 사람들이 포도주의 바닐라 향이나 주사위의 파란색을 언급할 때 이야기하려는 바가 무엇이냐는 것이다. 사람들은 포도주나 주사위의 객관적이며 공개적인 속성을 이야기하려는 것일까, 아니면 개인적이며 주관적인 감각을 이야기하려는 것일까? 전자라면, 사람들은 그 속성에 대한 지향적 의식을 가진 셈일 테고, 후자라면 퀄리아 체험을 그 본질로 하는 현상적 의식을 가진 셈일 터이다. 이를 다음과 같이 표현할 수도 있다. 사람들은 퀄리아를 체험하면서 공개적으로 앞에 놓인 대상의 속성과 관계 맺는다. 무언가를 체험함과 무언가와 관계 맺음(= 무언가를 가리킴)이 반드시 동일한 것은 아니다.

지능과 로봇 청소기

어쩌면 당신은 이 모든 논의가 뻔한 얘기라고 느끼면서, 대체 왜 이런 논의가 필요하냐고 묻고 싶을지도 모른다. 하지만 이 논의는 여러 이유에서 요긴하다. 왜냐하면 우리는 지향적 의식과 현상적 의식의 차이를 여러 중요한 맥락에서 너무 쉽게 간과하기 때문이다. 한 예로 인공 지능을 생각해 보자. 컴퓨터, 스마트폰, 로봇은 지능적으로 생각할 수 있을까?

의식 철학은 이미 근대 초기부터 인공 지능을 다뤄 왔다. 인공 지능 문제는 컴퓨터가 등장하면서 비로소 불거진 것이 아니다. 일찍이 데카르트는 이렇게 물었다. 창밖에 지나다니는 놈들이 단지 로봇들(데카르트가 살던 시대의 표현으로는 〈자동 장치들Automaten〉)이 아니라 인간들이라는 것을 나는 어떻게 알까?

나는 그들을 보지만, 단지 모자들과 옷들만 본다. 그것들 속에 자동 장치들이 숨어 있을 수도 있다! 하지만 나는 그들이 인간들이라고 판단한다. 그리하여 나는, 내가 눈으로 본다고 여겼던 바를 내가 오로지 나의 사유에 내재한 능력을 통해 판단한다는 점을 알아챈다. 대중보다 더 똑똑하다고 자부하는 사람은, 대중이 고안해 놓은 어법들에서 의심의 근거들을 찾는 것을 부끄럽게 여겨야 마땅하다.[25]

외관으로는 그 정체를 알 수 없는 완벽한 인간형 로봇들이 존재한다면 어떨까? 이 대목에서 다시 「닥터 후」를 떠올리면 온갖 시나리오들을 상상할 수 있다. 또한 당연히 「블레이드 러너Blade Runner」, 좀비 영화들, 스웨덴 텔레비전 시리즈 「리얼 휴먼스Real Humans(진짜 인간들)」, 이 주제를 다루는 숱한 소설들도 떠올릴 수 있다. 에른스트 호프만과 하인리히 폰 클라이스트가 쓴 역사적 고전들을 연상하는 것도 좋다. 우리는 인간형 로봇들에게 단박에 의식을 귀속시키지 않을까? 특히 그들이 우리와 지적인 대화를 나눈다면, 전혀 망설임 없이 그렇게 하지 않을까? 심지어 전하는 이야기에 따르면, 로봇 청소기 〈아이로봇 룸바〉를 소유한 많은 사람들은 자신의 로봇 청소기가 의식적인 고유 의지뿐 아니라 성격까지 보유했다는 인상을 받았다고 한다.[26]

이제 이런 질문을 던져 보자. 만일 인간형 로봇들이 오직 지향적 의식만 보유했고 현상적 의식은 보유하지 않았다면, 우리는 그들을 진정으로 의식이 있다고 간주할까? 물론 이 질문은 인간형 로봇들이 지향적 의식을 가질 수 있다는 것을 전제로 하는데, 나는 이어지는 논의에서 일단 잠정적으로 이 전제를 채택할 것이다. 이 전제가 옳다면, 로봇은 어쩌면 온갖 대답을 옳게 내놓을 것이다. 어쩌면 로봇은 방금 거론한 포도주의 화학적 조성을 자기 내부에서 분석함으로써 그 포도주에서 바닐라 향이 난다는 옳은 진술에 도달할 수도 있을 것이다. 디지털 혁명이 한창인 시대에 사는 우리에게는 더 향상된 버전의 지향적 의식을 보유한 로봇을 상상하는 일이 특히 쉽다. 이를테면 특정 분야의 계산 성능을 높임으로써 로봇의 지향적 의식을 업그레이드할 수 있을 것이다. 평범한 컴퓨터가 체스나 〈나인 멘스 모리스)*를 거의 모든 인간보다 더 잘 두게 된 것은 벌써 오래전의 일이다. 하지만 이 모든 것들을 근거로 우리가 로봇들은 〈의식 있다〉라고 판정한다면, 그 판정은 정말로 정당할까?

나는 그렇지 않다고 믿는다. 다른 모든 면에서 완벽한 인간형 로봇(예컨대 「리얼 휴먼스」에 나오는 휴봇이나 스필버그의 「에이 아이」에 나오는 로봇)에서 갑자기 왼쪽 뺨이 떨어져 나가 로봇의 외관이 「닥터 후」 시즌 8의 첫 에피소드에 나오는 로봇처럼 된다고 상상해 보자. 우리는 로봇 내부의 녹슨 톱니바퀴 장치들을 보게 될 테고, 순간 그 로봇은 현상적 의식이 없다고 간주하는 것이 합리적이라는 느낌이 들 것이다. 즉, 그 로봇은 체험을 보유하지 못하며 어떤 기분도 없다는 느낌 말이다. 그 로봇은 상당히 조잡한 톱니바퀴 장치를 통해 작동하는 로봇일 뿐이다. 이제 그가 자신은 파란색 주사위를 본다고 말한다면, 물론 그는 여전히 참된 문장 혹은 옳은 보고를 내놓는 것일 수 있다. 그러나 그는 파란색 체험을 전혀 보유하지 못하므로, 의식적 지각에 본질적인 무언가가 그에게는 없을 것이다. 적어도 그는 우리의 방식대로 의식이 있지는 않을 것이다. 하지만 그럼에도 그 로봇은 현상적 의식을 가질 수 있지 않

* Nine Men's Morris. 고대 로마 시대부터 행해졌다는 전략 보드 게임.

을까? 이런 반문이 가능할 것이다. 그 로봇이 현상적 의식을 가지지 않았다는 것을 우리가 어떻게 안단 말인가?

이 대목에서 중요하게 되새겨야 할 것은, 우리가 익히 아는 대로의 의식은 단적으로 필수적인 생물학적 전제 조건들을 가지고 있다는 사실이다. 여기에서 나는 이 사실을 의문시할 생각이 전혀 없다. 현상적 의식을 위해서는 적절한 유기 물질이 (특히 뉴런들과 그밖에 세포들이) 전제되어야 하는데, 그런 유기 물질로 이루어지지 않은 상당히 조잡한 톱니바퀴 장치는 생물학적인 이유에서 현상적 의식의 토대가 될 수 없을 것이다. 실제로 우리의 현상적 의식은 진화 과정에서 발생했다. 다만, 이 사실은 ── 나에게는 이것을 강조하는 것이 중요한데 ── 인간 정신 전체가 진화적 현상이라는 것을 의미하지 않는다. 〈정신〉과 〈의식〉은 동일하지 않다. 그렇기 때문에 신경 생물학은 정신에 대한 탐구를 완전히 포괄할 수 없다. 신경 생물학은 의식의 현전을 위한 몇몇 필수조건들에만 초점을 맞추니까 말이다.

색깔이나 맛이나 그밖에 퀄리아를 거론할 때 우리는, 정말로 알려면 직접 체험해 봐야 하는 무언가를 이야기하는 것이다. 그 무언가에 대해서 옳은 보고들을 내놓을 수 있다는 것만으로는 부족하다. 그 보고들은 현상적 미세 입자성을 결여할 것이다. 로봇이 포도주의 맛을 분석할 때 사용하는 어휘가 제아무리 세분화되어 있다 하더라도 말이다. 소믈리에 로봇은 때때로 소믈리에보다 더 나은 솜씨를 발휘할 수 있다 하더라도 단적으로 소믈리에가 아니다.[27]

인간은 알고리즘으로 번역될 수 있는 매우 일반적인 규칙들만 따르는 것이 아니라는 점이 핵심이다. 알고리즘에 의지해서 정보를 처리하는 작업은 컴퓨터가 우리보다 훨씬 더 잘 해낸다. 우리의 우수성은 오히려 우리가 「스타트렉Star Trek」에 나오는 스포크처럼 모든 것을 감정 없이 논리적으로 다루지 않는다는 점에 있다. 우리는 부분적으로 비합리적인 감정들을 가진다. 그래서 우리는 많은 이들에게 책망을 받으면 불안을 느끼고, 한편으론 사랑에 빠지는 능력도 지녔다. 인간은 합리적 동물이기만 한 것도 아니고 〈호모 이라티오날리스homo irrationalis(불합리한 인간)〉에 불과한 것도 아니다. 오히려 인간은 오류가 끼어들기 쉬운 자화상을 제작하고 그 자화상을 타인들과 함께 장엄하게 실행하고, 발전시키고, 그 자화상의 폐해가 드러나면, 변경하는 존재다. 그렇기 때문에 우리는 정교하게 터무니없을 권리, 반어적일 권리, 어떤 타인에게도 해를 끼치지 않는 한에서 환상을 추구할 권리가 있다(어쩌면 그 타인 역시 나름의 환상을 추구할 테고).

간단한 예로 우리가 아주 평범한 일상에서 상품들을 어떻게 다루는지 생각해 보자. 우리는 온갖 상품을 구매할 때 매번 우리가 사려 했던 상품, 우리의 욕구를 충족시킬 상품을 산다고 느낀다. 그러나 한 사물을 소유하거나 소비해 버리자마자 우리는 벌써 또 다른 사물을 욕망한다. 도저히 가라앉힐 수 없는 이 같은 사물에 대한 욕망은 부처부터 카를 마르크스를 거쳐 정신 분석에까지 이르는 오랜 전통에 의해 거듭 비판적으로 분석되었다. 우리는 그 욕망이 환상의 원천이기도 하다는 점을 깨달아야 한다. 그러나 우리는 이 환상을 떨쳐 낼 수 없다. 왜냐하면 우리는 오로지 이 환상을 통해서만 누군가일 수 있기 때문이다. 순수하게 지향적이며 이해관심이 없고 단지 지켜보기만 하는 의식이 있다면, 그 의식은 우리의 의식과 전혀 다를 것이다. 우리가 수천 년 전부터 우리 주위를 멋진 사물들로 채워 온 것은 우연이 아니다. 우리는 우리의 의식을 그 사물들에 비춰서 본다.

　요약하면 이렇다. 〈의식〉이라는 용어는 지향적 요소와 현상적 요소로 이루어진 복합체를 가리킨다. 또한 의식을 위한 필요조건들 중 일부는 진화론에 의지하여 알아낼 수 있다. 현상적 의식을 동반하지 않은 순수한 지향성을 의식으로 — 곧, 어떤 시스템이 일관되게 참된 보고들을 내놓는다는 사실을 근거로 그 시스템이 의식을 가졌다고 — 간주하는 것은 마치 물 분자가 수소와 산소의 적당한 조합으로 이루어지지 않고 수소만으로 이루어질 수 있다고 믿는 것과 같다. 물 분자는 H_2O 분자다. 수소와 물 사이에는 아직 커다란 간극이 있다.

의식과 데이터 뒤범벅

이제 감각이 없는 로봇 청소기를 대상으로 거꾸로 된 사고실험을 해보자. 즉, 지향적 의식은 없고 현상적 의식만 있는 놈은 어떠할지 상상해 보자. 캐스린 비글로 감독의 SF 스릴러 영화 「스트레인지 데이스Strange Days」(1995)에는 현상적 의식만 보유한 놈의 삶이 어떠할지 보여 주는 아주 좋은 예가 하나 나온다. 그 영화는 우리를 디스토피아적인 미래로 데려간다. 공간적 배경은 — 할리우드 영화에서 흔히 그렇듯이 — 영화의 도시 로스앤젤레스다. 「스트레인지 데이스」가 그리는 미래에는 사람들이 한 개인의 현상적 의식을 기계로 기록해서 영화처럼 관람하거나 실제로 체험할 수 있다. 관찰자가 자신의 머리를 어떤 장치에 연결하면, 그는 피관찰자가 현상적 의식을 기록당할 당시에 체험한 바를 똑같이 체험하게 된다.

그런데 그런 기록 하나가 유통된다. 그 기록은 경찰이 흑인 힙합 스타를 죽이는 광경을 담은 것이어서, 폭동이 일어날 위험이 있다. 그리하여 살인자들은 그 기록을 탈취하려 한다. 이를 위해 그들은 잔인한 방법을 쓴다. 무슨 말이냐면, 의식 영화를 촬영하고 재생하는 장치는 뇌를 마치

160

뜨거운 기름처럼 들끓게 만들 수도 있다. 그 기능을 작동시키면, 피관찰자는 데이터가 뒤죽박죽으로 가물거리는 돌이킬 수 없는 상태로 빠진다. 영구적으로 그의 체험은 방송 시간이 끝난 뒤의 옛날 텔레비전 화면처럼 된다. 그리고 누구도 그의 내면을 읽어 낼 수 없게 된다. 한 장면에서 그런 사람의 체험이 내면 관점으로 표현되는데, 그 장면은 상당히 섬뜩하게 느껴진다.

일부 정신병 환자의 체험과 향정신성 약물이 유발하는 도취는 그런 데이터 뒤범벅 상태와 꽤 유사하다. 그 상태를 우리 의식이 인상주의 화풍으로 풀어 헤쳐지는 것에 비유할 수도 있다. 그 상태에서 우리는 어떤 대상도 보지 못하고 단지 색깔들의 흐름만을 체험한다. 모네의 후기 작품이나 점묘화를 아주 가까이 다가가서 볼 때처럼 말이다.

위대한 스코틀랜드 철학자 데이비드 흄은 일찍이 내적 체험의 형태들을 분류하기 위해서 인상impressions과 관념 ideas을 구분했다. 그가 말하는 인상이란 데이터 뒤범벅이다. 반면에 관념은 사람이 자신의 데이터 뒤범벅에 질서를 부여함으로써 발생한다.

회화에서 인상주의도 똑같은 원리를 바탕으로 삼는다. 인상주의 화풍은 인상을 기초로 삼아서 관념을 보여 주니까 말이다. 그렇기 때문에 인상주의 작품이 묘사하는 대상이 색깔 뒤범벅으로부터 튀어나와 눈에 띄게 하려면, 관람자는 작품으로부터 적당한 거리를 유지해야 한다. 내가 책상 앞에 앉아서 머리를 왼쪽으로 빠르게 돌리면서 눈앞에 무엇이 있는지 정확히 알아보지 못하도록 눈의 초점을 흩트리면, 나는 빨강, 파랑, 검정, 빛 얼룩들 따위가 뒤섞인 잡탕을 보게 된다. 그러나 내가 이 인상들을 똑바로 응시하면, 곧바로 나는 책들, 물이 담긴 유리컵 하나, 필기구들, 기타 사물들을 알아본다. 현대 회화의 중요한 목표 가운데 하나는 우리의 인상을 제시하는 기법을 완벽화하는 것이라고 할 수 있다. 인상을 보유한 사람은 그 인상을 가지고 관념을 표현할 수 있다. 흄의 인상-관념 구분은 현상적 의식(인상)과 지향적 의식(관념)의 구분에 상응한다.

만약에 우리 의식이 오로지 도취 상태와 유사한 체험 흐름, 곧 순수한 데이터 뒤범벅일 뿐이라면, 우리는 서로 소통할 수 없을 것이다. 또한 우리는 우리의 인상을, 그 인상을 일으키는 — 우리가 지향적으로 관련 맺을 수 있는 — 놈과 구별하지 못할 것이다. 일반적으로 우리의 깨어 있는 의식은 가까이 들여다보면 모든 것이 혼란스럽게 뒤섞이는 인상주의 회화가 아니다. 만약에 그런 회화라면, 우리는 대상의 인상을 보유하지 못할 것이다. 우리는 우리의 인상들과 융합할 테고, 따라서 말하자면 더는 존재하지 않을 것이다. 만약에 우리가 관념을 보유하지 못하고 인상만 보유한다면, 인상들을 이를테면 빨강-인상과 아픔-인상으로 분류하는 것조차 불가능할 것이다. 어떤 질서도 없는 순수한 데이터 뒤범벅은 누구에게도 관찰되거나 의식적으로 체험될 수 없다. 왜냐하면 모든 관찰자는 분류하기 마련이니까 말이다. 어떤 질서도 없는 순수 데이터는 누군가의 의식에 등록될 수조차 없을 것이며, 엄밀히 말하면 아예 존재하지 않는다.

요컨대 현상적 의식과 지향적 의식은 함께 작동한다. 이둘을 분리하면 사실상 이해하기가 불가능한 의식상(像)이 만들어진다. 마치 우리 의식이 로봇 청소기이거나 아니면 LSD에 취한 히피이기라도 한 것처럼 우리 의식을 묘사하는 상이 만들어지는 것이다. 이 두 가지 선택지가 모두 정상적인 의식을 서술하지 않는다는 통찰에서 다음과 같은 칸트의 명언이 나왔다.

내용 없는 생각은 공허하고, 개념 없는 직관은 맹목이다.[28]

그런데 이 명언은 지향성을 개념과 연결하고 현상적 의식을 직관과 연결한다는 점에서 오해를 유발할 위험이 있다. 그렇게 연결하면, 우리 인간처럼 유능하게 개념을 사용하는 놈은 아무튼 뛰어나고 다른 동물들은 의식의 수준이 낮다는 생각이 들기 쉬운데, 이것은 경계해야 할 생각이다. 왜냐하면 다른 동물들도 당연히 개념들을 보유하고 있기 때문이다. 비록 그 개념들은 어쩌면 언어적이지 않고 따라서 미세 입자성의 수준이 우리의 개념들과 다를지도 모르지만 말이다. 개념들을 보유하고 인상들을 분류할 수 있기 위해서 반드시 이 개념들을 다시 언어적으로 분류할 수 있어야 하는 것은 아니다. 물론 우리는 개념들을 언어적으로 분류할 수 있다. 언어 덕분에 우리는 실재를 분류하는 작업을 꽤 성공적으로 해낸다. 하지만 그렇다 하더라도 오직 우리만 분류하고 나머지 모든 동물들은 그저 굶주린 인상-기계라고 결론 내릴 수는 없다.

칸트에 따르면, 우리가 인상(칸트의 용어로는 〈감각 Empfindung〉)을 가지지 않았다면 우리의 생각은 내용이 없을 것이다. 거꾸로 우리가 인상만 가졌고 안정화하는 개념을 가지지 않았다면 우리의 인상은 맹목적 직관일 테고, 우리는 아무것도 인식할 수 없을 것이다. 순수한 데이터 뒤범벅은 이를테면 시야 안의 녹색 얼룩들로 이루어진 것조차도 아니다. 그 뒤범벅은 단지 순수하며 형언할 수 없는 체험들로 이루어졌다. 만일 당신이 녹색 얼룩들을 본다면, 당신은 이미 무언가에 대한, 곧 녹색 얼룩들에 대한 지향적 의식을 가진 셈이다.

칸트는 우리가 「스트레인지 데이스」에서 본 것과 같은 정신병적 데이터 뒤범벅 상태를 서술하기 위해서 그런 의식은 〈꿈에도 미치지 못한다〉[29]라는 표현을 쓰기도 했다.

왜냐하면 꿈꿀 때도 우리는 늘 무언가에 대해서 꿈꾸기 때문이다. 누구나 알다시피 꿈속에서는 표상들의 연쇄가 상당히 특이한 것이 사실이다. 꿈꾸는 사람은 한 장면에서 다른 장면으로 도약하고 상당히 불명확한 감각들을 가진다. 그러나 맛들과 소리들과 색깔들만 등장하는 꿈은 없다. 꿈은 순수한 감각 교향곡이 아니다.

의식은 오로지 지향적이라는 주장을 의식-합리주의Bewusstseins-Rationalismus로 명명하자. 이 주장의 대척점에 있는 것은 의식-경험주의Bewusstseins-Empirismus, 곧 의식은 오로지 현상적이라는 주장이다. 이 두 가지 오류는 의식을 다루는 학문들에서 오늘날까지도 거듭해서 등장한다. 또한 이 오류들은 다양한 신경중심주의의 바탕에 놓여 있다.

의식-합리주의는 우리를 궁극적으로 순수하게 합리적인 준(準)컴퓨터로 간주하는 반면, 의식-경험주의는 우리를 체험-욕망-기계로 여긴다. 이 두 주장의 조합은 인간은 신과 동물 사이에서 떠돈다는 오래된 기독교적 가르침의 포스트모던한 버전이다. 그러나 그 오래된 가르침과 이 포스트모던한 가르침이 공유한 오류는, 인간의 의식을 논하는 상황에서는 그런 양극단 — 순전히 합리적인 신과 순전히 감정적인 욕망 동물 — 이 단적으로 존재하지 않는다는 점에 있다.

의식-합리주의의 대표적 사례로 데닛의 접근법이 있다. 많은 주목을 받은 저서 『지향적 태도*The Intentional Stance*』에서 그는 지향적 태도에 관한 유명한(악명 높은) 주장을 내놓는다. 그 주장의 요점은, 우리가 지향적이라고 서술할 수 있는 시스템이라면 무슨 시스템이든지 지향적이라는 것이다. 다시 우리가 키우는 개를 예로 들자. 우리는 그 개가 우리가 귀가하는 소리를 들으면 꼬리를 흔들며 짖으리라는 것을 예상할 수 있다. 그리고 우리는 그 상황을 이렇게 표현한다. 〈개는 우리가 귀가한다는 것을 알기 때문에 기뻐한다.〉 요컨대 우리는 개에게 명제적 태도를 귀속시킨다. 그러나 우리는 자연과학적 탐구를 수행하여 단지 어떻게 소리 파동이 개의 감각 수용기에 도달하여 후속 과정들을 일으키는지만 서술할 수도 있다. 데닛이 〈물리적 태도〉라고 부르는 이 서술에서 우리는 지향적 어휘를 사용하지 않는다. 데닛이 논증을 통해 옹호하는 입장은, 우리가 어떤 놈을 지향적인 놈으로 성공적으로 서술할 수 있다면, 그런 놈은 모두 실제로 지향적인 놈이라는 것이다. 그러나 이 입장에 따르면 컴퓨터 프로그램들도 지향적일 것이다. 왜냐하면 우리는, 컴퓨터가 체스에서 우리를 이겼다고, 혹은 스마트폰이 이런저런 것들을 〈알아채기〉 때문에 〈영리하다〉고 말할 수 있으니까 말이다. 이처럼 데닛은 극단적인 의식-합리주의를 옹호한다. 따라서 그가 퀄리아의 존재 자체를 반박하려 드는 것은 놀라운 일이 아니다. 결국 그는 퀄리아-제거주의, 곧 퀄리아는 실은 아예 존재하지 않는다는 주장에 도달한다. 이는 그가 의식을 다음과 같이 파악하기 때문에 생기는 결과다.

인간의 의식적 정신은, 진화가 우리에게 제공한 병렬식 하드웨어에 — 비효율적으로 — 장착된 직렬식 가상 기계 라고 할 만하다.[30]

요컨대 우리가 로봇인지 아닌지는 데닛에게 그다지 중요하지 않다. 물리적 태도로 보면, 우리는 심지어 로봇 청소기와 마찬가지다. 왜냐하면 물리적 태도를 채택했을 때 우리는 우리가 지향적 의식과 현상적 의식을 가졌다는 점을 도외시하고 단지 물리적으로 서술할 수 있는 과정들만 주목하니까 말이다. 지향적 태도로 서로를 서술하는 행위자들로서 우리는, 데닛이 보기에, 오직 우리가 서로를 지향적 태도로 서술하기 때문에만 또한 그렇게 서술하는 한에서만 실존하는 가상 프로그램들이다. 그렇다면 의식은 일종의 유용한 허구나. 상대에게 의식을 귀속시키면 상대의 행동을 옳게 예측하는 데 어느 정도 도움이 되니까, 의식이라는 허구는 유용하다. 만일 우리가 타인을 지향적 시스템으로 표상하지 않아도 될 만큼 충분한 물리학적·신경과학적 지식을 항상 활용 가능하게 보유한다면, 그 허구는 사라질 것이다.

누가 보더라도 이 입장은 진지하게 검토할 필요조차 없을 정도로 엉뚱하다. 그러므로 이런 질문을 던지는 것이 적절하다. 대체 어떻게 데닛은 이런 입장에 도달할 수 있었을까? 이 입장의 주안점은 의식이라기보다 과학적 허구인 것이 틀림없다. 현재 의식 철학의 많은 입장들은 일반적으로 과학주의라는 병에 걸려 있다. 과학주의란 오직 자연과학적으로 보증되고 전문 용어로(혹은 적어도 전문적이라고 여겨지는 용어로) 표현된 지식만이 진짜 지식이라는 생각이다. 그런데 현재 우리는 의식의 신경 생물학적 토대에 관한 자연과학적 지식을 비교적 적게 보유했기 때문에, 과학주의자들은 SF 영화들을 미래 과학의 예고편으로 간주함으로써(때로는 그렇게 간주하는 것이 실제로 옳지만) 자신들의 무지를 보완하곤 한다. 뇌 과학은 비교적 신생 과학이고 뇌 과학의 연구 대상은 인간의 기준에서 볼 때 무한에 가까울 만큼 복잡하다. 이 때문에 의식의 신경 생물학에 관한 우리의 지식은 비교적 적다. 뿐만 아니라 우리는 의식 있는 외계 생명이 존재하는지 여부에 대해서, 만일 존재한다면 그 생명이 어떤 신경 생물학적 토대를 가졌을지에 대해서 아무것도 모른다. 이 문제들 앞에서는 어떤 비유도 실마리를 제공할 수 없다. 그리하여 이 분야는

SF 철학의 놀이터라고 할 만하다.

우리는 인간 의식의 신경 생물학적 토대보다는 인간 의식과 인간 정신에 대해서 훨씬 더 많은 지식을 가지고 있다. 이 사실은 과학주의자들을 당혹스럽게 한다. 예컨대 일찍이 고대 그리스의 비극 작가들이나 아우구스티누스, 힐데가르트 폰 빙엔, 부처, 모세, 노자, 사포, 혹은 셰익스피어가 우리 시대의 대다수 사람들보다 의식과 정신에 대해서 더 많이 알았다는 사실을 인정할 수밖에 없다면, 과학주의자들로서는 그야말로 난감할 테니까 말이다. 그 사실을 인정하면, 상식적 심리학을 업신여기는 투로 거론하고 그것을 활용 가능한 가상 기계로, 바꿔 말해 반쯤 유용한 허구로 취급하는 행동을 더는 할 수 없게 된다. 인간 정신의 자기인식은 이미 오래전에 의식의 신경 생물학적 토대에 관한 최고의 연구보다 훨씬 더 진보했다. 과학주의자들은 모든 분야에서 지식의 진보는 자기들 덕분이라고 주장하려 하므로, 그들에게 이 사실은 눈엣가시다. 그렇기 때문에 정신사(精神史)는 아예 거론되지 않거나, 아니면 (리처드 도킨스가 널리 알린 방식대로) 생물학적 진화가 나른 누난들을 놓해 세속 이어지는 것으로 간략하게 재해석된다. 그러나 우리를 포함한 자연계에서의 유전자 돌연변이나 환경에의 적응이 셰익스피어나 미분법과 무슨 관계가 있다는 것인지는 그리 명확하지 않다.

메리가 모르는 것

이 모든 논의의 바탕에 놓인 문제를 한 사고실험을 통해서 생생히 파악할 수 있다. 쉽게 해볼 수 있으며 많이 논의된 그 사고실험은 오스트레일리아 철학자 프랭크 캐머런 잭슨에게서 유래했다.[31] 잭슨이 제안한 대로, 메리라는 여성 과학자를 상상해 보자. 미래의 과학자인 메리는 자연에 대해서 자연과학적 방법으로 알아낼 수 있는 모든 것을 안다. 더 나아가 미래에는 다른 모든 자연과학들을 물리학으로 환원하는 작업이 완성되었다고 가정하자. 그런 작업이 완성되리라고 예상하는 입장을 일컬어 물리주의라고 한다. 물리주의는 자연에 대한 모든 진짜 지식은 물리학 지식이라고 주장한다.

예컨대 자연에 있는 모든 것은 기본 입자들로 이루어졌고, 그 기본 입자들의 행동은 자연법칙들에 의해 서술된다는 주장을 물리주의의 예로 들 수 있다. 이 주장을 일컬어 미시 토대주의Mikrofundamentalismus라고 한다. 이 주장에 따르면, 신경 세포나 DNA도 기본 입자들로 이루어졌으므로 (신경 생물학을 포함한) 생물학의 모든 사실들은 미래에 물리학의 언어로 서술될 것이다.

당연한 말이지만, 현재 상황에서 이것은 몹시 과감한 사변적 가설이다. 완곡하게 말하더라도, 엄밀히 따지면 물리주의는 상당히 비과학적인 추측이다. 왜냐하면 이 추측을 자연과학적으로 입증할 방법을 우리는 전혀 상상할 수 없으니까 말이다.

본론으로 돌아가서, 메리는 미래에 자연에 대해서 알 수 있는 모든 것을 알며 그 앎을 오로지 물리학의 언어로(수학적 등식들로) 표현한다. 그러나 메리는 완벽하지 않다. 왜냐하면 그녀는 완전히 색맹이기 때문이다. 메리는 오직 회색들만, 그러니까 밝음과 어두움만 본다. 그녀는 완전한 흑백 세계에서 산다. 여담이지만, 실제로 어느 화가가 사고의 후유증으로 그런 흑백 세계에서 살게 된 사례가 알려져 있다.[32] 또한 비슷한 다른 사례들도 기록되어 있다. 요컨대 메리는 색깔들을 본 적이 한 번도 없다. 그러나 그녀는 사람들이 색깔 체험을 보고한다는 것, 그리고 그 보고에서 〈녹색〉과 〈빨강〉 같은 단어들을 사용한다는 것을 안다. 또한 사람들의 감각 수용기들이 파장 497~530나노미터 범위의 전자기파에 의해 유발되는 정보를 처리할 때 사람들은 대상을 〈녹색〉이라고 부른다는 것도 메리는 당연히 안다.

이 대목에서 잭슨은 다음과 같은 결정적 질문을 던진다. 메리의 앎은 완벽할까, 아니면 무언가 결함이 있을까? 잭슨의 대답은 메리의 앎이 완벽하지 않다는 것이다. 생각해 낼 수 있는 모든 물리학적 정보를 그녀가 보유한 것은 사실이지만, 그래도 그녀는 무언가를 모른다. 즉, 콜롬비아 원시림의 녹색이 어떻게 보이는지 모른다. 물론 그녀는 콜롬비아 원시림이 거의 온통 녹색이라는 것을 (전자기파 측정을 통해 알아낼 수 있으므로) 안다. 그러나 그녀는 내가 처음 콜롬비아에 착륙했을 때 겪은 녹색 체험에 대해서는, 망막의 원뿔세포들과 막대세포들과 뇌의 시각 담당 구역들이 온전할 때 그 체험이 일어난다는 것 외에는, 아무것도 모른다. 만일 그녀가 성공적인 수술을 통해서 색깔들을 볼 수 있게 된다면(그녀가 모든 물리학 지식을 갖췄다는 점을 감안하면, 그런 수술을 고안하는 것쯤은 누워서 떡 먹기여야 마땅하다) 그녀는 예전에 모르던 것을, 곧 콜롬비아 원시림의 녹색이 어떻게 보이는지를 알게 될 것이다. 그러므로 물리주의는 틀렸다고 잭슨은 결론짓는다. 이 논증은 모든 앎이 물리학적이지는 않음을 증명하려 하기 때문에 지식 논증Wissensargument으로 불린다. 이 논증이 옳다면, 물리주의는 옳지 않다는 결론이 나온다.

그러나 이 같은 지식 논증에 맞서서 여러 반론을 제기할 수 있다. 무엇보다도 먼저 물리주의자는 오직 자연에 대한 진짜 지식만이 중요하며 녹색 체험은 다양한 이유에서 그런 진짜 지식이 전혀 아니라고 말할 수 있다. 그럼에도 잭슨은 그의 사고실험을 통해 현상적 의식의 본질적인 측면 하나를 들춰냈고, 그 덕분에 우리는 약간 다른 관점에서 현상적 의식에 접근할 수 있다. 이번에도 사람들의 견해가 엇갈리는 지점인 색깔을 예로 들자. 어떤 의미에서 근대는 색깔을 둘러싼 싸움이라고 해도 과언이 아니다. 왜냐하면 근대 초기의 물리학 이래로 사람들은 우주는 단적으로 무색이며 색깔들은 우리 몸속 신경계에서 발생하는 일종의 환상이라는 생각에 도달했으니까 말이다.

아무튼 우리는 우리가 하나의 색깔 체험을 가질 때마다 하나의 물리적 사건이 일어났음을(광자들이 우리의 감각 수용기들에 도달했음을) 안다. 눈에 보이는 빛은 물리학적 관점에서는 전자기 복사 스펙트럼의 특정 구역이다. 적외선과 자외선은 우리에게 색깔로 지각되지 않는다(그러나 적외선 사우나 안에서 느낄 수 있듯이, 적외선은 열로 지각된다). 이처럼 모든 빛이 우리 눈에 보이는 것은 아니다.

그런데 눈에 보이는 빛은 물리학적 관점에서 전자기 복사 스펙트럼의 특정 구역이라는 것을 우리는 어떻게 알까? 왜 우리는 그 스펙트럼 구역을 다른 구역들과 구분할까? 대답은 아주 간단하다. 우리가 색깔 체험을 하기 때문이다. 만약에 우리가 색깔을 지각한 적이 한 번도 없다면, 자연의 일부는 눈에 보이는 빛을 낸다고 서술할 생각조차 하지 못했을 것이다. 이 생각을 지식 논증과 구별해서 환원 불가능성Unhintergehbarkeit 주장이라고 부르자. 이것은 미래에 자연과학이 아무리 발달하더라도 우리의 주관적 관점은 환원 불가능하게 남는다는 주장이다. 우리는 오직 주관적 관점을 출발점으로 삼아서만 절대적 객관성이라는 이상을 발전시킬 수 있다는 것이 핵심이다. 색깔과 맛은 단지 물리적 실재의 부분들을 재현할 뿐이며 그 부분들 자체는 색깔 공간 및 맛 공간의 구조와 다른 구조를 지녔다는 생각에 도달하려면, 우리는 먼저 색깔들과 맛들을 감각해야 한다. 우리의 이론들은 항상 불가피하게, 우리가 (우리가 관찰할 수 있게 자신을 드러내는) 현상으로서 주관적으로 체험하는 데이터를 기초로 삼아 구성될 것이다. 심지어 우리의 감각들로 직접 접근할 수 없는 대상에 대한 데이터를 측정 장치들의 도움으로 얻을 때에도, 우리는 먼저 그 장치들의 사용법을 숙달해야 한다. 그리고 그 숙달을 위해서 우리는 다시금 감각들을 활용하고, 우리가 〈생활세계Leb-enswelt〉에서 쓰는 어휘를 활용한다. 〈생활세계〉는 에드문트 후설이 1936년에 발표한 유명한 후기 논문 「유럽 학문의 위기와 초월적 현상학」에서 사용한 용어다. 우리는 생활세계를 벗어날 수 없다. 그럼에도 대체 왜 우리는 생활세계를 벗어나기를 바랄까?

수도원에서 발견한 우주

우리는 자연을 가시적 사건들과 비가시적 사건들로 구분했는데, 이 구분은 우리가 우리의 체험들에 대한 앎을 가졌다는 사실에 의존한다. 그 앎을 가지지 않았다면 우리는 자연을 결코 이런 식으로 구분하지 않았을 것이다. 그러므로 흔히 물리학적 구분들은 근사적으로나마 매우 객관적이고 인간적 주체에 대해 독립적이라고들 하지만, 실제로 그 구분들은 전혀 그렇지 않다. 오히려 물리학의 언어는 우리 인간의 인식 관심들을 반영한다.

당장, 우리의 우주적 지평 내에서는, 곧 우리가 관찰할 수 있는 자연 내에서는 그 무엇도 빛보다 더 빨리 시공을 가로지를 수 없다는 잘 입증된 전제가 현재 물리학적 세계상에서 주춧돌의 구실을 한다는 사실을 떠올려 보라. 이런 의미에서 광속은 모든 운동 속도의 절대적 상한선이며, 이것은 아인슈타인의 유명한 발견들 중 하나다. 시공 안에서 그 무엇도 우리가 〈빛〉이라고 부르는 전자기파보다 더 빠르게 퍼져 나갈 수 없다. 빛은 많은 측정에서 기준으로 쓰이며, 광속이 가능한 최고 속도라는 전제로부터 역사적으로 볼 때 혁명적인 현대 물리학의 지식들이 나왔다.

그냥 그렇다고 받아들일 수도 있겠지만, 곰곰 생각해 보면 묘한 구석이 없지 않다. 하필이면 왜, 그런대로 잘 작동하는 시각에 크게 의지하여 생존하는 생물들이 개발한 물리학에서 시공과 시공 내에서 빛의 전파가 주춧돌의 구실을 할까? 우리의 불리학은 우리 행성에서 우리의 위치를 출발점으로 삼으며 거기로부터 가장 큰 규모와 가장 작은 규모의 우주를 이해하려 애쓴다. 결정적인 진보들은 현미경과 망원경 같은 장치들을 통해 이루어졌다. 현미경은 물질이 더 작은 단위들로 이루어졌다는 증명에, 곧 미시 세계의 발견에 기여했다. 물론 일찍이 고대 철학자들도 미시 세계의 존재를 추측했지만 말이다. 망원경은 최근에 빅뱅 가설의 등장에 기여했다. 에드윈 허블(〈허블우주망원경〉은 그의 이름을 따서 명명되었다)은 1920년대에 역사상 최초로 우리 은하 외에 다른 은하들이 존재한다는 사실을 발견했다. 또한 그는 우주의 팽창을 발견한 사람들 중 하나로 인정받는다.

그런데 빅뱅 이론과 우주 팽창 이론이 (1755년에 출판된 『천계의 일반 자연사와 이론』에 담긴 칸트의 생각들과 더불어) 벨기에 성직자 겸 신학자 조르주 르메트르가 허블의 발견보다 몇 년 앞서 제시한 가설에서 유래했다는 사실은 흔히 은폐된다. 아인슈타인은 르메트르의 빅뱅 가설을 처음에 배척했다. 왜냐하면 그가 보기에 그 가설은 기독교의 창조론을 너무 많이 연상시켰기 때문이다. 반면에 가톨릭 교회는 르메트르를 교황청 과학원의 회원으로 받아들였다.

이 같은 실제 사건들은 오늘날 일부 사람들이 피상적으로 서술하는 역사와 전혀 들어맞지 않는다. 그런 짜깁기된 역사는 근대 과학, 특히 물리학이 종교적 미신에 맞서 싸웠다고 서술한다. 갈릴레오가, 혹은 — 이미 16세기에 우주는 무한히 크다고 주장한 — 조르다노 브루노가 교회로부터 박해당했다는 이야기, 그리고 신학과 교회가 미신에 매달리며 진보를 방해했다는 결론이 숱한 글에서 등장한다. 하지만 뉴턴이 우주를 신의 감각 기관으로 간주했다는 사실(이 견해의 진의가 무엇이든 간에), 브루노가 도미니크회 수도사였으며 끝내 그 신분을 유지했다는 사실, 브루노는 우주가 무한하다는 자신의 통찰이 무신론으로 이어진다는 생각을 결코 하지 않았다는 사실, 빅뱅 이론이 한 수도사에 의해 발견되었다는 사실, 칸트도 대단히 종교적이었다는 사실 등은 은폐된다. 이처럼 누군가가 종교적이라는 것에서 오류와 미신이 말하자면 강제적으로 귀결되는 것도 아니고, 오류와 미신이 오직 종교적인 사람들에게만 있는 것도 전혀 아니다. 미신과 이성은 간단히 구분되지만, 종교와 과학은 그렇게 간단히 구별되지 않는다.

역사 짜깁기의 전형적인 예를 보고 싶다면, 큰 성공을 거둔 다큐멘터리 시리즈 「코스모스」의 후속편 1부를 시청하면 된다. 칼 세이건이 출연하고 1980년대에 방영된 원조 「코스모스」는 미국에서 자연과학적 세계상의 확산에 크게 기여했다. 2014년부터 방영 중인 후속편 「코스모스: 시공 오디세이」의 진행자는 닐 디그래스 타이슨이다. 이 후속편의 1부는 조르다노 브루노, 가톨릭교회, 중세 〈이탈리아〉에 관해서 범할 수 있는 모든 역사적 오류들을 만화 형식으로 보여 준다. 거의 프로파간다 수준인 그 작품을 보노라면 〈이런 못된 장난이 대체 누구에게 이익이 될까?〉라는 의문마저 든다. 거기에서 브루노는 전형적인 과학 영웅으로 묘사된다. 그는 중세 유럽을 떠돌면서 어둠의 세력들에게 박해당한다. 미국인은 유럽을 여전히 중세에서 완전히 벗어나지 못한 지역으로 상상하면서 미국과 유럽을 즐겨 구별하기 때문에 특히 미국에서 권위를 누리는 이 같은 중세상은 역사 전문가의 눈으로 보면 테리 길리엄 감독의 「몬티 파이튼과 성배Monty Python and the Holy Grail」 (1975)나 「재버워키Jabberwocky」(1977)와 비슷한 수준으로 사실에 충실하다.

다시 의식으로 돌아가자. 결정적인 통찰은 이것이다. 즉, 물리학의 언어를 사용하더라도 우리는 우리 자신의 체험에 대한 우리의 앎, 곧 우리의 주관적 앎을 제거하거나 개선하거나 제쳐 둘 수 없다. 왜냐하면 우리는 오직 물리학의 언어를 배울 때 사용하는 어휘를 이해하기 때문에 물리학의 언어를 이해하는 것이니까 말이다. 그리고 그 어휘는 〈색깔〉이나 〈시간〉과 같은 단어들을 포함한다. 물론 우주 안의 어떤 과정들이 색깔 체험이나 우리의 시간 의식과 연결되어 있는지 알아내면, 그 단어들에 대한 우리의 이해가 풍부해지는 것은 사실이다. 하지만 이 사실로부터 이제 우리의 색깔 체험이나 시간 의식을 제쳐 놓을 수 있다는 결론이 나오는 것은 전혀 아니다.

시간이 흘러가 버린다는 것은 실은 물리학적으로도 제

대로 이해되어 있지 않다. 대체 왜 과거에서 미래로 향하는 〈시간의 화살〉이 존재할 수 있는가라는 질문은 지금도 물리학의 수수께끼다. 대중적인 글들에서는 엔트로피에 기초하여 시간의 화살을 이해할 수 있다는 설명이 흔히 등장한다. 간단히 말하면, 물리적 시스템들에서 무질서가 항상 증가한다는 것에 기초하여 시간의 화살을 이해할 수 있다는 것이다. 사각 얼음은 특정한 질서를 지녔다. 그런 사각 얼음을 (사각 얼음보다 무질서한) 미지근한 물에 넣으면, 얼음은 환경의 무질서를 받아들여 차츰 녹는다. 때때로 물리학자들은 아이들 방이 지저분한 것도 엔트로피의 증가를 통해 설명하는 무리수까지 둔다. 하지만 아이들 방이 지저분한 것에 대해서는 다음과 같은 나의 설명이 더 낫다. 아이들은 우리의 질서 욕구를 아예 이해하지 못하거나 이해하더라도 존중하지 않기 때문이다. 아이들은 장난감을 여기저기 늘어놓는다. 이것은 예컨대 엔트로피를 따지면서 물리학적으로 다룰 사안이 아니라 — 굳이 학문적으로 다루겠다면 — 교육학이나 심리학, 또는 사회학을 통해 접근할 사안이다. 아이들 방은 사각 얼음이 미지근한 물속에 서 녹는 것처럼 단순하게 무질서해지는 것이 아니다.

어쨌든 본론으로 돌아가서, 시간의 방향(시간의 화살)을 엔트로피를 통해 설명하는 것은 유감스럽지만 아무것도 설명하지 않는 것과 같다. 왜냐하면 도리어 엔트로피 개념이 시간의 흐름을 전제하기 때문이다. 따라서 시간의 흐름은 엔트로피로도 설명되지 않는다. 시간의 흐름을 엔트로피를 통해 설명하는 것은 시간 의식에 대한 몰이해를 은폐하는 사이비 설명에 불과하다. 하지만 사람들은 모든 일이 말 그대로 동시에 일어난다고 말하거나, 돌이킬 수 없게 과거에서 미래로 향하는 시간의 화살이 어떻게 존재할 수 있는지 우리는 영영 이해하지 못하리라고 말하는 것도 당연히 싫어한다. 물리학 덕분에 우리가 시간에 대해서 더 많이 아는 것은 사실이다. 예컨대 물리적 현상으로서의 시간은 관찰자에 대해 상대적이라는 것, 바꿔 말해 관찰자들이 환경과 물리적으로 상호작용하며 다양한 운동 상태를 가지기 때문에 시간은 관찰자들 각각에게 다르게 흐른다는 것처럼 대단한 사실을 우리는 안다. 하지만 그렇다고 해서 우리가 시간 의식에 대해서도 더 많이 아는 것은 아니다. 물리적 시간과 시간 의식이 어떤 관계인지는 여전히 시간의 철학이 다뤄야 할 수수께끼로 남아 있다.

감각은 중국 영화에 달린 자막이 아니다

안타깝게도 프랭크 잭슨은 메리에 관한 사고실험의 의미를 그릇되게 평가한다. 그는 자신이 그 사고실험으로 물리주의를 반박했다고 여기면서도 그렇게 공들여 성취한 통찰을 곧바로 과학주의의 제단에 바친다. 정작 문제는 과학주의인데 말이다. 무슨 말이냐면, 잭슨은 퀄리아가 우주 안에서 인과적 힘을 발휘하지 못한다고 믿는다. 이 견해는 약간 억지스럽기도 하고 배후에 무언가를 은폐한 듯도 하고 역시나 엉뚱한 듯도 하다. 그러므로 앞서 했던 논의로 다시 돌아갈 필요가 있다.

이 견해의 배후에는 부수(附隨) 현상주의가 있다. 일반적으로 부수 현상주의란, 정신적 상태들과 과정들 전체가 우주 안의 과정들에 어떤 영향도 미치지 못한다는 주장이다. 부수 현상주의자는 정신적 상태를 순수한 부수 현상으로 간주한다. 요컨대 부수 현상주의는 정신적 상태들과 과정들이 존재함을 인정하지만(이 대목은 수용할 만하다) 그 것들이 자연의 운행에 인과적으로 개입한다는 것을 부정한다(안타깝게도 이 대목에서 모든 것이 망가진다). 미국 철학자 존 설은 부수 현상주의를 배척하는 것이 분명해 보인다. 그는 부수 현상주의의 문제점을 부각하기 위해 다음과 같은 상상을 제안한다.

뇌가 완전히 기계적인 고철 덩어리여서 자동차 엔진과 나늘 바 없는데 단지 너 숙숙할 따름이라고 상상해 보라. 또한 뇌가 절대적으로 명확한 기계적 연결들에 의해 작동한다고 말이다.[33]

이 사고방식의 귀착점을 명확히 해둘 필요가 있다. 한여름에 당신이 목이 말라서 혀가 입천장에 달라붙을 지경이라면, 당신은 시원한 음료를 손에 넣기 위해서 할 수 있는 모든 일을 할 것이다. 당신은 이미 참을 수 없게 된 갈증을 의식하고 혀와 목이 마른 것을 느낀다. 그래서 당신은 가까운 가게로 간다. 그러면서 곧 쾰시* 한 병이나 아이스티 한 잔, 혹은 그냥 시원한 물 한 컵을 벌컥벌컥 들이킬 것을 상상한다. 그런데 당신은 냉장고 앞에 서더니 이제껏 한 번도 생각해 보지 않은 오렌지 주스 병을 서슴없이 집어 든다. 작년에 당신이 경험한 멋진 여름 저녁의 기억을 그 오렌지 주스가 되살렸기 때문이다. 문학적으로는 별 볼 일 없는 이 짧은 이야기를 일인칭 주인공 시점으로 서술할 수도 있을 것이다. 즉, 당신이 《나》라는 화자로 등장해서 당신 자신의 표상들을 차례로 서술할 수 있을 것이다. 그러면 쾰리아들이 차례로 등장할 것이다. 목마름, 즐거운 기대, 음료들 각각에 대한 상상이 불러일으키는 고유한 감정들, 마지막으로 시원한 음료가 당신의 목으로 넘어가는 느낌이 등장할 것이다.

그런데 부수 현상주의에 따르면, 이 모든 것은 실제로 일어나는 일과 아무 상관이 없다. 실제로 일어나는 일은,

* Kölsch. 쾰른 특산의 맥주.

당신의 몸이 여러 내적인 정보 상태들에 처하고 결국 그 귀결로 신경 세포들의 특정 패턴들이 점화하는 것이다. 이 관점을 채택하면, 의식 모드에서 당신에게 퀄리아로 나타나는 모든 인상들은 소거된다. 당신이 무엇을 느끼든 상관없이, 당신의 몸은 오로지 자연법칙들의 조종에 따라 가게를 향해 운동한다. 가게에서는 광자들이 반사되어 나온다(그렇지 않다면, 가게가 눈에 보이지 않을 것이다). 그 광자들은 당신의 몸에 포획되고, 믿을 수 없을 만큼 복잡할 것 같은 과정들을 거쳐서 당신이 가게로 끌려가는 결과가 발생한다.

이 인과적 과정을 상세히 서술하는 작업은 실은 결코 완결될 수 없을 것이다. 왜냐하면 그 과정은 거의 무한히 많은 정보를 — 당신과 가게와 주변 환경을 이루는 모든 기본 입자들과 당신의 몸을 운동하게 만드는 모든 기본 입자들을 — 포함하니까 말이다. 이 사고방식에서는 기본적으로 온 우주가 한 사건 계열을 발생시킨다. 그 사건 계열은 엄격한 인과율에 따라(즉, 대안 없이, 강제로) 한 원인에서 한 결과로 이어지고, 그 결과는 다시 또 다른 결과의 원인이 된다. 그 와중에 퀄리아들도 발생하지만, 그것들은 실제로 일어나는 일에 아무것도 기여하지 않는다. 퀄리아는 결과를 야기하는 원인이 아니라 단지 부수적인 느낌의 출렁거림이다. 중국 영화에 달린 독일어 자막이 영화의 줄거리에 아무것도 기여하지 않는 것과 마찬가지로(그 자막은 영화 속 세계에 속해 있지 않으며 단지 중국어를 충분히 이해하지 못하는 우리를 위해서 존재한다) 퀄리아들은 그저 실제로 일어나는 일과 나란히 이어질 따름이다.

통상적인 다윈염 환자답게 잭슨은 이런 질문을 제기한다. 그렇다면 어떻게 퀄리아의 존재를 진화론과 조화시킬 수 있을까? 퀄리아가 유기체의 생존에 아무것도 기여하지 않는다면, 대체 왜 퀄리아가 존재할까? 의식이 없어도 지장이 없다면, 대관절 왜 의식이 존재할까? 미생물들이나 박테리아들이면 충분하지 않을까? 우리 인간에게 통증 감각이 없다면, 또는 유기체가 소화나 손톱의 성장뿐 아니라 모든 것을 의식 없이 처리한다면, 생존에 훨씬 더 이롭거나 최소한 해는 안 되지 않을까? 이 대목에서 잭슨은 퀄리아가 〈특정한 뇌 과정들의 부수 현상(들)이며, 그 과정들은 생존에 더없이 이롭다〉[34]는 견해를 내놓는다.

잭슨은 그런 진화적 부산물의 예를 하나 더 드는데, 그 예가 많은 것을 이야기해 준다. 북극곰은 엄청나게 무거운 털가죽을 뒤집어쓰고 다닌다. 그런 무거운 털가죽이 대체 어떤 진화적 장점을 지녔느냐는 물음이 제기될 만하다. 조금만 생각해 봐도, 무거운 털가죽은 장점이기 어렵다는 것을 알 수 있다. 무거운 털가죽을 뒤집어쓰면 이동 속도가 느려질 테니까 말이다(여담이지만, 북극곰은 최고 시속

30킬로미터의 무시무시한 속도로 이동한다). 아무튼 무거운 털가죽을 보유하려면 대가를 치러야 한다(이를테면 강한 근육도 보유해야 한다). 잭슨에 따르면, 북극곰의 털가죽이 무겁다는 사실은 그 털가죽이 따뜻하다는 사실의 부수 현상에 지나지 않는다. 진화 과정에서 생겨난 많은 속성들을 이런 식으로 설명할 수 있다. 성공적인 동물학 연구를 위해서는 한 표현형을 서술하려 할 때 올바른 관점을 선택해야 한다. 요컨대 잭슨이 주장하는 바는, 동물학 연구에서 퀄리아는 실질적인 역할을 하지 말아야 한다는 것이다.

이런 점에서 잭슨은 근대 초기의 전통 안에 있다. 특히 데카르트는 동물들이 실은 자동 장치들이라는 주장으로 유명하다(악명 높다). 줄리앙 오프레 드 라 메트리는 저서 『기계로서 인간L'Homme Machine』에서 동물에 대한 데카르트의 주장에 부합하는 인간상을 제시했다. 잭슨은, 우리 행동의 대부분은 우리가 체험들을 보유하며 일부 체험(사도마조히즘 놀이나 자학적 행동의 경우를 제외하면, 일반적으로 고통)은 기피하고 일부 체험(일반적으로 온갖 욕망과 충동의 충족)은 추구한다는 섬을 통해 조송되는 것이 전혀 아니라고 넌지시 암시한다. 그런 퀄리아들은 실제로 작동하는 톱니바퀴 장치에 개입하지 말아야 한다. 그 개입을 허용한다면, 잭슨은 부수 현상주의자가 아닐 테니까 말이다.

　부수 현상주의를 둘러싼 이 모든 논쟁의 배후에는 우주가 인과율에 의해 닫혀 있으며 실은 퀄리아를 포함하지 않는다는 믿음이 있다. 이 믿음은, 자연에서 일어나는 모든 일은 자연법칙들에 의해 결정된다는 주장과 상통한다. 이 주장에 따르면, 시공 안의 모든 사건 각각은 시공 안의 다른 사건에서 귀결되며, 자연법칙의 예외는 없다. 이 주장을 일컬어 결정론이라고 하는데, 이 책에서는 자유를 다루는 장에서 결정론을 자세히 살펴볼 것이다.

　당연히 이 대목에서 일부 독자들은, 인과율과 자연법칙들에 대한 결정론적 믿음은 이미 양자 물리학에 의해 최소한 제한되었다고 반론하고 싶을 것이다. 실제로 오늘날에는, 많은 자연적 과정들은 통계적으로만 서술할 수 있다는 견해가 압도적인 대세를 이룬다[물론 뉴턴이 제시한 고전적인 자연법칙들은 특정한 거시적 영역이나 (미시적 영역과 거시적 영역 사이에 위치한) 중간 영역에서 극도로 높은 (실질적으로 항상 100퍼센트의) 확률로 〈지켜진다〉]. 하지만 이 사실은 우리의 논의에서 중요하지 않다. 왜냐하면 양자 물리학에서 파악되고 탐구되는 사건과 관계들이 의식과 관련이 있다는 것이 일반적으로 양자 물리학에서 도출되지 않기 때문이다. 물론 미세소관(세포 내부에 있는 특정한 단백질 구조물)에서 의식이 발생하며 양자역학적으로 서술 가능한 과정들을 통해 의식이 산출된다는 추측이 있기는 하다. 이 추측은 특히 영국 수학자 로저 펜로즈 경에 의해 제기되었다. 그러나 물리학적으로 서술 가능한 자연 안의 (진정한, 혹은 추정된) 우연과 불확정성을 인정하더라도, 정신을 이해하는 데 보탬이 될 것은 전혀 없다.

당연한 말이지만, 우리가 거대한 통 안에 있으며 그 통 안에서는 맨눈으로 볼 수 없는 물질덩어리들이 위반할 수 없으며 수학적으로 서술 가능한 자연법칙들에 따라 이리 저리 운동한다는 생각은 여러 이유에서 상당히 허황된 이야기다. 이 생각을 통 동화Containermärchen라고 명명하자. 아무리 너그럽게 보더라도, 이 세계상은 수많은 전제들을 증명 없이 채택한다. 또한 이 문제를 제쳐 두더라도, 이 세계상이 과연 조금이나마 일리가 있는지, 있다면 어떤 의미에서 있는지가 오늘날에는 전혀 불분명하다.

현재의 이론 물리학은 온갖 추측들을 내놓는다. 예컨대 다양한 다중우주 가설들과 관련해서는 이런 질문이 제기된다. 시공을 보유한 우주라면 어느 우주에서나 통하는 자연법칙들이 있을까? 혹시 시공을 보유하지 않은 우주들도 있을까? 이 분야에서 나오는 (때로는 정말로 과감한) 추측들을 개관하고 싶은 독자들에게는 브라이언 그린의 저서 『멀티 유니버스*The Hidden Reality*』를 추천한다.[35]

내가 『왜 세계는 존재하지 않는가』에서 이미 명확하게

논증한 바지만, 모든 것을 포괄하는 세계, 존재하는 모든 것이 속한 세계가 있다는 생각은 한마디로 터무니없다. 이 태고의 생각이 우리 인간들 사이에서 발생한 것은 몇천 년 전인데, 당시 사람들은 어떤 구면(球面)이 자신들을 둘러싸고 있다고 믿었다. 이 인상은 지금도 완전히 없어지지 않고 〈우주적 지평〉이라는 관념의 형태로 살아 있다. 즉, 가장 먼 우주로부터 우리에게 도달하는 빛이 빅뱅 이래로 한정된 시간 동안만 이동했기 때문에 우리는 어느 방향으로 우주를 바라보든지 한정된 거리까지만 볼 수 있다는 관념의 형태로 말이다.

물리학과 우주론에 관한 이야기는 이쯤에서 그치려 한다. 더운 여름 오후에 우리가 느끼는 갈증이 지상에서 실제로 일어나는 일에 영향을 미치는지 여부를 이해하고자 할 때, 우주의 심연을 유랑하는 사유는 별로 도움이 될 성싶지 않으니까 말이다.

인간적 삶의 (윤리와 정치를 포함한) 큰 부분은 오직 퀄리아의 현실성을 감안해야만 이해할 수 있다. 예컨대 왜 한스가 가게로 갔는지를 내가 설명하려면, 나는 그가 갈증을 느꼈다는 — 혹은 전혀 다른 이유가 배후에 있었다는 — 언급을 피해 갈 수 없을 것이다. 한스가 가게로 간 이유일 법한 것들은 무수히 많다. 그는 가게에서 일하는 잉고를 만나려 했을 수 있다. 그가 짝사랑하는 잉가가 가게에 있기를 바라면서 거기로 갔을 수도 있다. 신문을 사러 갔을 수도 있다. 순전히 외부에서 관찰 가능한 그의 행동만 서술하면, 그는 이를테면 쾰른 대성당 옆 광장에서 가까운 가게로 가서 냉장고에서 음료 하나를 꺼낸다. 그런데 무엇이 그를 움직이게 했는지(갈증, 잉고, 혹은 잉가?)는 이런 외적 관찰로 알아낼 수 없다. 우주는 〈힘들에 의해 빈틈없이 맞물린 톱니바퀴 장치kraftschlüssiges Räderwerk〉(베를린의 철학자 게르트 카일의 표현)[36]이고 우리의 쾰리아, 심지어 의식 전체는 우주의 운행에 어떤 인과적 영향도 미치지 못한다는 생각은 실은 부담을 벗기 위한 환상이다. 이 환상의 요점은 인간 행위의 복잡성을 회피하는 것이다. 한스가 콜라를 향해 움직였는지 혹은 잉고나 잉가를 향해 움직였는지는 중요하지 않고, 단지 외적으로 일어나는 일만 관찰하는 것이 바람직하다면, 우리의 삶은 아주 쉬워질 것이다. 그러나 상황은 우리의 쾰리아 때문에 늘 — 모든 참여자들에게 — 어려워진다.

예컨대 한스가 불운하게도 쾰른에서 몇 곳 안 되는 동성애 혐오 구역 출신이어서 자신의 성적 취향을 억누르는 동성애자이거나, 자신이 실은 잉가가 아니라 잉고를 사랑한다는 것을 털어놓지 않으려 한다면 어떻게 될까? 심리 분석가라면 한스를 분석하는 작업에 재미를 느끼면서, 이를테면 잉가는 한스가 정말로 사랑하는 상대인 잉고와 이름이 아주 비슷하기 때문에 한스가 자신은 잉가를 사랑한다고 상상하는 것은 아마도 우연이 아니라고 추측할 수도 있을 것이다.

우주가 자연법칙적으로 완전히 닫혀 있다는 세계상, 흔히 결정론으로도 불리는 그 세계상은 어느 모로 보나 증명되지 않은 가설이다. 자연법칙들이 존재한다는 것으로부터 간단히 모든 일이 자연법칙들에 따라 일어난다는 결론이 나오는 것은 아니다. 모든 일이 자연법칙들에 따라 일어난다는 것은 기껏해야 우주에 한해서 타당하다. 이 경우에도 현재의 지식수준에서 우리가 (혹시 여러 우주들이 있다면) 우리 우주만이라도 전체적으로 굽어볼 능력을 확보했다고 여기는 것은 우리의 지식을 지나치게 신뢰하는 것이 아닌가 하는 의심을 품어 볼 만하다. 물론 우리는 그런 능력을 확보하기를 열렬히 바란다. 그러면 곧바로 다시 사변의 날개를 펼쳐도 될 테니까 말이다. 사변의 날개를 펼칠 때 인간은 특히 신속하게 자기를 망각하는 경향이 있다. 무한 앞에서, 우리의 일상적 생활세계에서 벌어지는 일들은 정말 압도적으로 보잘것없어 보인다. 하지만 이 인상은 관점이 일으키는 효과일 뿐이다. 이 인상은 인간의 자유는 (혹은 심지어 의식은) 환상이라는 따위의 견해가 과연 옳은지에 관해서 진실을 알려 주지 않는다.

신의 조감 관점

추가 설명이 붙어 있지 않다면, 인간 정신 혹은 인간 의식 일반이 과연 어떻게 자연이나 우주와 조화를 이루는가라는 질문은 형식을 잘 갖춘 질문이 전혀 아니다. 자세히 뜯어보면, 이 질문은 〈달은 제곱근인가?〉라는 질문과 비슷한 정도로 의미심장하다. 이 질문 앞에서 우리는 온갖 생각을 할 수 있다. 그러나 상상력에 휘둘려 오랫동안 이론적 에움길들을 헤매다가 불현듯 이 질문을 의미심장하다고 간주하지는 말아야 한다. 자연과 정신의 관계를 묻는 사람들은 대개 너무나도 많은 전제들을 바탕에 깔고 그 질문을 던진다. 거의 모든 경우에 그 질문은 특정한 인간상과 세계상을 출발점으로 삼는데, 그것들의 정체는 부담 벗기의 환상임을 쉽게 밝혀낼 수 있다. 한편으로 근대인은 정신 없는 우주를 표상한다. 그런 다음에 다른 한편으로 그 우주에 정신을 보충하여 그 우주를 말하자면 어느 정도 환하게 만든다. 그런 식으로 근대인은 〈차가운 고향kalte Heimat〉(볼프람 호그레베의 표현)[37]을 창조했다. 다시 말해, 사람들은 여전히 자신의 거처, 자신의 고향을 서술하지만, 사뭇늘이 확고히 뿌리박힌 의미를 지녔다는 인상을 우리에게 제공하는 모든 마법을 그 고향으로부터 박탈한다. 고향은 여전히 존속하지만 이제는 지구 대기권 바깥의 캄캄하고 황량해 보이는 공간처럼 차갑게 느껴진다.

인간 정신은 자화상을 그린다. 그 과정에서 인간 정신은 우리 일상 체험의 내면 관점에서 조감(鳥瞰) 관점으로 옮겨간다. 이 관점 변환은, 신을 만물을 굽어보는 눈으로, 하나의 관점으로 표상하는 아주 오래된 관행의 기원이기도 하다. 이 표상 관행이 실제 역사에서 낳은 한 결과는 데이브 에거스의 소설『더 서클 The Circle』이 인상 깊게 묘사하는 구글의 인간상이다. 마침내 사람들은, 원리적으로 모든 것을 파악하는 검색 엔진이 존재한다는 견해에 도달했다. 과거에 신이 가졌던 문제 하나는 인간이 신의 전지(全知)에 간단히 접근하지 못한다는 점이었다. 구글은 이 문제의 해결을 돕는다.

심지어 우리가 실제로 끊임없이 감시당하기를, 그리하여 마침내 우리에게서 우리의 자유를 앗아가는 신이 마침내 존재하기를 우리 자신이 열렬히 바라기라도 하는 것처럼 보이는 경우도 종종 있다. 다만, 근대 자연과학을 기준으로 삼은 사회에서 살아가는 오늘날의 사람들은 신 자체를 원하지는 않는다. 왜냐하면 전통적으로 신은 자유로우며 상당히 무서운 인격체로 묘사되기 때문이다. 사람들은 예언자처럼 황야에서 그런 신과 마주치기를 바라지 않는다. 그리고 신이 등장하면 다시 자유가 끼어들 터이다(적어도 신 자신은 자유로울 테니까). 더구나 많은 이들은 신을 케케묵은 폐품 정도로 여긴다. 물론 한쪽에서는 일신교들이 섬기는 사막 신Wüstengott의 폭력이 여전히 큰 인기를 누리지만 말이다.

이데올로기적으로 보면, 인간 자유는 잠재적 교란 인자다. 내가 검색 엔진을 선택할 자유를 가지면, 구글은 이익이 줄어든다. 독점 추구는 오늘날 시장의 본래적인 속성이다. 물론 우리는 누구나 선택권을 가지기를 바란다. 현실 사회주의 사회의 물품 선반 위에 놓인 소시지나 오이와 같은 신세가 되기를 원하는 사람은 없다. 그러나 사업가의 관점을 채택하면, 사람들은 모든 소비자가 자사의 제품을 선택하기를, 따라서 사실상 선택권이 없기를 당연히 바란다. 요컨대 인간을 예측 가능한 존재로 만들고자 하는 것은 선명하게 눈에 띄는 오솔길을 얻기 위해 자유를 제한하는 것과 같다.

오늘날 인류는 과연 누가 조감 관점을 차지할지를 놓고 싸우는 중이다. 바꿔 말하면, 누구를 혹은 무엇을 신으로 간주할 것인지를 놓고 싸우는 중이다. 과학을, 또는 기술을, 또는 진보를, 또는 구글을, 또는 더할 나위 없이 고전적으로 신 자체를 신으로 간주할 것인지가 우리 시대의 쟁점이다.

3장

자기의식

이로써 우리는 또 다른 큰 주제인 자기의식에 도달한다. 의식을 탐구할 때 우리는 독특한 관점을 채택했다. 즉, 우리는 주변의 이런저런 사물만 의식했던 것이 아니라 의식에 대해서 의식적으로 숙고했다. 대다수 사람들은 이런 숙고를 평소에 늘 하지는 않으며, 가용한 시간 전부를 이런 숙고에 쓰는 사람은 아무도 없다. 만일 진정한 각자(覺者, 깨달은 사람)가 있다면, 그는 예외일 수도 있겠지만 말이다.

앞서 지적한 대로, 의식과 관련해서 주목할 만한 사실 하나는, 내가 의식이 있다는 것을 나 자신이 반박할 길은 없다는 것이다. 물론 이미 보았듯이, 일부 사람들은 바로 그 빈빅을 시모하시만 날이나. 의식의 환원 불가능성에 대한 이 같은 통찰은 근대 철학을 통틀어 아마도 가장 유명한 문장, 곧 〈나는 생각한다, 고로 존재한다〉라는 무수히 인용되는 데카르트의 문장의 뒷배이기도 하다. 저서 『성찰』에서 데카르트는 이 생각을 다음과 같이 표현한다.

생각한다고? 그렇다면 생각하기가 존재한다. 그런데 생각하기는 나로부터 분리될 수 없다. 내가 있다, 내가 존재한다, 이것은 확실하다. 하지만 얼마나 오랫동안 확실할까? 그야, 내가 생각하는 동안에는, 확실하다. 내가 생각하기를 완전히 그치면 곧바로 존재하기도 그치는 일조차도 어쩌면 일어날 수 있을 테니까 말이다. 따라서 나는 더도 덜도 아니라 단지 생각하는 놈, 곧 정신, 영혼, 지성, 이성일 따름이다. 나는 이 용어들의 의미를 예전에는 몰랐다. 아무튼 나는 참되며 참으로 존재하는 사물이다. 그런데 어떤 사물일까? 그야, 내가 이미 말한 대로, 생각하는 사물이다.[1]

이 인용문을 기초로 삼으면 개념적 혼란에 빠지기 쉬운데, 그 혼란은 얼마든지 꿰뚫어볼 수 있는 유형의 것이다. 무슨 말이냐면, 실제로 우리가 스스로 의식 있다고 생각할 때 그 생각은 착각일 수 없다. 그러나 의식에 관한 우리의 견해들은 얼마든지 착각일 수 있다. 우리가 의식 있는 한에서 우리가 의식 있다는 것은 의심 불가능하다. 다만, 이로부터 예컨대 우리는 의식의 본성에 관해서 의심 불가능한 지식을 보유하고 있다는 결론이 나오는 것은 아니다.

그러므로 수백 년에 걸쳐 거듭 제기된 반론은 정당하다.

즉, 데카르트는 의식을 사물화한다는 반론은 정당하다. 그 반론에 따르면, 데카르트는 의식을 하나의 사물 혹은 실체, 곧 생각하는 실체res cogitans로 만든다. 그러면서 그는 자신이 이 세계의 다른 어떤 사물보다 그 실체와 더 친숙하고 그 실체를 더 확실하게 인식할 수 있다고 여긴다. 칸트가 특히 명확하게 제기했고, 그 후 피히테에 이어 누구보다도 후설과 그를 계승한 현상학 전통이 제기한 이 반론은, 데카르트는 우리가 우리 자신의 의식 있음에 대해서 착각할 수 없다는 사실을 우리가 의식이라는 특별한 사물에 대한 통찰을 보유하고 있다는 사실과 혼동한다고 지적한다.

더 정확히 표현하면, 그 반론이 지적하는 바는, 데카르트가 인식론적 통찰, 곧 우리의 인식 형식을 특징짓는 통찰(우리 자신의 의식 있음에 대한 우리의 오류 불가능성)을 우주의 구조에 대한 형이상학적 통찰과 혼동한다는 것이다. 이 오류 추론은 오늘날 완전히 간파되었으리라고 짐작할 만하다. 내가 의식 있는 동안에 나는 내가 의식 있다는 사실에 대해서 착각을 범할 수 없다. 그러나 이로부터 우주에 또 하나의 사물이 있으며, 그 사물은 내 몸 전체와도 구분되고, 나는 그 사물에 대해서 오류 불가능한 앎을 보유하고 있다는 결론이 나오는 것은 아니다.

그럼에도 이 오류 추론은 심지어 신경중심주의의 바탕에까지 은밀히 깔려 있다. 지금도 여전히 신경중심주의자들은 의식이라는 사물이 존재한다고 여긴다. 그 사물을 더 자세히 탐구해야 하고, 다음과 같은 질문에 답해야 한다고 여긴다. 그 사물은 우주에 있는 물체들, 특히 우리의 뇌와 어떤 관계가 있을까? 신경중심주의의 대답은, 의식이란 뇌-사물과 별도로 있는 사물이 아니며 따라서 뇌와 동일하다는 것이다.

여담이지만, 뇌와 의식이 서로 어떤 관계인가라는 질문은 이미 데카르트가 제기한 바 있다. 그는 솔방울샘(시상 상부에 있으며 멜라토닌을 생산함으로써 기상-수면 리듬에 관여하는 뇌 구역)에서 비물질적인 의식mens 혹은 영혼animus과 몸이 접촉한다고 여겼다.

오늘날까지도 사람들은 데카르트 이후 근대 초기의 논쟁을 이어받아 크게 둘로 구분되는 입장들 중에서 하나를 선택해야 한다고 여긴다. 이원론은 우주 안에 뇌-사물 외에 추가로 의식-사물이 있다고 주장하는 반면, 일원론은 이 주장을 반박한다. 특히 신경 일원론은 의식-사물이란 뇌 전체 혹은 몇몇 뇌 구역들 및 그것들의 활동과 동일하다고 주장한다. 그러나 이 두 입장은 모두 의식이 사물이라고 전제하며, 이것은 결정적인 오류다.

우리가 의식이 있는 한에서 우리의 의식 있음을 반박할 수 없다는 것은 옳다. 물론 우리는 누가 또는 무엇이 의식을 가졌는가라는 질문에 대해서는 얼마든지 오류를 범할 수 있다(그렇기 때문에 일부 사람들은 컴퓨터나 로봇 청소기, 난방 조절 장치, 강, 은하 등이 의식을 가졌을지도 모른다는 생각에 빠져들 수 있다). 그러나 우리 자신이 의식을 가졌는가라는 질문에 대해서만큼은 결코 오류를 범할 수 없다. 다만 이 사실로부터 우리가 의식이란 무엇인가를 이미 안다는 결론은 나오지 않는다. 우리는 우리 자신이 의식을 가졌다는 것만을 알 뿐이다. 혹은, 우리의 자아가(곧 우리를 우리 스스로 우리로 간주하는 그놈으로 만드는 그것이) 의식을 통해 정의된다고 치고 달리 표현하면, 우리는 우리 자신이 의식이라는 것을 알 뿐이다.

자기의식이란 한편으로, 우리가 의식이 있으며 우리 자신의 의식을 명시적으로 다룬다는 사실을 의미한다. 만약 우리가 의식이 없다면, 우리는 우리 자신이 의식 있다는 사실을 다룰 수 없을 것이다. 즉, 우리가 우리 자신의 의식을 다루는 동안, 우리는 의식이 있다. 따라서 이런 질문이 제기된다. 우리 자아의 환원 불가능성을 보여 주는 이 사례는 어쩌면 우리 자신을 더 잘 이해하게 해주는 단서가 아닐까?

하지만 나든 한번으로 자기의식은 방금 언급한 면모에서 드는 인상보다 훨씬 더 일상적인 현상이다. 우리는 늘 우리 자신의 정신적 상태들과 생각들에 대해서 이런저런 입장을 취하며, 그러면서 우리가 우리 의식을 반성한다는 점을 명시적으로 반성하지 않는다. 우리의 의식 흐름은 우리의 행위들 곁에서 마치 자막처럼 그냥 이어질 따름이며, 때때로 우리가 내면의 정신적 눈을 추가로 떠서 우리 의식 안에서 일어나는 일들을 바라본다고 생각한다면, 그것은 틀린 생각이다.[2] 칸트 이래로 과거와 현재의 많은 철학자들은 이 생각이 독특한 방식으로 우리 의식을 의식 없는 (의식되지 않는) 무언가로 만든다고 지적해 왔다. 이런 문제 때문에 지금도 널리 퍼져 있는 견해에 따르면, 자기의식이 없는 의식은 실은 존재하지 않으며, 의식과 자기의식은 모종의 방식으로 뗄 수 없게 얽혀 있다. 우리 안에서 의식이, 우리가 알아채지 못하는 채로 흘러갈 수 있다는 생각을 사람들은 꺼린다. 왜냐하면 이 생각을 받아들이면, 왜 우리에게 의식이 그토록 — 우리가 의식이 있으면 또한 우리 자신이 의식 있다는 것을 반드시 알아챌 정도로 — 두드러지게 나타나는지를 이해할 길이 없기 때문이다.

논의를 더 구체적으로 전개하자. 우리는 우리 자신이 의식적으로 체험하는 생각들과 인상들을 지속적으로 평가한다. 그것들은 경계가 그리 명확하지 않은 우리의 의식장(場) 안에 단지 갑자기 출현하고 다시 사라지기만 하는 것이 아니다. 오히려 그것들은 우리에 의해 단박에 의식적으로 체험되면서 이를테면 도장이 찍힌다. 예컨대 우리가 어느 여자 친구에게 이메일 답장을 보내야 한다는 것을 문득 생각한다고 해보자. 그러면서 우리는 아직 답장을 보내지 않은 것을 부끄럽게 여긴다. 또한 어쩌면 우리는 지난번 그녀가 보낸 이메일에 묘한 뉘앙스가 있었기 때문에 실은 그녀에게 답장을 보내고 싶지 않다는 생각도 어렴풋이 할 것이다. 아무튼 전반적으로 우정에 금이 간 상황이어서, 우리는 그녀에게 답장을 보내지 않기로 한다. 아주 일상적인 상황에서 다소 느닷없이 떠오를 수 있는, 우리가 그녀에게 아직 답장을 보내지 않았다는 것에 대한 의식은, 우리가 우리의 생각들에 즉각, 또한 능동적·의식적으로 통제할 수 없는 방식으로 가치를 부여하는 결과로 이어진다. 즉, 우리는 부끄러움을 느낀다. 부끄러움도 말하자면 다양한 모양과 색깔로 출현한다. 부끄러움의 정도가 다양하게 존재하며, 인간의 내면을 정확히 꿰뚫어 보는 관찰자들은 숱한 소설에서 부끄러움의 정도들을 환히 묘사해 왔다.

또한 당연히 우리는 생각이나 감각적 인상에 대해서 기뻐하거나 짜증을 낼 수 있다. 사람들은 아름다운 일출을 체험하면서 기뻐한다. 그러면서 어쩌면 그 체험과 기쁨을 다른 일출들에 대한 기억과 연결할지도 모른다. 사람들은 브리오슈*의 빛을 즐기고, 기사의 대합실에서 산 커피가 맹탕인 것에 대하여 짜증을 내고, 축구팀 샬케 04가 FC 바

* Brioche. 버터와 달걀이 많이 들어간 프랑스의 전통 빵.

르셀로나에게 지면(또는 이기면), 바지주머니 속에서 주
먹을 불끈 쥔다.

인간의 감정 세계의 큰 부분은 자기의식의 형식을 띤다.
그 형식의 본질은 우리가 안쪽으로 향한 시선으로 우리의
내면세계를 살피는 것에 있지 않고, 지향적 의식과 현상적
의식이 원리적으로 맞물려 있는 것에 있다. 우리가 어떤
의식 상태를 가지든지, 반드시 그 상태는 이미 특정한 방
식으로 평가된 채로 우리에게 나타난다. 이 사실을 바탕에
깔면, 왜 우리의 도덕적 가치들이 우리의 감정 세계와 연
결되어 있는지를 비로소 이해할 수 있다. 무슨 말이냐면,
타인들이 의식을 가졌음을 우리가 의식하고 일상에서 이
구조를 끊임없이 재조정해야 할 가치 체계로서 체험하기
때문에 비로소 우리는 도덕적(도덕적이거나 비도덕적일)
능력을 가진다.

정신사의 의식 확장 효과

어떤 의미에서 근대적 자기의식 탐구의 최고봉은 마르
셀 프루스트의 획기적인 걸작 『잃어버린 시간을 찾아서』
다. 지난 수천 년 동안 문학, 어쩌면 대표적으로 서사 문학
과 서정시는 우리가 우리 자신의 의식을 더 잘 이해하는
데 특별히 기여해 왔다. 우리가 오직 자연 환경에 대해서
만 태도를 취하고 우리 자신과 타인들에 대해서는 불명료

한 태도를 취했던 시절은 이미 오래전에 끝났다. 그런 한
에서 인류는 정신사를 거치면서 의식이 더 밝아졌다고 할
만하다. 메소포타미아의 최초 고도 문화들 이래 수천 년에
걸쳐서 인류는 우리 의식의 미세 입자성을 탐구하는 것뿐
아니라 심화하는 것도 가능하게 해주는 섬세한 언어를 발
전시켰다. 심리학이라는 학문 분야가 — 또한 심리학이 자
연과학과 정신과학 사이에서 동요하는, 오늘날까지 지속
되는 현상이 — 19세기 후반기에, 문학에서 자아 탐구가
번성한 것에 뒤이어 발생한 것은 우연이라고 하기 어렵다.
그런 사정 때문에 예컨대 니체는 (산문에서나 운문에서
나) 최고의 독일어 작가들 중 하나이면서 또한 우리의 도
덕적 태도들을 비판적으로 다루는 심리학자일 수 있었다.
마찬가지로 프로이트는 정신 분석 분야에서 획기적인 성
과들을 냈을 뿐 아니라, 최근에 에릭 캔들이 새삼 일깨웠
듯이, 신화, 미술, 문학에 대해서 심오한 식견을 가지고 있
었다.[3]

이처럼 정신사는 무엇보다도 의식의 확장 및 변화의 역
사다. 의식은 과거에도 항상 지금 모습 그대로였던 사물이
아니다. 우리는 자연에서 숭성자, 밤볼, 소나기를 발견하
듯이 의식을 발견하지 못한다. 〈의식〉은 우리의 자화상에
속해 있는 한 개념이다. 우리는 우리 자신을 의식 있는 정
신적 생물로 서술하고 그럼으로써 특정한 자화상을 그린

다. 의식은, 우리가 실재를 어떻게 개념화하는지와 전혀 상관없이 현전하는 그런 실재가 아니다. 이런 점에서 의식은 예컨대 달 표면의 구덩이와 다르다. 다른 생물들이나 아직 문화적으로 사회화되지 않은 아이들도 색깔 인상, 소리 인상, 맛 인상 같은 의식 상태들을 당연히 가진다. 그러나 미술관에서 〈이브 클라인 파란색Yves-Klein-Blau〉을 첫눈에 알아보고 그 색깔을 미술사적 맥락 안에 집어넣을 수 있느냐 없느냐는 지각에 있어서 결정적인 차이다. 이런 식으로 감각 인상을 문화적·역사적 맥락 안에 배치하는 능력은 우리의 의식을 근본적으로 변화시킨다. 〈의식의 교양Bildung des Bewusstseins〉이라는 것이 있다. 이것 역시 문학의 커다란 주제다. 이 주제는 교양 소설이라는 장르에서 다뤄졌으며, 그 장르에서 헤겔의 『정신현상학Phänomenologie des Geistes』이 나왔다. 이 위대한 작품은 의식의 교양을 철학적으로 탐구한다. 이를 위해 그 작품은 수천 년에 걸쳐 분화된 다양한 의식 형태들(Bewusstseinsformen 또는 Bewusstseinsgestalten)을 자세히 살핀다.

의식 개념은 자기의식 개념과 연결되어 있고, 자기의식은 역사를 가질 수 있으며, 그 역사 속에서 과거에 없던 새로운 측면들이 형성된다.

오늘날 선호되는, 엄밀하게 과학적으로 얻었다고들 하는 고인류학의 성과들은, 우리 조상들이 동굴 속에서 무엇을 체험했는지, 어떻게 거기에서 도덕과 문명이 서서히 형성되었는지 이야기한다. 마치 우리가 선사 시대 조상들의 내면을 들여다볼 수 있기라도 한 것처럼 말이다. 고인류학은 이를테면 도구 사용과 매장 형태들과 내면의 삶이 어떻게 연결되어 있는지에 대해서 이러쿵저러쿵 이야기한다. 그러나 도구 사용도 역사를 가졌고, 그 역사는 정신사 안에 내장되어 있다. 그리고 정신사에 대해서는, 말이든지 글이든지 어쨌든 언어적 증거들이 있을 때만 무언가 알 수 있다. 그림들의 기능에 대해서 아무것도 알 수 없다면 그림 증거들로는 불충분하다. 이 때문에 우리 조상들의 인상적인 동굴 벽화들도 우리에게는 원리적으로 수수께끼로 남을 것이다. 동굴 벽화의 의미가 과연 무엇인지 알려 주는 탄탄한 증거들을 우리는 전혀 가지고 있지 않으니까 말이다. 다른 모든 것은 재미는 있지만 근거는 없는 추측이다. 물론 충분한 근거를 갖추고 추측할 수 있는 것들도 일부 있다. 우리 조상들은 적어도 우디 앨런의 영화 「애니 홀」의 주인공들 같은 도시-신경증 환자는 아직 아니었을 것이 상당히 확실하다. 또한 역사적으로 형성된 몇몇 자기 관계의 형태들은 근대에 비로소 발생한 반면, 다른 몇몇 형태들은 확실히 되살릴 수 없게 사라졌다.

　문자 이전 시대에 섬세한 내면의 삶이 발생한 방식을 어떻게 상상하느냐에 따라서, 메소포타미아 고도 문화들에서 생산되어 오늘날에 전해진 최초의 문학 작품들의 수준을 깜짝 놀랄 만한 것으로 느낄 수도 있다. 예를 들어 길가메시 서사시나, 기원전 세 번째 천년기에 (고도 문화의 요람인 오늘날의 이라크 지역에서) 활동했으며 어쩌면 문학 작품에 자기 이름을 적은 최초의 저자일 가능성이 있는 아시리아의 여성 고위 성직자 엔-헤두-안나의 (신전 찬송가 형태의) 서정시가 어떤 수준인지 생각해 보라.

고도 문화들의 최초 문서 증거들은 하늘에서 뚝 떨어지지 않았을 것이 틀림없다. 오히려 그 증거들은 자기의식 있는 내면의 삶의 역사가 더 먼저 길게 이어졌음을 암시한다. 그 역사는 복잡한 자기서술들을 동반했을 테고, 그 자기서술들은 아마도 — 호메로스의 서사시 『일리아스』와 『오디세이아』처럼 — 오랫동안 구전되면서 다듬어졌을 것이다. 단지 우리가 우연찮게도 바로 지금 살아 있는 인간들이고 우리의 기술적 성취들을 자랑스럽게 여긴다는 이유만으로, 우리 시대의 자기서술 및 자기인식 능력과 내면의 삶을 과대평가해서는 안 된다.

안타깝게도 현재의 자기의식 형태들을 우리 조상들의 동굴 생활에서 찾으려는 시대착오적인 경향이 널리 퍼져 있다. 자기의식의 역사가 존재한다는 사실을, 적어도 19세기에 사회학이 등장한 이래로는 누구나 명확히 알아야 마땅한데도 말이다. 자기의식의 역사가 존재한다는 생각은 칸트 이후 철학자들인 피히테, 셸링, 헤겔에 의해 최초로 완전히 선명하게 제시되었다. 자기의식의 역사는 헤겔이 쓴 『정신현상학』의 중심을 이룬다. 이 작품에서 헤겔은 인간 정신이 역사를 가졌으며, 우리가 그 역사를 생물학적 상황이 의식을 수단으로 삼아 연장되는 것으로 간주하면, 우리는 그 역사를 이해할 수 없음을 보여 주려 한다.

아쉽게도 자기의식의 역사는 — 다른 모든 현실 역사와 마찬가지로 — 우리가 항상 진보를 감지할 수 있도록 단순하게 진행하지 않는다. 자기의식은 문학 작품들이나 언어가 망각되는 것만으로도 실은 오래전에 극복된 단계로 다시 떨어질 수 있다. 그 이유 중 하나는 — 다른 많은 경우에서도 그렇듯이 — 단적으로 인간의 자유다. 인간이 자유롭다는 것은 무언가를 망각하거나 간과하거나 억누를 수 있다는 뜻이기도 하다.

아무튼 결정적으로 중요한 것은, 우리가 그저 단순히 의식만 있는 것이 아니라 일상의 맥락에서도 의식에 대한 의식을 가진다는 점이다. 우리가 이 사실을 아는 근거는, 우리가 우리 자신의 믿음, 바람, 감정, 감각 인상에 대해서 이런저런 태도를 취하며 그 태도를 도야하고 관리할 수 있다는 것에 국한되지 않는다. 즉, 우리가 포도주 전문가나 심지어 소믈리에가 될 수 있다는 것, 이브 클라인 파란색을 첫눈에 알아보는 법을 배울 수 있다는 것, 유도 고단자가 될 수 있다는 것, 특정한 화음 진행이 베토벤의 곡에 전형적인지 너바나Nirvana의 곡에 전형적인지 판정할 수 있다는 것, 우리 자신의 반응 패턴을 문득 알아챌 수 있다는 것 등에 국한되지 않는다. 더 나아가 이 모든 활동의 와중에 우리는 또한 이 활동들과 똑같이 단박에, 타인들이 의식을 가졌음을 의식한다. 타인들도 의식이 있음을 의식하는 것은 우리 자신을 의식하는 것과 똑같이 근원적인(하이데거가 고안한 용어를 쓰면, 〈동근원적인gleichursprüngliche〉) 사실이다. 자기의식은 단지 개인으로서의 우리 자신을 향하는 것이 아니라 구조적으로 이미 낯선 의식과 맞물려 있다. 우리가 의식적으로 체험한 태도(이를테면 무언가에 대한 기쁨이나 부끄러움)에 대한 우리 자신의 평가는 타인들이 우리의 태도에 대해서 특정한 태도를 취하리라는 우리의 예상과 맞물려 있다. 우리는 애초부터 사회적 맥락 안에서 산다. 우리가 우리의 사적인 데카르트적 극장을 벗어남으로써 비로소 사회적 맥락 안으로 들어가야 하는 것이 아니다. 이 사실을 다음과 같은 익숙한 현상에서 누구나 체험한다. 사람들은 멋진 체험(예컨대 여행이나 미술관 관람)을 즐겨 공유하고 싶어 한다. 왜냐하면 오직 그런 공유의 방식으로만 그 체험의 구조에 대한 확증을 기대할 수 있기 때문이다. 우리는 타인들의 의식을 잣대로 삼아 우리의 의식을 도야한다. 우리가 무언가를 언어화할 수 있는 순간에, 그 잣대는 이미 우리 내면의 삶에 기입되어 있다. 따지고 보면 이것은 자명하다. 왜냐하면 우리는 우리 언어의 규칙들을 타인들로부터 배워야 했으니까 말이다. 언어 학습은 우리 개인의 의식에게 이미 훈련 과제로 부과된다. 그 훈련은 우리가 우리의 생각을 제멋대로 풀어놓는 것(그리고 어린아이처럼 마음에 들고 맛있는 모든 것을 〈맘마〉라는 소리로 표현하고 움직이는 모든 것을 〈빠방〉이라는 소리로 표현하는 것)을 더는 허용하지 않는다.

타인들이 의식을 가졌다는 것에 대한 우리의 의식이 인간 사회의 토대임을 최초로 알아챈 철학자는 아마도 칸트였고, 이어서 피히테와 헤겔이 그것을 더 명확하게 알아챘다. 또한 마르크스와 사회학 및 정신 분석의 시조들도 그 통찰을 제각각 고유한 방식으로 계승했다. 그 통찰은 많은 여성주의 이론들, 특히 큰 영향력을 발휘하는 주디스 버틀러의 성 역할 이론의 바탕에도 깔려 있다. 당연한 일이지만, 버틀러는 명시적으로 헤겔을 언급한다.

신경중심주의가 득세한 오늘날, 타인들도 의식을 가졌음을 의식하는 능력은 〈마인드 이론Theory of Mind〉이라는 명칭으로 불린다. 이 명칭은 오해를 일으킨다. 왜냐하면 이 맥락에서는 〈이론〉이라는 단어가 부적합하기 때문이다. 더 나아가 1990년대 이래로 사람들은 그 능력의 생물학적 토대를 발견했다고 여긴다. 이른바 거울 뉴런들 덕분에 우리가 타인들의 행동과 감정을 마치 나의 행동과 감정인 것처럼 내적으로 이해할 수 있다고들 한다. 나의 거울 뉴런들이 점화하면서 타인의 의식적 태도를 내적으로 시뮬레이션하는 덕분에 말이다. 진화 과정에서 언젠가 특정 뉴런들이 (우연한 유전자 변이를 통해!) 생겨나고 존속했기 때문에, 우리는 바닥에서 뒹구는 타인의 아픔을 그대로 느끼지는 않지만 말하자면 그 아픔의 그림자를 감지한다고들 한다.

나는 거울 뉴런들의 존재를 반박하고 싶지 않다. 거울 뉴런들이 없으면 우리가 자기의식에도, 타인의 의식에 대한 의식에도 도달하지 못할 가능성이 있다는 점 역시 반박하고 싶지 않다. 또한 인간 정신의 중요한 생물학적 토대들이 궁극적으로 우연한 — 어떤 목표를 향하거나 계획되지 않은 — 유전자 변이를 통해 생겨난 뒤에 환경의 압력을 통해 선택되었다는 점도 반박하고 싶지 않다. 의식 있는 생물이 우리 행성에, 그리고 어쩌면 다른 곳에도 존재한다는 사실은 우주의 관점에서 보면 우연이다. 즉, 그 사실의 이유가 딱히 없다. 하지만 우주의 관점에서 보면 그 어떤 것도 특별한 이유가 없다. 그저 존재하는 것이 존재할 따름이다.

그러나 이것이 말해 주는 바는 단지 다음과 같다. 즉, 의식을 가졌고 의식과 맞물린 욕구들과 가치 평가들을 가진 우리가 그 안에서 아무 역할도 하지 않는 그런 우주의 상을 우리는 쉽게 구성할 수 있다. 그런 우주는 당연히 우리를 보살피지 않는다. 우리가 〈진화〉라고 부르는 종 발생 과정들도 의식적으로 혹은 의도적으로 조종되지 않는다. 우리 같은 놈들이 있는 이유에 대한 생물학적 설명은, 까마득한 시간에 걸쳐 특정한 기능적 구조들이 선택되고 번식을 통해 대물림되었기 때문에 우리 같은 동물이 지금 현재 존재하고 우리의 발생이 생물학적으로 가능했다는 것을 넘어서지 못한다. 생물학은 우리의 존재에 대해서 이보다 더 심오한 이유를 댈 수 없다. 우리의 현존과 존속은 극도로 불안정한 자연환경에 우리가 적응하는 것에 달려 있으며, 그 적응은 거대한 파국을 통해 언제라도 무력해질 수 있다. 우주나 지구나 자연은, 대기의 조성이 (인간이 초래한 기후 변화를 통해서건, 유성 충돌이나 화산 분출을 통해서건) 인간의 호흡이 불가능하게 바뀔 때 우리가 계속 생존할 것인지에 아랑곳하지 않을 것이다. 거듭 말하지만, 우리의 정신적 삶은 자연적·생물학적 조건들에 매여 있다. 다만, 그렇다고 해서 우리의 정신적 삶이 그 자연적 조건들과 동일하거나 그 조건들에 대한 자연과학적 탐구를 통해 완전히 이해되고 설명될 수 있는 것은 아니다.

우주의 사실들에 관한 무지 때문에 사람들은 종종 정신적 생물로서 자신의 지위를 잘못 평가한다. 그런 경향이 있는 한에서 신경 생물학 분야의 지식 진보는 당연히 자기 인식의 진보에 기여한다. 예컨대 우리가 사물들을 볼 수 있게 하려고 태양이 빛난다는 믿음, 혹은 우리가 의식과 자기의식을 가진 것은 신의 영광을 위한 연극이며 신은 〈여기 낮은 곳에서〉 펼쳐지는 그 연극을 멀리서 말 그대로 관람한다는 믿음은 실제로 상당히 그릇되다.

그러나 예컨대 엔-헤두-안나, 호메로스, 소포클레스, 나가르주나(Nagarjuna, 龍樹), 제인 오스틴, 아우구스티누스, 힐데가르트 폰 빙엔, 조르주 상드, 헤겔, 베티나 폰 아르님, 마르크스가 우리에게 선사한 자기의식에 대한 이해보다 더 나은 이해를 신경 생물학이 준다고 생각한다면, 그것은 오해다.

그것이 오해인 이유를 앞서 언급한 바 있는 한 논증을 통해서 깨달을 수 있다. 우리가 이미 보았듯이, 색깔 인상들이 전자기파와 어떤 식으로 연결되어 있는지 우리가 아는 것은 오로지 우리가 색깔 인상들을 가지고 그것들을 구별하는 법을 학습하기 때문이다(173면 환원 불가능성 주장). 전자기파에 대한 우리의 지식이 증가한다고 해서 색깔 인상들이 사라지는 일 따위는 일어나지 않는다. 우리의 체험은 항상 하나의 독립적인 차원으로 남는다. 그 차원이 없다면, 우리는 그 차원과 연결된 자연과학적 사실들과 사건들에 접근할 수 없다.

풍차 비유에 나오는 모나드처럼

이 논점을 존 설의 유용한 구분법을 통해 더 명확히 할 수 있다. 저서 『정신의 재발견 *The Rediscovery of the Mind*』에서 설은, 우리의 체험은 존재론적으로 주관적이라고 주장한다. 즉 우리는 내면 관점에서 색깔, 느낌 등을 체험하며, 의식은 그 내면 관점에서 서술 가능하다고 지적한다. 그러면서 그는 존재론적으로 객관적인 사실들, 곧 그것들의 존속에 의식이 관여하지 않는 그런 사실들을 우리의 체험과 구별한다. 예컨대 화학 반응을 서술하면, 존재론적으로 객관적인 사실을 파악하게 된다.

다른 한편으로 설은 의식이 인식론적으로 객관적이라고, 의식이란 무엇인지에 대한 앎을 가졌다는 주장을 인식론적 관점에서 (때로는 오류를 범하면서) 펼칠 수 있다고 말한다. 하지만 우리가 그것에 대해 안다고 주장하는 그 의식은 불가피하게 존재론적으로 주관적이며 우리의 주장과 상관없이 주관적으로 머무른다. 설에 따르면, 의식을 반박하고자 하는 많은 이들은 무언가가 인식론적으로 객관적이면서 또한 존재론적으로 주관적일 수 있다는 점을 이해하지 못하기 때문에 혼란에 빠진다.

우리의 의식을 오로지 존재론적으로 객관적인 관점에서만 고찰할 이유는 전혀 없다. 왜냐하면 의식은 경우에 따라 우리에게 전적으로 낯선 대상일 수 있는 그런 대상이 아니니까 말이다. 자기기만과 부적합한 자기 관찰은 가능하며 널리 퍼져 있다. 그러나 그렇다고 해서, 우리의 의식이 우리 자신에게 전적으로 낯선 실재일 수도 있다는 결론이 나오는 것은 아니다.

우리는 자기의식의 자기소외를 다음과 같이 분석할 수 있다. 우리는 일상에서 체험하는 많은 현상들의 정체가 우리의 생각과 전혀 다르다는 점이 우주에 관한 더 정확한 지식에서 밝혀지는 것을 학습했다. 다시 일출을 예로 들자. 태양의 맨 위 꼭대기가 수평선에 나타났다고 우리가 생각할 때, 우리가 보는 것의 정체는 신기루와 유사한 굴절된 빛이다. 대기의 화학적 조성이 그와 같은 빛의 굴절을 일으킨다. 더 나아가 우리가 보기에는 태양이 떠오르지만 실제로 태양은 떠오르지 않는다. 일출 현상 전체는 우리가 발디딘 지구가 자전하고 공전하기 때문에 생겨난다. 요컨대 어떤 의미에서 일출은 존재하지 않는다. 적어도 일부 사람들은 그렇게 말한다. 수평선이나 푸른 하늘도 마찬가지다. 이것들은 존재론적으로 객관적이지 않은 현상들이다.

천체들과 지구 대기에 관한 존재론적으로 객관적인 사실들은, 일출과 같은 사건들이 가상(假象, Schein)이라는, 일종의 환상이라는 생각을 품게 만든다. 하지만 이런 생각을 의식에 적용할 수는 없다. 의식은 이런 식으로 가상일 수 없다. 오히려 의식은 가상의 원천이다. 의식이 없다면,

우리는 결코 착각하지 않겠지만 옳은 믿음을 가지지도 못할 것이다. 의식은 그저 관점이다. 의식이라는 관점을 기준으로 무언가가 우리에게 나타난다. 그리고 이 관점을 포기할 수는 없다. 만약에 포기한다면, 무언가를 인식할 수 있는 누군가가 사실상 사라질 테니까 말이다.

만약에 우리가 의식이 있다는 것이나 자기의식이 있다는 것이 무엇인지를 이미 친숙하게 알지 못한다면, 우리는 의식이나 자기의식을 탐구하기로 작정했을 때 이를테면 뇌에서 또는 우리 종의 생물학적 과거의 흔적들에서 무엇을 탐색해야 할지조차 모를 것이다. 아마 라이프니츠도 이와 똑같은 생각을 품고 그 유명한 풍차 비유를 고안했을 것이다. 그 비유는 오늘날에도 열띤 논쟁을 일으킨다. 짧은 저서 『단자론 *Monadologie*』의 17절에서 라이프니츠가 내놓는 주장에 따르면, 우리는 인상들을 〈기계적인 이유들을 통해〉, 곧 우리 몸속에서 발생하는 〈모양들과 운동들을 통해〉 설명할 수 없다.[4] 물론 라이프니츠는 우리 뇌의 생리학적 세부 구조에 대해서 많이 알지 못했다. 하지만 그가 풍차 비유를 통해 반박하려 했던 생각, 곧 뇌를 일종의 기계로(오늘날에는 대개 컴퓨터로) 보는 부적절한 생각은 지금도 활발하게 제기되고 있다.

라이프니츠는 우리가 사유 기계 속으로, 곧 뇌 속으로 들어갈 수 있다고 상상해 보자고 제안한다. 그는 뇌 속으로 들어가는 것을 풍차 속으로 들어가는 것에 빗대면서 이렇게 주장한다. 〈그러면 우리는 풍차 속에서 서로 부딪히는 부품들만 발견할 것이고 지각을 설명해 줄 수 있는 무언가는 결코 발견하지 못할 것이다.〉[5] 이 비유는 앞서 챌머스가 〈의식에 관한 어려운 문제〉라고 명명한 것의 또 다른 버전이다.

이어서 라이프니츠는, 인간 정신은 내적인 복잡성을 전혀 가지지 않은 〈모나드Monade〉(고대 그리스어 〈monas = 하나임〉에서 유래한 용어)라는, 정당화하기 힘든 부실한 결론을 내린다. 유명한 물리학자 에르빈 슈뢰딩거는 저서 『정신과 물질Geist und Materie』에서 한걸음 더 나아간다. 그는 〈라이프니츠의 끔찍한 모나드 이론〉[6]에 반발하면서 심지어 이렇게 주장한다.

실제로 존재하는 것은 오직 하나의 의식뿐이다. 이것은 우파니샤드의 이론이다. 우파니샤드뿐만이 아니다. 신비적으로 체험된 신과의 합일은, 그 합일이 강력한 선입견들과 맞서지 않는 곳에서는, 바꿔 말해 서양에서보다 동양에서 더 쉽게, 항상 위와 같은 견해로 이어진다.[7]

물론 자연과학적 관점에서나 철학적 관점에서나, 이 주장을 방대한 정당화 없이 진지하게 받아들이기는 어렵다.

아마도 이를 어렴풋이 감지했기 때문에 슈뢰딩거는 〈서양〉적 관점에서 나올 비판에 대비하기 위한 문구를 삽입했을 것이다. 하지만 강력한 선입견들이 상대적으로 적다는 동양은 어디에서부터 시작될까? 내가 사는 본Bonn을 예로 들면, 라인 강 건너편 — 즉, 동편 — 이 내 집이 속한 본의 서쪽 구역보다 더 정신적일까? 독일이 포르투갈의 동쪽에 있으니, 포르투갈보다 독일에 합일 의식이 더 많을까? 캘리포니아 히피들은 아주 먼 서쪽에 살기 때문에 그렇게 〈정신적인〉 것일까? 안타깝게도 슈뢰딩거는 독일어권 낭만주의가 발명한 유럽 힌두주의에 빠져 있다. 유럽 힌두주의란 인도인은 유럽인보다 더 위대하고 심지어 더 참된 신비주의적 합일 의식을 가졌다는 생각을 말한다. 마치 인도 시민은 자기 이웃들이 제각각 고유한 의식을 가졌다는 것을 더 어렵게 이해하기라도 하는 양 말이다. 슈뢰딩거가 (사실 그는 그 스스로 〈서양〉이라고 부르는 지역 출신인데) 그 사이비-신비주의적 생각에 귀의하는 것은 그가 『정신과 물질』의 첫머리에서 신경 구성주의적으로 제기한 의식에 관한 어려운 문제를 풀 능력이 없기 때문이다.

세계는 우리의 감각과 지각과 기억으로 구성된다. 세계가 그 자체로 객관적으로 존재한다고 생각하는 것이 편리하다. 그러나 세계가 단지 존재한다고 해서 자동적으로 드러나는 것은 분명 아니다. 세계의 매우 특수한 부분에서 일어나는 매우 특수한 과정들, 즉 뇌 속에서 일어나는 특정 사건들이 있어야만 세계는 드러난다. 이것은 매우 주목할 만한 조건이다.[8]

아닌 게 아니라 정말 〈매우 주목할 만한 조건〉이다. 단, 여기에서 슈뢰딩거가 펼치는 논증이 비일관적이라는 점 때문에 그러하다. 만일 (1) 세계가 우리의 감각으로 이루어진 구성물이고 (2) 뇌가 세계의 일부라면, 뇌도 우리의 감각으로 이루어진 구성물이다. 그렇다면 어떻게 뇌가 이 구성물들의 기반을 이룬단 말인가? 질문을 달리 표현하면, 어떻게 뇌가 뇌 자신의 감각들로 이루어진 구성물이 아닌 무언가일 수 있단 말인가? 대체 어떻게 그럴 수 있단 말인가?

라이프니츠와 슈뢰딩거가 간과하고 있는 것이 있다. 무언가가 시계 장치처럼 순전히 기계적으로 작동하지 않는다고 해서 그것이 내적 복잡성을 가지지 않았다는 결론을 내리는 것은 터무니없다. 정신과 물질을, 단순한 것과 복잡한 것을 맞세우듯이 할 수는 없다. 도르트문트 공과대학교에서 연구하는 철학자 겸 물리학자 브리기테 팔켄부르크가 강조하는 것처럼 정신적 현상들의 결합 방식은 물리적 현상들의 결합 방식과 다르다. 이 때문에 정신적 현상과 물리적 현상 각각에 대해서 발설할 수 있는 참된 문장들을 단 하나의 이론으로 아우를 수는 없다. 정신과 물질은 각각 다른 방식으로 복잡하다. 그래서 팔켄부르크는 라이프니츠의 생각을 변형하여 받아들인다. 그의 주장에 따르면, 정신적인 것과 물질적인 것은 원리적으로 상이한 잣대로 측정된다. 요컨대 양자는 통약불가능하다.[9]

나의 의도는 슈뢰딩거에 맞서서 라이프니츠를 옹호하는 것이 아니다. 나는 라이프니츠의 의식 이론도 틀렸다고 본다. 왜냐하면 그는 사실상 모든 존재가 일종의 의식을 가졌다는 견해로까지 나아가기 때문이다. 이른바 범심론(汎心論)으로 불리는 이 견해는 오늘날까지도 많은 추종자들을 거느리고 있다. 그들은 감탄스러울 만큼 정교한 논증으로 범심론을 옹호하거나 정식화한다. 예컨대 챌머스는, 아무튼 정보가 현전하는 곳, 따라서 모종의 비트Bit가 거기에서 처리된다고 말할 수 있는 그런 곳이라면 어디에나 체험도 현전할 수 있다는 생각으로까지 나아간다. 그래서 그는 온도 조절기가 의식을 (비록 상당히 무딘 의식이라 하더라도) 가질 수 있는가라는 물음을 〈열린 질문〉으로 간주한다.[10]

하지만 이 대목에서 진정한 열린 질문은 이것이 아닐까 싶다. 숙고 과정에서 대체 어떤 오류들을 얼마나 많이 범했기에 종국에는 온도 조절기, 광전 센서, 전구, 소나기가 통념과 달리 모종의 의식을 가질 수 있는지 여부를 모를 지경에까지 이르렀을까? 그런 사물들은 당연히 의식이 없다. 다른 모든 견해는 틀린 전제나 개념적 혼란의 귀결일 따름이다.

그럼에도 풍차 비유는 일말의 진실을 담고 있다. 그 비유가 보여 주는 바는, 우리가 의식이나 자기의식을 가진 동안에 일어나며 모종의 방식으로 의식 및 자기의식과 연결되어 있는 것이 틀림없는 기계적 혹은 준기계적(화학적) 과정들에 대한 서술이 따르는 원리들은, 의식 및 자기의식에 대한 서술이 따르는 원리들과 다르다는 사실이다. 내가 이온 통로들과 뉴런 연결망에 대해서 말할 때 전제하는 생각들은, 내가 자기의식에 대해서 말할 때 전제하는 생각들과 전혀 다르다. 왜냐하면 자기의식은 사회적 맥락들 안에 내장되어 있으니까 말이다. 반면에 뇌 과정들에서는 사회적 맥락들이 존재하지 않는다. 다만 — 이런 표현을 써도 된다면 — 내적인 정보 처리가 일어날 뿐이다. 참된 사회적 상호작용에는 다양한 개인들이 참여하지만, 그들 모두가 이를테면 나의 뇌 속에서 등장하는 것이 전혀 아니다. 나는 그들을 빨아들이지 않는다. 뇌 속의 과정들에 대한 서술에 집중하면, 외부로 향한, 사회적으로 상호작용하는 의식을 포착할 수 없다. 다시 한 번 호그레베의 경구를 인용하면, 〈정신은 바깥에 있지만 안으로 뚫고 들어온다〉.[11]

바이오가 테크노보다 항상 더 좋은 것은 아니다

우리 의식의 내용 중 일부는 단적으로 우리의 두개골 바깥에 있다는 주장을 일컬어 외재주의Externalismus라고 한다. 외재주의의 중요한 버전 중 하나가 사회적 외재주의인데, 이 입장의 핵심은 우리 의식의 내용 중 일부는 오직 우리가 낯선 의식과 접촉함을 통해서만 존립한다는 것이다. 이 입장의 가장 급진적인 버전인 사회적 상호작용주의는, 낯선 의식과의 접촉이 없으면 우리는 자기의식을 아예 가지지 못한다고 주장한다. 이 주장은 미국 심리학자 조지 허버트 미드에게서 유래했으며 최근에는 저명한 심리학자 볼프강 프린츠의 저서 『거울 속의 자아Selbst im Spiegel』에서 새롭게 제기되었다.[12]

외재주의를 창시한 미국 철학자 힐러리 퍼트넘은 제2차 세계 대전 이후 전 세계에서 가장 중요한 철학자들 중 한 명이다. 그는 철학계 바깥에서도 영화 「매트릭스」 3부작을 통해 간접적으로나마 꽤 알려져 있다. 왜냐하면 그 영화의 기초가 된 발상을 그가 제공했기 때문이다. 퍼트넘은 저서 『이성, 진리, 역사Reason, Truth, and History』의 1장에서 〈통 속의 뇌〉라는 제목으로 어떤 끔찍한 생각을 펼친다. 그것은, 우리 모두는 전기 자극을 받는 뇌들에 불과하며 그 자극이 우리에 대해 독립적인 실재가 존재한다는 환상을 일으키는 것일 수도 있다는 생각이다.[13] 「매트릭스」 3부작은 이 생각을 받아들여 영화화한 것이다. 또한 퍼트넘은 뇌를 컴퓨터에 빗댈 것을 제안한 최초의 인물들 중 하나다. 이 비유에서 의식 혹은 정신 일반은 컴퓨터에 탑재된 소프트웨어처럼 작동한다. 이 견해를 일컬어 컴퓨터 기능주의라고 한다.

원래 퍼트넘은 외재주의를 언어 철학에서 도입한 다음에 의식 철학에 활용했다. 언어 철학의 핵심 문제는 우리의 단어들이 대체 어떻게 무언가를 의미할bedeuten 수 있는가 하는 것이다. 우리가 명명하는 사물들과 거론하는 사태들은 그렇게 명명되거나 거론되기를 요구하지 않는다. 바로 그렇기 때문에 다양한 언어들이 존재할 수 있는 것이다. 그런데 언어 철학에서 밝혀진 바에 따르면, 인간 정신 그리고 인간 정신이 자연적 환경 — 대개 〈외부 세계〉로 불림 — 과 맺는 관련에 대한 많은 생각들은 우리가 사용하는 단어들의 의미에 대한 부분적으로 상당히 혼란스러운 생각들을 기초로 삼는다. 오늘날까지 여러 저서에서 퍼트넘은, 언어적 표현의 의미에 대한 어떤 암묵적 혹은 명시적 이론이 우리 자신에 대한 우리의 숙고를 지도하는가, 라는 질문을 거듭 던져 왔다. 이 설득력 있는 연구 방법은 광범위한 성과들을 산출했다. 특별히 언급할 만한 성과 하나는, 그 방법을 상당히 오래 채택한 사람들 중에는《나》가 뇌라는 견해를 가진 사람이 없다시피 하다는 점이다.

퍼트넘은 물에 대한 간단한 숙고가 자신을 외재주의로 이끌었다고 밝혔다. 얼핏 보면 더없이 쉬운 다음과 같은 질문을 던져 보자. 〈물〉이라는 단어는 과연 무엇을 의미할까? 쉬우면서 또한 피상적인 대답은, 〈물〉은 바로 물을 의미하고 물을 가리킨다는 것이다. 하지만 이 대답은 전혀 자명하지 않다. 무슨 말이냐면, 만약에 우리가 매트릭스 안에서 살고 있다면, 즉 나는 나의 뇌와 동일하고 나의 뇌는 지금 본에 있는 것이 아니라 우주 정거장 어딘가에 있으면서 애초부터 전기 자극을 받고 있다면, 〈물〉의 의미를 묻는 질문은 정말 심각한 문제일 것이다. 왜냐하면 이 경우에 나는 진짜 물을 한 번도 본 적이 없으니까 말이다. 이제껏 내가 물에 대해서 숙고할 때마다 매트릭스 기계가 나에게 물-생각을 주입했던 것이고, 아이인 나에게 사람들이 〈물〉의 의미를 가르쳐 준다고 나 스스로 생각했을 때에도, 그 모든 것은 극단적인 환상이었다. 나는 물과 접촉한 적이 한 번도 없다.

매트릭스 안의 뇌로서 내가 물에 대해서 아는 모든 것은 단지 나의 상상에, 실은 나와 연결된 기계가 일으키는 나의 환각에 기초를 둔다. 금세 알 수 있듯이, 이 끔찍한 시나리오에서 우리는 무언가에 대한 진짜 앎을 결코 가질 수없다. 우리의 모든 외견상의 앎은 매트릭스 기계가 — 이를테면 단지 우리 뇌를 온전한 상태로 보존하기 위해 —

우리에게 공급하는 가짜 인상들로 이루어진 것이다. 멋진 꿈을 꾸는 뇌는, 자신이 단지 에너지원으로써 기계에게 이용당하고 있음을 알아채고 아마도 서서히 만성 우울증에 빠져들어 결국 사멸하는 뇌보다 더 잘 보존될 수 있을 것이다.

이 모든 시나리오는 끔찍하게 들린다. 더구나 신경중심주의가 우리에게 더없이 진지하게 진실이라면서 알려 주려 하는 바가 다름 아니라, 우리는 본질적으로 통 속의 뇌에 불과하다는 점이라면 끔찍함은 더욱 가중된다. 신경중심주의에 따르면, 우리는 두개골 속에 갇힌 뇌다. 우리의 생각은 진화에 의해 조종된다. 우리가 진실이라 여기는 모든 것이 우리에게 그럴싸하게 나타나는 이유는, 단지 뇌로서의 우리와 연결된 바이오 기계가 특정한 이기적 이익을 추구하기 때문일 따름이다. 그 바이오 기계는 자신의 DNA를 퍼뜨리려 하며 그 외에는 어떤 목적도 없이 그저 생존하려 한다. 그저 생존하는 것이 전부다. 요컨대 신경중심주의의 가르침에 따르면, 우리는 낯선 과정들과 기계들 ― 진화, 유전자들, 신경 전달 물질들 등 ― 에 의해 조종되는 통 속의 뇌. 이 가르침은 「매트릭스」의 바이오 버전이라고 할 만하다. 그런데 바이오가 테크노보다 항상 더 좋은 것은 아니다.

당연히 퍼트넘은 이 끔찍한 시나리오에 머무르지 않는

다. 오히려 그는 다른 시나리오를 상상해 냄으로써 우리가 통 속의 뇌일 수 없는 이유를 생생히 설명한다. 당신은 지금 해변에 와 있고, 눈앞에서 개미들이 기어 다니며 특이한 궤적을 그린다고 상상해 보자. 자세히 보니, 그 궤적은 모래에 그린 윈스턴 처칠의 초상화 같다. 이때 질문은 이것이다. 개미들은 윈스턴 처칠을 알고 지금 그의 초상화 모래 그림을 완성한 것일까? 이것은 원숭이가 타자기를 서툴게 두드려서 『파우스트Faust』 1부를 타이핑했다는 것과 마찬가지로 상상할 수 없는 일이다. 개미들은 윈스턴 처칠을 모르고, 원숭이는 『파우스트』를 모른다. 개미와 원숭이를 깎아내릴 생각은 없지만, 그 동물들은 우리의 생활세계를 전혀 모른다. 이는 우리가 그 동물들의 생활세계를 전혀 모르는 것과 마찬가지다. 개미들이 페로몬, 곧 냄새 물질을 통해 서로 소통할 때 체험하거나 생각하는 바에 대해서 내가 무엇을 알겠는가? 원숭이는 진화론적으로 우리와 더 가깝기 때문에, 우리는 일부 원숭이들을 인간과 유사한 동물로 지체 없이 지목한다. 그렇다고 이것이 우리가 그 원숭이들의 생활세계를 표상할 수 있다는 의미는 아니다.

　해변의 개미들은 윈스턴 처칠의 초상화를 그릴 능력이 단적으로 없다. 왜냐하면 그 녀석들은 윈스턴 처칠을 절대로 알 리가 없으니까 말이다. 처칠이 한때 살아서 활동했다는 것을 개미들이 안다면, 이는 기적일 것이다. 개미들이 대체 어디에서 그런 정보를 얻겠는가? 누가 개미들에게 처칠에 관해 설명하려 든다 쳐도 개미들이 그 설명을 어떻게 이해하겠는가?

이어서 퍼트넘은 두 가지 시나리오를 종합한다. 만일 우리가 통 속의 뇌라면, 개미들이 처칠에 대해서 아무것도 모르고 원숭이가 『파우스트』에 대해서 아무것도 모르는 것과 마찬가지로, 우리는 물에 대해서 아무것도 모를 것이다. 통 속의 뇌는 물과의 진정한 접촉을 결여하고 있을 것이다. 물을 만지고 보고 마셔 본 것에 존립하는 진정한 접촉을 말이다. 마찬가지로 개미들은 처칠과의 진정한 접촉을 결여하고 있다. 이 진정한 접촉은 역사 수업에서 처칠에 대한 이야기를 들어 본 것, 그리고 예컨대 유튜브나 텔레비전 다큐멘터리나 책에서도 처칠을 본 적이 있는 것에 존립한다.

일반적인 결론은 이러하다. 가엾은 통 속의 뇌들은 그들 자신의 상상을 넘어서는 무언가에 대해서는 아무것도 모른다. 이는 그 뇌들이 우리 언어와 약간이나마 유사한 언어조차 보유하지 못함을 의미한다. 그 뇌들이 사용하는 모든 단어들은 단지 환각이 빚어낸 에피소드들과 대상들을 가리킨다. 그 뇌들은 물, 땅, 친구, 바닥 난방, 손가락을 모른다. 단지 우리가, 우리 언어는 단지 우리 안에서 내적으로 일어나는 일을 끊임없이 보고하는 것이 아니라 우리가 속한 공적인 환경에 대해서 말한다는 사실을 간과하기 때문에, 우리 자신이 그런 통 속의 뇌들일 수도 있다고 상상할 뿐이다.[14] 이것이 외재주의의 기본 발상이다.

우리가 어린아이일 때 처음으로 익히는 단순한 단어들이 외부 세계와 아무 관련이 없고 단지 어린아이들이 자신의 정신적 상들에 붙이는 꼬리표들에 불과하다는 믿음은 새삼 호문쿨루스를 불러들인다. 그 믿음은 어린아이가 그 자신의 정신 안에 갇혀 있다는 생각을 함축하니까 말이다. 그 어린아이의 내적인 무대 위에 표상들이 나타나고, 오직 그 어린아이만 그 표상들을 본다. 그 어린아이는 그 표상들에 이름표를 붙이고, 얼마 동안 노력한 끝에 자신의 인상들 중 일부를 〈엄마〉로, 다른 일부를 〈아빠〉로, 또 다른 일부를 〈맘마〉로 부른다. 그 어린아이는 다름 아니라 호문쿨루스다.

통 속의 뇌들에 관한 끔찍한 시나리오들에도 불구하고, 우리 모두는 각자가 어떤 타인도 도달할 수 없는 내면을 보유하고 있다고 생각하기를 좋아한다. 이 모든 것이, 삶 전체가 사적인 무대 위에서 벌어지는 연극이고, 우리가 없으면 그 연극은 존속하지 않을 것이라고 우리는 즐겨 생각한다. 다채로운 실재 전체가 우리의 죽음과 함께 종결된다고 우리는 상상한다. 마치 모든 각각의 죽음이 온 세계의 종말이기라도 한 것처럼 말이다. 하지만 우리는 그토록 중요한 존재는 아니다.

어리석은 아우구스트는 어떻게 전능을 반박하려 했는가

우리가 통 속의 뇌, 혹은 (결국 똑같은 얘기지만) 두개골 속의 뇌라는 생각은 자기애적 환상이다. 지그문트 프로이트는 저서 『토템과 터부』의 한 장에서 〈애니미즘, 마술, 그리고 생각의 전능함〉이라는 제목 아래 자기애적 환상의 기본 구조를 탐구했다. 또한 퍼트넘도 같은 맥락에서, 개미들이 처칠의 초상화를 그렸다는 생각이나 통 속의 뇌가 순수하게 사적인 언어를 가졌다는 생각은 결국 언어적 의미에 관한 〈마술적 이론〉으로 귀결된다고 말한다.[15]

프로이트는 우리 모두에게 익숙한 현상, 곧 우리가 누군가를 생각하는데 갑자기 지하철 안에서 그와 만나거나 돌연 그의 전화를 받는 상황을 거론한다. 실제로 우리는 이런 예상치 못한 의미심장함을 드물지 않게 경험한다. 그럴 때면 우리 지구에서 일어나는 우연한 사건이 마치 모종의 방식으로 우리를 위해 설계된 것 같다는 느낌이 든다. 예컨대 오래 그리워하던 사람과 재회하는 날에 갑자기 찬란한 햇살이 비출 때, 혹은 친지가 죽는 순간에 갑자기 천둥이 치기 시작할 때 그런 느낌이 든다. 이런 경험들은 당연히 훨씬 더 강렬할 수 있으며, 외견상 우연적인 사건의 배후에 어떤 의도가 있는 것 같다는 인상을, 이 모든 쇼가

(「트루먼 쇼」에서처럼) 우리와 관련이 있다는 인상을 줄 수 있다. 이 모든 느낌과 인상이 지나치게 강해지면, 곧장 미신이나 심지어 정신병에 이르게 된다.

이와 관련한 프로이트의 견해는, 인류가 오랫동안 모든 우연한 사건을 마치 영(靈)적인 맥락의 표현인 양 여기며 살아왔다는 것이다. 프로이트는 이 관점을 애니미즘으로 명명한다. 오늘날에는 심지어 철학자들과 자연과학자들도 범심론이나 범종설(汎種說)의 형태로 애니미즘을 숙고한다. 앞에서 언급했듯이, 범심론에 따르면, 본질적으로 만물에 영혼이 깃들어 있고, 우리 정신은 단지 정신적 근본 힘의 복잡한 버전일 따름이며, 그 정신적 근본 힘은 예컨대 강한 핵력과 마찬가지로 실재한다. 범종설에 따르면, 지구에서 생명의 발생은 어쩌면 까마득한 과거부터 씨앗처럼 우주를 떠돌던 생명이 지구에 내려앉음으로써 이루어졌을지도 모른다.

하지만 프로이트 자신의 세계상도 애니미즘과 비슷한 수준이다. 무슨 말이냐면, 그는 우리를 상당히 원시적인 기계로 본다. 그가 리비도라고 부르는 욕망 흐름Luststrom에 항상 휩쓸리는 기계로 말이다. 프로이트가 보기에 우리의 정신적 삶의 본질은 쾌감들을 이런저런 방식으로 조직하는 것이다. 그 배후에는 아무것도 없다. 프로이트에 따르면, 우리는 진화를 통해 발생한 욕망 기계인데, 리비도의 통제를 벗어난 의도적 구조들이 존재한다고 우리 자신을 기만한다. 그리하여 프로이트는 호문쿨루스라는 관념도 반박한다. 하지만 그러면서 그는 우리가 실은 전혀 〈집주인Herr im Haus〉[16]이 아니라는 추측으로까지 나아간다. 따라서 자세히 보면, 프로이트는 호문쿨루스를 고수한다. 다만, 호문쿨루스를 반편이로 만들 뿐이다.

하지만 여기에 머물지 않고 프로이트는 터무니없는 과장에 빠져든다. 동시대의 — 니체를 필두로 한 — 많은 사람들과 마찬가지로 그는 생각이 전능하다는 상상이 환상임을 꿰뚫어보았지만, 그 때문에 너무 성급하게 우리의 의식 있는 생각들, 곧 우리의 〈나Ich〉(프로이트의 표현임)는 완전히 바보라는 결론을 내린다.

이때 《나》는 서커스에서 멍청한 아우구스트가 하는 우스꽝스러운 역할을 한다. 공연장 안의 모든 변화가 자신의 명령에 따라 일어난다는 확신을 관객에게 전달하기 위해 몸짓을 하는 아우구스트의 역할을 말이다. 하지만 가장 어린 관객들만 그를 믿는다.[17]

이 인용문은 몇 가지 점에서 더없이 혼란스럽다. 《나》가 익명의 힘들이 가지고 노는 공에 불과하다면, 멍청한 아우구스트의 역할을 하는 것은 과연 누구인가? 그를 멍청이로 간주하는 것은 다른 사람들이 더 영리하다고 여기기 때문이다. 단지 《나》라는 이유만으로 누구나 멍청한 아우구스트일 수는 없다. 그런 식이라면 아우구스트는 멍청하지 않고, 성인들은 아우구스트보다 더 영리하지 않다. 그렇다면 정말 궁금하다. 객석에 들어찬 많은 사람들은 과연 누구인가?

《나》는 멍청한 아우구스트라는 프로이트의 고백은 《나》 혹은 자아를 반박하거나 격하하기 위한 전형적인 전술이다. 다른 많은 사람들과 마찬가지로 프로이트는 호문쿨루스가 존재하지 않는다는 통찰을, 《나》 혹은 자아가 존재하지 않는다는, 혹은 다소 유용한 허구일 뿐이라는 자기 나름의 깨달음과 혼동한다. 그러면서 《나》 혹은 자아는 호문쿨루스가 아니라는, 또한 기나긴 정신 철학의 역사에서 《나》 혹은 자아를 거론한 사람들 가운데 《나》 혹은 자아를 호문쿨루스로 여긴 사람은 없다시피 하다는, 빤히 보이는 통찰을 외면한다!

그러므로 더 생산적인 논의를 위해서 프로이트를 다른 방식으로 참조하는 것이 바람직하다. 우리는 우리의 생각이 전능하거나 마술을 일으키지 않는다는 프로이트의 지적을 받아들이면서도, 우리의 생각이 어떤 힘도 지니지 않았으며 단지 한눈에 굽어볼 수 없는 야생의 대양 위에 나타나는 환상의 물결일 뿐이라는 결론은 내리지 않을 수 있다. 정신은 모종의 방식으로 모든 것이며 이미 우주 전체에 퍼져 있다는 — 생각은 전능하다는 — 주장을 즐거운 애니미즘fröhlicher Animismus으로 명명할 수 있다. 프로이트에게서 배울 수 있듯이, 이런 즐거운 애니미즘은 완벽한 자기과대평가의 표현이다. 다른 한편 정반대의 생각, 곧 우리는 기껏해야 서커스 공연장의 멍청한 아우구스트일 뿐이고 서커스 공연은 우리와 아무 상관이 없다는 생각은 완벽한 자기과소평가다. 나는 이를 — 널리 인용되는 헤겔의 용어를 떠올리면서 — 불행한 의식unglückliches Bewusstsein으로 부르고 싶다.

이 대목에서 보듯이, 철학의 전문 용어인 〈자기의식〉은 오늘날 일상에서 〈자존감Selbstwertgefühl〉과 같은 뜻으로 쓰이는데, 실제로 두 단어는 관련이 있다. 우리의 의식에 대한 소견, 곧 의식에 대한 의식은 우리가 의식에 어떤 가치를 부여하느냐와 맞물려 있다. 그렇기 때문에, 인간 정신은 무엇인가에 대한 이론은 흔히 — 프로이트풍으로 짐작하자면, 심지어 항상 — 우리 자신의 자존감을 반영한다.

이 밖에도 아주 많은 일련의 문제들이 자기의식과 얽혀 있다. 그 문제들은, 과연 어떻게 우리가 한편으로 무언가에 대한 의식을 가지면서 다른 한편으로 의식에 대한 의식을 가질 수 있는지를 정확히 떠올리기가 어렵다는 점에서 비롯된다. 의식과 자기의식은 어떻게 연결될까?

이런 질문을 스스로에게 던져 보자. 당신이 특정한 의식 상태에 있으면서 그 의식 상태에 관한 질문에 대답하지 못하는 것이 가능할까? 우리는 우리의 의식적 인상을 항상 의식적으로 체험하고, 그 인상들에 대해서 이러저러하게 보고할 수 있는 것처럼 보인다. 이 진단을 기초로 삼아서 번듯한 이론 분파 하나가 형성되었다. 그 분파는 오늘날 HOT, 곧 〈상층 이론higher-order theory〉으로 불린다.

엄밀히 따지면, 상층 이론 역시 새 부대에 담은 옛 포도주다. 이 이론의 기본 발상들은 칸트의 『순수이성비판』에서 처음으로 서술된 후 그의 후계자들, 특히 《나》의 거장 피히테(〈피히테Fichte〉라는 이름 속에도 〈나ich〉가 들어 있다)에 의해 더 발전되었다.[18] 칸트와 피히테는, 우리가 우리 의식에 대한 더 높은 층위의 의식을 모든 각각의 개별 의식 상태에 동반시킬 수 있다는 점을 우리 의식의 결정적 특징으로 여겼다. 예컨대 나는 지금 바닐라 요구르트를 먹었기 때문에 바닐라 맛을 느끼고, 이 사실을 당신에게 알려 줄 수 있다. 이와 똑같이, 나는 지금 내 모니터에 글자들이 나타나는 것을 보고, 내 손가락들이 거의 부지불식간에 자판을 두드리는 것을 느끼고, 내 몸이 의자에 닿은 것을 감지하면서, 이 모든 것을 보고할 수 있다. 또한 우리는 자기의식에 도달함으로써, 즉 우리의 의식을 다룸으로써, 우리의 인상을 강화할 수 있고 어느 정도까지는 조작할 수 있다.

하지만 자기의식은 불안을 일으킬 수도 있다. 이 사실은 하인리히 폰 클라이스트의 작품에서 생생하게 묘사되는데, 클라이스트는 칸트의 철학에서 심한 당혹감을 느낀 작가다. 심지어 그 당혹감을 클라이스트의 〈칸트-위기Kant-Krise〉라고 부르는 사람들도 있다. 클라이스트는 『인형극에 관하여Über das Marionettentheater』라는 짧지만 놀랄 만큼 훌륭한 글을 썼다. 이 작품에서 그는, 우리가 우리의 의식에 대한 의식에 도달하기 때문에 불안해질 수 있다는 현상을 탐구한다. 작품 속 한 장면은 목욕탕 안의 두 남자에 관한 것이다. 한 남자(열여섯 살 먹은 소년)가 발을 들면서 특정한 몸짓을 하는데, 두 남자 모두 그 몸짓에서 조각상의 모티브로 잘 알려진 〈가시 뽑는 남자Dornauszieher〉를 연상한다. 그 모티브는 젊은 남자가 발바닥에서 가시를 뽑는 모습이다(프로이트가 이 모티브를 알았다면 기뻐했을 것이다. 가시는 뽑아야 한다!).

이 장면에 동성애적 함의와 관용하기 어려운 소아성애적 함의가 풍부하게 들어 있다는 점은 오인의 여지가 없다(특히, 토마스 만의 『베니스에서의 죽음』에서 구스타프 폰 아셴바흐가 사랑하는 상대 타치오를 가시 뽑는 남자에 빗댄다는 사실을 생각하면). 하지만 그 문제는 제쳐 두자. 아무튼 클라이스트가 제기하는 결정적인 논점은, 소년의 몸짓을 보는 연상의 남자가 웃음을 터뜨리면서 그 모습에서 우아함을 전혀 보지 못한 척함으로써 소년을 화나게 하는 것에서 발생한다.

그가 발을 말리기 위해 걸상 위에 얹는 순간 커다란 거울로 던진 시선은 그로 하여금 그것(가시 뽑는 남자)을 떠올리게 했다. 그는 미소를 지으면서 자신이 어떤 발견을 했는지 나에게 말했다. 실제로 나도 그 순간에 똑같은 발견을 했다. 하지만 그에게 깃든 우아함의 안정성을 시험하기 위해서였는지, 그의 자만심이 약간 치유되도록 대처하기 위해서였는지, 나는 웃으면서 그가 유령을 본 모양이라고 대꾸했다. 그는 붉어진 얼굴로 다시 발을 들어 나에게 보여주었다. 하지만 쉽게 예상할 수 있듯이, 그 시도는 실패로 돌아갔다.[19]

여담이지만, 미국 시트콤 「사인펠드Seinfeld」 시즌 6의 첫 에피소드 「더 섀퍼론The Chaperone」의 주제도 우아함이다. 거기에서 우아함은, 사람이 우아함을 획득할 수는 없다는 사실과 더불어 대화의 중심에 놓인다. 우아함을 획득하려는 시도는, 사람이 우아함을 이미 보유해야 하고 우아함을 의식적으로 산출할 수는 없다는 점 때문에 실패로 돌아간다. 일레인은 이 쓰라린 경험을 구직 면접에서 한다.

랜디스: 두말하면 잔소리죠, 재키 오는 대단한 여성이었어요. 일이 좀 힘들기는 할 거예요. 누구나 재키를 좋아했죠. 그 사람은 뭐랄까 정말⋯⋯. 우아했어요.

일레인(과장된 어투로): 바로 그거예요! 우아함!

랜디스: 우아한 사람은 많지 않아요.

일레인: 하긴 그래요, 우아함이라는 게 쉽진 않죠. 저는 약간 우아하다고 자부하고 싶은데⋯⋯ 물론 재키만큼은 아니고요.

랜디스: 〈약간 우아할〉 수는 없어요. 우아하든지, 우아하지 않든지, 둘 중 하나예요.

일레인: 예, 알겠습니다. 저는 우아하지 않아요.

랜디스: 그리고 당신은 우아함을 획득할 수 없어요.

일레인: 뭐, 어차피 저는 우아함을 〈얻을〉 생각이 없어요.

랜디스: 우아함은 시장에서 살 수 있는 물건이 아니죠.

일레인(그만 하자는 투로): 알겠어요, 알겠다고요. 그래요, 저는 우아하지 않아요. 우아하기를 바라지도 않아요⋯⋯ 심지어 밥 먹기 전에 기도도 안 해요.* 이제 됐어요?

랜디스: 면접에 참가해 줘서 고마워요.

일레인: 그럼요, 그렇고말고요.

---

* 영어 〈say grace〉는 〈식전 기도를 하다〉를 뜻하지만 문자 그대로의 뜻은 〈우아함을 말하다〉라는 점에서 착안한 말장난이다.

238

우리가 우리의 의식으로 우리의 의식을 향하면, 우리의 의식이 변화할 가능성이 있다. 한 장면이 우아한가, 혹은 한 몸짓이 성공적이었는가라는 질문의 대답은 항상 우리가 그 장면과 몸짓을 어떤 방식으로 더 정확하게 이해하는가에 달려 있다. 그리고 그 이해의 과정에 항상 주관적 요소들이 끼어든다. 우리 인상들의 가치 평가에 대해서 의심이 생기면(그 의심은 우리 자신에 의해 유발될 수도, 타인들에 의해 유발될 수도 있다) 우리의 인상들 자체가 변화할 수 있다.

이 현상의 배후에는 아주 일반적인 문제 하나가 숨어 있다. 그 문제는 칸트뿐 아니라 그의 뒤를 이은 피히테와 헤겔에 의해서도 꽤 정확하게 탐구되었으며, 이들의 탐구는 여러 분야들 중에서도 특히 다양한 낭만주의 집단들에게 영향을 미쳤다. 또한 그 탐구는 결국 현대 심리학이 무의식 탐구에서 이룬 커다란 성취들로 이어졌다.

칸트, 피히테, 헤겔이 모두 발견한 일반적인 문제의 핵심은 의식이 항상 자기의식을 동반한다고 주장할 수 없다는 것이다. 다시 말하자면, 우리의 모든 의식 상태가 항상 상위의 평가 담당자에 의해 감시된다고 주장할 수는 없다. 만약에 그렇게 주장할 수 있다면, 그 상위의 담당자도 의식이 있는가라는 질문이 곧바로 제기된다. 만약 그 담당자가 의식이 있다면, 그 첫째 담당자를 감시하는 더 상위의 담당자도 존재해야 한다. 왜냐하면 의식을 감시하는 상위의 담당자가 존재한다는 것은 우리가 정의한 의식의 필수 조건이니까 말이다. 따라서 문제적인 무한 후퇴가 발생한다. 즉, 각각의 의식에 대해서 다시금 한 의식이 필요하게 된다.

이 대목에서 당연히 다음과 같은 타개책을 시도할 만하다. 상위의 담당자(자기의식)가 자기 자신을 감시할 수 있다면, 문제가 간단히 해결되지 않을까? 그렇다면 그 담당자는 의식을 감시하면서(혹은 평가하면서) 또한 자기 자신을 감시하는(혹은 평가하는) 이중의 과제를 짊어질 것이다.

하지만 이 타개책이 작동하지 않는다는 점을 간단한 예를 통해서 알 수 있다. 당신이 당신 자신을 상대로 전략 보드게임 ― 이를테면 체스나 〈나인 멘스 모리스〉 ― 을 한다고 상상해 보라. 누구나 알다시피, 그런 시도는 실패하기 마련이다. 정말로 자기 자신과 맞서서 체스를 둘 수는 없다. 왜냐하면 자신의 계획을 상대에게 숨기는 것이 불가능하므로, 복잡한 계획을 짜는 것 자체가 전혀 무의미해지기 때문이다. 이것은 자기 자신을 감시하는 자기의식이 처하게 되는 상황과 유사하다. 그 상황은 악순환으로 이어질 위험이 있다. 불가능한 형태의 자기감시를 통해 자기의식을 산출하려 하는 악순환 말이다. 자기감시를 통해 자기 자신을 산출하려 하면, 계속 후퇴하게 되거나 아니면 순환에 빠진다.

순환하는 자기의식

이 같은 구조를 우리는 철학적 자기의식 이론에서 배울 뿐 아니라 일상에서도 익숙하게 경험한다. 예컨대 우리가 해변에서 실컷 먹고 빈둥거리며 휴가를 보내고 나서 이제 다이어트를 시작하려 한다고 해보자. 그런데 우리가 무심코 들어간 식당이 공교롭게도 맛이 최고라고 소문이 자자한 피자를 파는 식당이다. 우리는 정말 맛없지만 우리의 다이어트 계획에 적합한 샐러드와 유혹적인 피자 중에 하나를 선택할 수 있다. 이 대목에서 자기의식이 개입하여 우리의 의식을 평가하기 시작한다. 우리의 한쪽 어깨 위에 꼬마 천사가 올라타고 반대 쪽 어깨 위에 꼬마 악마가 올라타 경쟁적으로 우리를 설득하는 익숙한 상상의 장면에서처럼 말이다. 그리하여 흔히 거의 알아챌 수 없는, 곧 거의 무의식적인 줄다리기가 시작된다. 그러다가 어느 순간엔가 결정이 내려지고, 꼬마 악마와 꼬마 천사는 당분간 사라진다.

하지만 이 모든 상황에서, 꼬마 악마와 꼬마 천사의 배후에 또 누군가가 있어서 이들을 평가하는 것은 아니다. 설령 그런 누군가가 있더라도, 그러니까 또 다른 목소리가 끼어들어 예컨대 꼬마 악마가 나쁘다고 말하더라도, 이 목소리의 배후에 또 다른 목소리가 있지는 않을 것이다. 이런 연쇄의 사슬은 어딘가에서 — 일반적으로 꼬마 악마와 꼬마 천사에서 — 종결된다. 내면의 목소리를 들을 때 우리는 그냥 그 목소리만 듣는다. 그 목소리에 대한 논평이 함께 들리지는 않는다.

이 상황을 조금 더 명확하게 살펴보자. 만일 의식과 다르며 의식에 동반된 자기의식이 존재함을 통해서만 의식이 존재한다면, 이런 질문이 제기된다. 그 자기의식에 동반된 또 다른 자기의식도 있을까? 우리는 의식이 정의상 항상 자기의식을 동반할 수 있다고 전제했으므로, 이 정의상의 조건은 자기의식에도 적용된다. 그렇다면 우리는 곧장 무한히 많은 층위들을 마주하게 된다. 의식, 의식에 대한 의식, 의식에 대한 의식에 대한 의식 등을 말이다. 이것은 진정한 의미의 무한 후퇴, 무한을 향해 계속 이어지는 뒷걸음질이다. 의식을 가지려면, 의식에 대한 의식이 필요하다. 의식에 대한 의식을 가지려면, 의식에 대한 의식에 대한 의식이 필요하다. 이런 식으로 끝없이 더 상위의 의식이 필요하다.

이 이론은 실패작이다. 그래서 전통적으로 철학자들은 (특히 칸트와 피히테의 자기의식 이론에서는) 단순한 자기의식에서 후퇴가 종결된다는 생각을 선호했다. 그러면서 또한 그 단순한 자기의식이 자기 자신을 관찰할 수 있다고 여겼다. 자기의식의 자기 관찰이 불가능하다면, 애당초 자기의식이 존재한다는 것을 우리가 어떻게 알겠는가? 이를 일컬어 순환 문제Zirkelproblem라고 한다. 자기의식은 자기 주위를 회전하며 오로지 그렇기 때문에 자기가 존재한다는 것을 안다. 그런데 그렇다면, 평가하는 담당자 곧 자기의식이 없더라도 자기를 의식하는 의식이 존재하게 된다. 이것은 애초의 전제, 곧 의식이 상위의 담당자와 맞물려 있다는 전제와 모순된다.

칸트는 이 같은 순환 문제를 명확하게 알아챘다. 우리가 자기의식을 가졌다면, 우리는 이미 의식에 대한 의식을 가졌어야 한다. 그 의식에 대한 의식을 우리는 무(無)로부터 〈펑〉하고 만들어 낼 수 없다. 따라서 우리가 그 의식에 대한 의식을 설명할 때, 무엇에 대해서 이야기하는지 전혀 모르는 척하는 그런 관점에서 설명할 수는 없다. 칸트는 이를 다음과 같이 약간 복잡하게 표현한다.

이러한 생각하는 《나》 혹은 그 혹은 그것(그 사물)이 나타내는 바는 단지 생각의 초월적 주체 = X일 뿐이다. 그 주체는 오직 그것의 술어들인 생각들을 통해서만 인식되며, 그 주체를 따로 떼어 놓으면 우리는 그 주체에 대해서 결코 최소한의 개념조차 가질 수 없다. 따라서 우리는 변함

없는 원 궤도를 그리며 그 주체의 주위를 돈다. 즉, 우리가 그 주체에 대해서 무어라 판단하려면, 우리는 항상 이미 그 주체에 대한 표상을 사용해야 한다.[20]

여기에서 칸트는 생각하는 《나》 혹은 그 혹은 그것〉을 언급하면서 그렇게 언급되는 놈의 정체를 열어 놓는다. 그 이유를 그는 다음과 같이 제시한다. 의식에 대한 우리의 표상은 본질적으로 우리가 생각의 담당자를 어떻게 표상하느냐에 의존한다. 과연 누가 혹은 무엇이 생각을 가질까? 우리 안에서 과연 누가 혹은 무엇이 생각할까? 칸트의 대답은, 우리가 이 질문의 답을 제대로 알 수 없다는 것이다. 왜냐하면 우리가 생각 담당자의 정체를 알아낼 수 있으려면, 우리는 먼저 그 생각 담당자를 표상해야 하기 때문이다. 칸트에 따르면, 우리는 생각 담당자에 대한 표상의 배후로 가서 의식의 숨은 정체를 — 의식이 과연 불멸의 영혼인지 혹은 뇌인지 — 알아내지 못한다.

이 결론은 칸트의 후계자들을 만족시키지 못했다. 아닌 게 아니라, 사람들은 생각의 담당자가 과연 누구 혹은 무엇인지 알고 싶어 한다. 우리wir가 생각들을 생각하는 놈일까, 혹은 우리 안에서 그것es이 생각할까? 이것은 칸트와 같은 시기에 활동한 게오르크 크리스토프 리히텐베르크가 다음과 같은 글을 쓸 때 숙고한 질문이기도 하다.

우리가 의식하는 일부 표상들은 우리에게 의존하지 않는다. 다른 표상들은 우리에게 의존한다고 최소한 우리는 믿는다. 전자와 후자를 가르는 경계는 어디일까? 우리는 단지 우리의 감각, 표상, 생각의 존재를 알 뿐이다. 〈Es blitzt(번개가 친다)〉라고 말하듯이, 〈Es denkt(그것이 생각한다)〉라고 말하는 것이 바람직하다.[21]

이 대목에서 이미 피히테와 헤겔이 방금 우리가 간략하게 접했던 사회적 상호작용주의라는 해결 전략을 탐구했다. 이 전략은, 자기의식이 존재할 수 있으려면 둘 이상의 의식들이 존재해야 한다는 것을 출발점으로 삼음으로써 문제를 해결한다. 피히테와 헤겔의 주장에 따르면, 우리는 타인들에서 의식을 지각하기 때문에 의식을 이해하고 또한 자기의식을 가지며, 그러면 타인들은 우리와의 상호작용을 통해 자기들의 자기의식을 — 말하자면 — 우리 안에 설치한다installieren.

어쩌면 당신은 이 전략의 기본 발상을 다른 맥락들(교육학이나 심리학)에서 많이 접했을 것이다. 특히 널리 받아들여지는 생각으로, 〈양심의 목소리〉 곧 우리 안의 평가 담당자는 교육을 통해 발생한다는 것이 있다. 그 생각에 따르면, 우리 안의 양심은 우리의 부모와 기타 교육자들이 설치한 것이다. 그렇다면 양심은 자기의식 일반과 마찬가지로 사회적 인공물이다.

볼프강 프린츠는 최근에 저서 『거울 속의 자아』에서 이 생각을 다시금 펼치면서 〈자아〉는 오로지 〈타인들을 통해 발생할 수 있다〉는 주장을 내놓았다.[22] 그는 자신의 전제들에 일관되게 논증을 펼쳐서 결국, 먼저 타인들에게서 의도들을 학습하지 않으면 우리 중에 누구도 의도들을 가질 수 없다는 결론에까지 도달한다.

나의 주장은 이것이다. 행위자성Agentivität과 의도가 맨 처음에 지각되고 파악될 때는 타인들 안에서 작동하는 행위자성과 의도로서 지각되고 파악된다. 그리고 개인들은 오직 사회적 반영Widerspiegelung의 실행을 통해 이 표상들 (행위자성, 의도)을 자기 자신과 관련짓고 유사한 조종 메커니즘을 자신의 행위들에 적용하게 된다.[23]

내가 아는 한, 이 생각을 최초로 체계화한 인물은 피히테다. 그는 이 생각을 이런 경구로 표현했다. 〈사람은 (……) 사람들 사이에서만 사람이다 (……) ─ 사람이 있으려면, 여러 사람이 있어야 한다.〉[24] 피히테는 이 구조를 〈인정Anerkennung〉이라고 부른다. 피히테에 따르면, 어느 순간엔가 우리는 하나의 자아로서 살라고 부추기는 요청을 받는다. 그 요청은 조종 메커니즘으로서 설치되고, 이런 식으로 우리는 자기의식에 도달한다.

얼핏 들으면 이것은 흠잡을 데 없이 그럴싸한 생각으로 느껴진다. 실제로 이 생각은 우리가 어떻게 혹은 누구로 되어야 하는가에 관한 표상들을 우리 자신이 어떻게 내면화하는지 설명해 준다. 우리가 가치들과 행동 패턴들을 우리의 사회적 환경으로부터 받아들인다는 것은 확실히 옳으며, 이것 역시 어떤 식으로든 설명되어야 한다.

그러나 이 생각은 사회적 상호작용주의를 과도하게 밀어붙인다. 내가 이미 나름대로 의식을 보유하고 따라서 자기의식을 보유하지 않았다면, 내가 타인을 하나의 자기의식으로서 알아채는 것이 대체 어떻게 가능하겠는가? 〈타인들이 나에게 의식을 가지라고 요청하는 것을 보니 그들은 의식을 가졌구나〉라는 학습을 통해서 비로소 내가 의식을 갖게 된다는 것은 있을 수 없다. 비유하자면, 전혀 포맷되지 않은 정신에 자기의식을 업로드하는 것은 전혀 불가능할 것이다. 자기의식들의 개수를 늘림으로써 무한 후퇴의 문제나 순환 문제를 해결할 수는 없다.

이를 최초로 알아챈 인물은 아마도 헤겔이다. 그는 저서 『정신현상학』에서 피히테의 문제 해결 시도를 비판한다. 헤겔이 지적하는 바는, 자기의식이 복수(複數)로 존재한다는 전제를 통해서 자기의식에 대한 이해가 향상되지는 않는다는 점이다. 아닌 게 아니라, 무언가에 관한 문제가 있을 때, 그 무언가를 단순히 여럿으로 늘리는 것은 문제의 해결이 전혀 아니다!

더 나아가 사회적 상호작용주의자들에게 이런 질문을 던질 수 있다. 우리가 돌멩이에 자기의식을 집어넣지 못하는 이유는 무엇인가? 그것은 아마도 돌멩이는 자기의식을 가질 잠재력조차 보유하지 못했기 때문일 것이다. 우리를 향한 요청이 제출되려면, 말 걸 수 있는 개인일 잠재력이 이미 갖춰져 있어야 한다. 물론 실제로 우리는 조종 메커니즘들, 그리고 행위 과정들과 역할들에 관한 복잡한 표상들, 기타 많은 것들을 사회적 상호작용을 통해 학습한다. 그러나 애당초 의식과 자기의식을 보유하는 법을 이런 식으로 학습할 수는 없다. 이 층위에서 사회적 상호작용주의는 좌초한다.

그럼 어떻게 되는 것일까? 자기의식이 자기를 이해하려는 모든 시도가 원리적인 문제들에 부딪혀 좌초하므로, 자기의식은 어쩌면 전혀 존재하지 않는 것일까? 앞서 보았듯이, 의식을 의식 자신을 통해 설명할 수는 없다. 자기의식을 일종의 상위 의식으로 이해하면, 타개할 수 없는 상황 곧 아포리아에 빠진다. 의식은 인간 정신의 모든 문들을 여는 열쇠가 아니다. 이 사실을, 우리가 의식을 의식 자신을 통해 설명해야 하는 난관에 빠지는 것에서 벌써 알 수 있다. 또한 그 난관은 방금 간략히 언급한 자기의식의 문제들을 초래한다. 우리가 우리 자신을 정신적인 생물로 이해하고자 한다면, 우리가 의식이 있음을 확인하는 것으로는 불충분하다. 그렇기 때문에 의식 철학은 — 하물며 신경 철학은 — 자기인식의 나라에 있는 현자의 돌이 아니다.

우리는 우리 자신을 찾는 중이다. 자기인식에 도달하려 한다면, 먼저 이런 질문을 던지는 것이 합당하다. 우리가 인식하고 싶어 하는 자아는 과연 어떤 것들일 수 있을까? 지금까지 우리가 논한 자아의 후보자 둘은 의식과 자기의식이다. 양쪽 논의 모두에서 핵심은, 우리는 과연 누구 혹은 무엇인가라는 질문의 대답들, 즉 우리 자화상의 요소들이었다. 우리는 우리 자신을 의식 혹은 자기의식으로 간주할 수 있다. 이때 의식으로서의 우리 자신에 관한 서술과 자기의식으로서의 우리 자신에 관한 서술은 서로 연결된다. 그러나 우리가 접한 다양한 아포리아들과 막다른 골목들이 보여 주듯이, 그런 서술만으로는 불충분하다. 그럼에도, 의식 개념 및 자기의식 개념에 대한 우리의 이해에 동반된 함정들과 아포리아들 중 일부를 더 정확히 살펴보는 것은 중요한 작업이었다.

4장

《나》는 대체 누구인가, 혹은 무엇일까?

《나das Ich》는 심상치 않은 개념이다. 오늘날 이 개념은 〈자아das Selbst〉와 더불어, 생각하기, 느끼기, 의지하기의 통제 센터를 가리키는 이름으로 막연하게 사용된다. 통상적으로 신경중심주의자들은《나》혹은 자아는 그 존재가 뇌에서 입증되지 않으므로 존재하지 않는다고 주장한다. 또한 동시에 일부 신경중심주의자들은,《나》는 뇌가 산출하는 일종의 시뮬레이션이라고 주장한다. 예컨대 마인츠 대학교의 의식 철학자 토머스 메칭거가 이 주장을 특히 뚜렷하게 내놓는데, 그에 따르면《나》는 〈투명한 자아 모형〉이며, 그 모형은 우리가 우리의 눈 바로 뒤에 있는 〈자아 터널Ego-Tunnel〉을 통해서 직접 접근 가능한 실재를 내다본다는 인상을 우리에게 제공한다.[1]

그런데 이 주장을 곱씹어 보면,《나》는 한편으로는 존재하지 않으면서 — 이것이 뇌 과학과 진화론을 통해 입증되었다고들 하는 놀라운 주장이다 ─ 다른 한편으로는 단지 영구적인 사물로서 존재하지 않을 뿐, 자아-터널로서는 아무 문제없이 존재한다는 모순을 발견하게 된다. 메칭거에 따르면, 우리는 사회에 따라 다르게 발생할 수 있는 자아 모형들을 다수 보유하고 있으며, 그 모형들이 이룬 구조는 진화의 냉혹한 생존 투쟁 속에서 선택을 통해 형성된 것이다.

뭐, 그럴 수도 있겠다. 아무튼 확실한 것은, 어느 단계에선가 메칭거가 상향식 설명을, 즉 인간 뇌와 같은 복잡한 신경 생물학적 구조물들이 수백만 년에 걸친 진화 과정에서 발생했다는 설명을 시도하리라는 점이다. 실제로 메칭거에 따르면, 생물들의 자아 모형 산출 능력은 〈인지적 군비 경쟁의 와중에 생겨난 무기〉다.[2] 하지만 그렇다고 해서 그가 자아의 존재를 공식적으로 부정하는 것은 아니다. 만일 부정한다면, 한편으로는 《나》도 없고 자아도 없다고 주장하면서 다른 한편으로는 존재하지 않는다는 《나》를 서술하는 모순에 빠질 테니까 말이다. 물론 그 서술은 비유적으로 기술과 전쟁을 언급한다는 점에서 특별하지만, 단지 그 점에서만 특별하다.

나는 인간의 자아 모형을 신경 계산학적neurocomputa-tional 무기로서, 특정한 데이터 구조로서 고찰하기를 즐긴다. 뇌는 그 특정한 데이터 구조를 때때로 활성화할 수 있다. 예컨대 우리가 아침에 깨어나면서 감각 지각과 우리의 신체 동작을 협응시켜야 할 때 그러하다. 자아-기계는 간단히 그 기계 자신의 현상적 자아를 켠다. 그리고 그 순간, 우리는 또렷한 의식을 되찾는다.[3]

《나》혹은 자아가 사물들 사이의 한 사물이 아니라는 것은 전적으로 옳다. 《나》는 쥐, 고양이, 매트리스와 나란히, 이것들이 속한 층위와 똑같은 층위에 존재하지 않는다. 그 똑같은 층위에 《나》가 존재한다고 생각하는 사람이 있다면, 그는 실제로 착각하는 것이다. 그러나 다원주의적이고 전투적인 색조를 띤 비유에 기초하여 〈우리는 실은 아무도 아니다〉라고 단언함으로써 우리의 《나》를 떨쳐 낼 수는 없다.[4] 만일 자신을 통제 센터로서 체험하는 《나》가 의식적인 사용자-인터페이스로서 하나의 시뮬레이션이고, 그 시뮬레이션을 통해서 터널과 유사한 자아 모형이 발생한다면(이것은 그 얼마나 특이한 자아 서술인가!), 《나》는 존재한다.

시뮬레이션은, 물방울이 존재하는 것에 전혀 뒤지지 않게, 존재한다. 최신 뇌 과학이 보증한다고들 하는 놀라운 발견, 곧 《나》가 존재하지 않는다는 발견의 놀라움은, 사람들이 《나》는 두개골 속에서 찾을 수 있는 사물이어야 한다는 기대를 우선 품은 다음에 〈두개골 속에서 나를 발견할 수 없다〉라는 발견으로 그 기대를 뒤엎는 데서 나온다. 하지만 대관절 왜 《나》 혹은 자아는 사물이어야 한다고 기대해야 할까? 이 기대는 근대적 자연주의를 전제로 한다. 즉, 존재하는 모든 것을 자연과학적으로 탐구할 수 있음을 전제로 한다. 그러나 다른 취지의 단언들에도 불구하고, 《나》 개념은 유지된다. 비록 시뮬레이션의 형태로 유지되더라도 말이다. 정작 진정한 질문은 이것이다. 이 심상치 않은 《나》가 대체 무엇이기에, 사람들은 《《나》는 어느 정도까지 시뮬레이션일까》라는 질문을 던지기까지 하는 것일까? 그리고 뇌 과학은 이 질문에 어느 정도까지 대답할 수 있을까?

그 밖에 이런 질문도 떠오른다. 메칭거는 자신의 자아-터널 인상이 허구라는 것을 어떻게 알까? 그 인상이 허구라고 말할 때 그는 의식적으로 체험한 내적 경험에 기초해서 그렇게 말하는 것이며, 그래서 문제가 발생한다. 그가 자신의 내적 경험을 서술하는 것은, 비행 시뮬레이터 안에 앉아 있는 것이 어떤 느낌인지를 전화로 서술하는 것과 유사하다. 아무튼 그런 서술은 내적 경험에 접근하는 자연과학적 방법이 아니다. 요컨대 일부 의식 철학자와 신경과학자는 자아를 자기 눈 바로 뒤에 있는 터널로서 체험할 수도 있을 것이다. 그리고 나는 이 체험이 뇌의 개입으로 발생하는 환상(뇌는 모든 환상 체험에 개입한다)이라는 그들의 견해에 동의한다. 그러나 의식 영화에 기초한 그런 보고가 논리적으로 앞뒤가 맞는지 여부를 묻는 질문을 뇌과학에 위탁할 수는 없다. 이런 질문들을 다뤄야 할 현장은 철학, 《나》개념을 발전시켜 온 철학일 것이다.

환상의 실재성

《나》가 환상일 수 있다는 의심은 오랜 전통을 지녔다. 부처, 흄, 니체는 이 의심을 제기한 대표적인 인물들이다. 흄의 뒤를 잇는 전통에서 사람들은 〈다발 이론bundle theory〉, 곧 《나》는 다발이라는 이론을 내놓는다. 이 이론은 《나》에 관한 실체 이론과 구분된다. 《나》에 관한 다발 이론에 따르면, 우리가 다양한 의식 상태들(생각하기 상태, 느끼기 상태, 의식하기 상태 등)에 처한다는 것은 맞지만, 《나》는 그 상태들의 단순한 합(合)에 지나지 않는다. 따라서 《나》는 어떤 상태가 현전하느냐에 따라 끊임없이 변화한다. 《나》는 변함없이 존속하지 않는다. 요컨대 《나》는 의식 상태들의 다발이다.

반면에 《나》에 관한 실체 이론에 따르면, 《나》는 생각하기, 느끼기, 의지하기 같은 의식 상태들의 나타남을 마주하는 놈이다. 《나》는 자신의 상태들을 가질 수 있는 한에서 그 모든 상태들과 다르다. 실체란 속성들의 보유자다. 바꿔 말해, 실체는 속성들을 가진다. 《나》가 실체라면, 《나》는 예컨대 《나》의 생각들과 감각들을 가지는 보유자이므로 그 생각들 및 감각들과 다르다. 이 실체 이론에 따르면, 《나》는 《나》의 상태들에 불과하지 않다. 오히려 《나》의 상태들로부터 거리를 두고 그것들을 평가한다.

이 두 이론을 둘러싼 찬반 논쟁은 수천 년 전부터 이어져 왔다. 뇌 과학은 그 논쟁에 일단 전혀 도움이 되지 않는다. 왜냐하면 그 논쟁의 쟁점은, 《나》를 다발로 간주하는 것이 논리적으로 앞뒤가 맞는가라는 개념적 질문이기 때문이다. 《나》를 뇌와 동일시하면, 우리는 실체 이론의 한 형태를 얻는다(다른 형태의 실체 이론은 《나》를 영혼이나 몸 전체와 동일시한다). 《나》를 시뮬레이션으로, 즉 뇌가 특별한 구역에서 혹은 여러 구역들의 협동을 통해 산출하는 시뮬레이션으로 간주하면, 《나》는 여전히 실체로 남는다. 다만, 이번에는 《나》가 뇌 전체와 동일한 실체가 아니라 뇌의 부분들과 동일한 실체로 된다. 이처럼 뇌 과학은 우리를 다발 이론보다는 실체 이론으로 몰아간다.

오늘날 큰 영향력을 발휘하는 의식 철학의 한 분파는 이른바 현상학 Phänomenologie의 영향을 받았다. 현상학이란 19세기에 시작되었으며 수학자 겸 철학자 에드문트 후설에 의해 대체로 완성된 철학적 흐름을 말한다. 현상학(현상을 뜻하는 그리스어 phainomenon에서 그 명칭이 유래했음)은 다양한 형태의 가상Schein, 현상Erscheinung, 환상Illusion 등을 다루고 그것들을 구별한다. 이 작업에서, 《나》는 다른 무언가의 나타남을 마주하는 무언가로 간주될 수 있는 한에서 처음부터 핵심적인 역할을 한다. 지금 나는 내 모니터를 비롯한 많은 대상들과 주관적으로 체험된 인상들의 나타남을 마주한다(즉, 내 모니터를 비롯한 많은 대상들과 주관적으로 체험된 인상들이 나에게 나타난다). 그 모든 것들은 서로 연결되어, 통일적으로 체험되는 하나의 의식장Bewusstseinsfeld을, 체험되는 나의 지금-상태를 이룬다. 현재 활동하는 많은 의식 철학자들은 ─ 프란츠 브렌타노, 후설, 하이데거, 사르트르, 모리스 메를로-퐁티 같은 위대한 현상학자들과 달리 ─ 기본적으로 자연주의자임에도 불구하고 현상학에 동조한다. 존 설은 여러 저서에서 현상학의 중요한 기본 발상 하나를 언급한다. 내가 보기에 그는 그 기본 발상을 다음과 같이 더할 나위 없이 정확하게 요약한다.

의식의 엄청난 특징은 이것이다. 우리가 의식을 가졌다는 환상을 품었다면, 우리는 의식을 가진 것이다. 통상적인 가상과 실재의 구분을 다른 현상들에 적용하듯이 의식에 적용할 수는 없다.[5]

설이 말하려는 바는 이러하다. 우리는 의식이 있는 상태에서 무언가에 대해서 착각할 수 있다. 예컨대 우리는 선인장을 얼핏 보고 고슴도치로 여길 수도 있고 어떤 음식이 맛이 달다고 생각하다가 이내 그 맛을 더 정확히 알아챌 수도 있다. 그러나 우리는 우리가 의식 있는 경험을 한다는 것에 대해서만큼은 착각할 수 없다. 한참 전에 언급했듯이, 이 사실이 〈나는 생각한다, 고로 존재한다〉라는 데카르트의 유명한 문장의 뒷배라고 많은 이들은 확신한다. 물론 역사적으로 보면, 데카르트가 〈생각하다cogitare〉라고 표현한 바를 훗날의 《나》 개념과 동일시할 수 있는가라는 문제가 있기는 하다. 그러나 이 문제는 또 다른 논의에서 다룰 사안이다.

결정적으로 중요한 것은, 의식이 무릇 정신에 전형적인 구조를 띤 사례들 중 하나라는 점이다. 즉, 의식은 〈환상도 일종의 실재다〉라는 문장으로 요약할 수 있는 구조를 띤다. 내가 신기루를 체험할 때, 내가 물이 있다고 여기는 그 장소에는 당연히 물이 없다. 그럼에도 나는 물을 체험하고, 어쩌면 타는 목마름으로 그 가상의 물을 향해 내달릴 것이다. 설령 의식 전체가, 순전히 자기보존을 위해 프로그래밍된 유전자 복제 기계인 우리 몸이 완전히 무의식적으로 산출하는 환상적 구조라 하더라도, 그 환상은 엄연히 존재할뿐더러 의식 있는 생물인 우리에게 결정적으로 중요한

요소다. 다시 설을 인용하면 〈의식은 우리의 삶이다. 요컨
대 의식은 거의 모든 중요한 것들의 전제라는 점에서 특별
하다〉.[6]

사춘기 환원주의와 화장실 이론

신경중심주의가 철학을 밀쳐 내기 위해 채택하는 전형
적인 전략 중 하나는《나》를 일단 〈자연화〉하는 것이다. 즉,
《나》를 자연과학적으로 설명하고 이해할 수 있는 현상들이
속한 대상 영역에 편입시키는 것이다. 이런 식으로《나》는
말하자면 신비로운 성격을 상실한다. 한 현상을 자연화한다
는 것은, 자연과학적으로 탐구 가능하지 않은 듯한 현상을
처음 접한 겉모습과 반대로 자연과학적으로 명확히 서술
하고 탐구할 수 있는 현상으로 다루려고 시도한다는 뜻이
다. 그러므로 이 맥락에서 〈자연적인〉은 대충 〈자연과학적
으로 탐구 가능한〉을 뜻하는데, 여기에서 벌써 무수한 질
문들이 제기된다. 왜냐하면 자연과학적 탐구 가능성이 정
확히 무엇을 의미하는지가 전혀 명료하지 않기 때문이다.

자연화와 약간 다른 개념으로 환원주의라는 것이 있다.
이 맥락에서 환원주의란 겉보기에 자연과학적 이론 구성
의 틀 안에 자리 잡지 않은 듯한 개념을 그 개념의 자연과
학적 대응물로 환원하는 전략을 말한다. 그런 환원이 유의
미할 수 있으려면, 환원을 시도할 이유가 있어야 한다. 즉,

특정한 대상 영역에 관해서 새로 획득된 자연과학적 지식이 있어야 하고, 이제 몇몇 개념들을 자연과학적 언어로 환원하면 그 새로운 지식으로부터 특정 현상을 더 잘 설명할 수 있다는 결론이 나오는 듯해야 한다. 그냥 무턱대고, 이를테면 형이상학적 변덕으로 그런 환원을 시도하는 것은 바람직하지 않다. 마찬가지로 우리의 일상적이며 고도로 문화적인 정신 언어를 그냥 무턱대고 떨쳐 내거나, 처칠랜드 부부처럼 조잡한 경험적 이론(상식적 심리학)으로 폄하하는 것 역시 바람직하지 않다.

더 나아가 신경 환원주의란, 겉보기에 신경과학적으로 설명 가능하지 않은 듯한 현상을 신경과학적으로 설명 가능한 현상으로 환원하는 전략이다. 그런 환원에 힘을 실어 주는 간단한 일상적 사례로 사춘기가 있다. 이 사례에서는 환원의 이유가 확실히 있다. 한편으로 우리는 사춘기가 서로 관련된 일련의 행동 변화들임을 익히 안다. 사춘기란 반항, 부모의 권위에 대한 도전, 부모가 들여다볼 수 없는 사적 영역 안으로 움츠리기, 기분 장애 등이다. 다른 한편으로 이 모든 것은 성적 성숙과 성호르몬 생산에 따른 호르몬 조성 변화에 동반되는 현상들이다. 여기까지는 아무 문제도 없다. 그런데 신경 환원주의적 설명을 시도하는 사람은, 방금 열거한 행동 변화들의 시스템을 신경과학적으로 설명 가능한 과정들로 환원할 수 있다고 말할 것이다.

물론 사춘기에 일어나는 일을 정말 제대로 설명하려면, 호르몬에 관한 사실들과 그것들이 인간 뇌에 미치는 영향을 고찰해야 한다. 그런데 신경 환원주의자는 그 사실들과 그 영향만 고찰하면 된다고 말한다. 즉, 반항이나 부모와 선생 같은 권위자들에 대한 비판은 단지 호르몬 변화의 부산물이요 부수 현상이라고, 즉 객관적으로 다룰 사안이 아니라고 말한다. 이 말이 옳다면, 모든 사춘기 행동 변화 현상들은 호르몬 변화로 환원될 테고, 사춘기를 설명할 때 행동 변화들은 무시해도 될 것이다.

공개적인 논쟁들에서 흔히 간과되는 차이 하나를 이 대목에서 중요하게 짚어 둘 필요가 있다. 무슨 말이냐면, 적어도 두 가지 유형의 환원주의가 존재한다. 오늘날 존재론Ontologie(고대 그리스어 to on = 존재 혹은 존재자, 그리고 logos = 이론에서 유래한 명칭임)은 〈무언가가 존재한다〉라는 말의 의미는 무엇인가라는 질문을 다룬다. 존재론과 짝을 이루는 존재론적 환원주의는 겉보기에 자연적이지 않은 현상에 대해서, 그 현상은 단지 현상으로서만 존재할 뿐이고 그 배후에는 오로지 자연적 과정만 있다고 말한다. 한 예로 순수한 물을 H_2O로 환원하는 것을 들 수 있다. 적어도 존재론적 환원주의자들은, 순수한 물은 객관적으로 보면 다름 아니라 H_2O라고, 순수한 물을 존재론적으로 H_2O로 환원할 수 있다고 여긴다. 철학자들이 자주 드는 예는, 느껴지는 온도를 입자들의 평균 운동 에너지로 환원하는 것이다. 이 환원 덕분에 우리는 우리의 온도 감각 대신에 열역학을 활용할 수 있다. 이런 식으로 온도를 입자들로 이루어진 시스템의 속성들로 환원할 수 있고, 따라서 우리의 온도 감각은 존재론적-객관적으로 배제할 수 있다고 존재론적 환원주의자들은 말한다. 반면에 이론 환원주의는 더 조심스러워서, 비자연과학적 개념들로 서술할 수 있는 현상을 자연과학적 개념들로 더 적절하게 서술할 수 있다는 것까지만 주장한다.

이 같은 유형의 차이를 염두에 두면, 사춘기 환원주의가 어떤 유형인지부터가 전혀 명확하지 않다. 사춘기 환원주의자는 우리가 호르몬 변화를 고찰함으로써 사춘기를 서술할 수 있다고 말하려는 것일까, 아니면 사춘기란 단지 호르몬 변화일 뿐이라고 말하려는 것일까?

전통적으로 신경 환원주의는 거창하게도 존재론적 환원주의와 이론 환원주의를 동시에 시도한다. 그리고 바로 그것이 문제다. 신경 환원주의의 원조 형태는 19세기에 예컨대 카를 폭트에 의해 제기되었다. 그는 이미 19세기 중반에 인간 의지의 자유를 오늘날 흔히 보는 방식으로 반박했다. 당대에 폭트는 이 발언으로 악명 높았다. 〈생각과 뇌 사이의 관계는 담즙과 간 사이의 관계, 혹은 오줌과 신장 사이의 관계와 같다.〉[7] 이런 존재론적 방식으로 사춘기를 환원하면, 사춘기 소년의 변덕스러움은 단지 호르몬 요동일 따름이다. 하지만 이것에서 우리의 상호관계에 대하여 대체 어떤 교훈을 얻을 수 있단 말인가?

『정신현상학』에서 헤겔은 폭트의 것과 같은 주장들을 특유의 모방 불가능한 방식으로 예견하고 반어적으로 첨예화하여 반박했다. 한 유명한 대목에서 그는 이렇게 쓴다.

정신의 존재로 간주된 뇌 섬유들 등은 이미, 생각된, 단지 가설적인 실재다. ― 현존하는 실재, 느껴지고 보이는 실재, 참된 실재가 아니다. 그것들이 현존하고(거기에 있고) 보이면, 그것들은 죽은 대상들이며 더는 정신의 존재로 간주되지 않는다. (……) ― 이 표상의 개념은, 이성 자신에게 이성이 모든 사물성이며 또한 순수한 대상적 자아라는 것이다. 그러나 이 표상은 개념에만 이러하다. 바꿔 말해 이 개념은 단지 이 표상의 진실일 뿐이며, 이 개념 자체가 순수할수록, 만일 이 개념의 내용이 개념으로서가 아니라 표상으로서 존재한다면, 이 개념은 더욱더 어리석은 표상으로 주저앉는다. (……) 정신이 제 속으로부터 끌어내지만 표상하는 의식으로까지만 끌어내는 심오함 ― 그리고 이 의식은 자신이 말하는 바가 무엇인지 알지 못함. 이러한 높음과 낮음의 결합은, 자연이 생물에서 가장 완성된 기관인 생식 기관과 소변 배설 기관의 결합으로 순박하게

표현하는 바와 동일하다. — 무한 판단으로서의 무한 판단
은 자기를 파악하는 생명의 완성이겠지만, 표상에 머무르
는 의식이 마주한 그 생명은 오줌을 싼다.[8]

헤겔과 더불어 우리는 앞서 인용한 폭트의 발언에 담긴
취지를 생각에 관한 화장실 이론으로 부를 수 있을 것이다.
물론 그 이론의 의도는 단지, 우리의 생각은 신적인 섬광
이 아니라 자연적 기관의 작동임을 우리에게 일깨우는 것
이다. 하지만 폭트는 종교적 혹은 신학적 영혼 개념을 (예
컨대 마르크스처럼) 다부지게 비판하면서 그 대안으로 뇌
를 들여오는 것에만 머물지 않는다. 여담이지만 폭트, 그
리고 당시 많이 읽히고 논의된 루트비히 뷔히너(작가 게오
르크 뷔히너의 동생)를 비롯한 당대의 신경중심주의자들
은 모두 — 유감스럽게도 신경중심주의자들뿐 아니라 당
대 과학자와 사상가의 압도적 다수도 — 맹렬한 인종주의
자이며 여성 혐오자였다. 루트비히 뷔히너는 베스트셀러
가 된 저서 『힘과 물질: 누구나 이해할 수 있게 서술한 경
험적-자연과학적 연구들*Kraft und Stoff. Empirisch-naturwis-
senschaftliche Studien in allgemein-verständlicher Darstellung*』
(1855)에서 〈코카서스 인종들〉과 그들에 〈뒤지는 인종들〉
사이의 (뷔히너 자신이 억측하는) 행동 차이들을 뇌 생리
학을 끌어들여 설명한다. 그의 논리에서 행동 차이는 항상

뇌 기능으로 환원되어야 하니까 말이다.

뇌의 상위 부위들이 거의 없는 오스트레일리아 토착민들은 지적 능력, 예술 감각, 도덕적 능력이 전혀 없다. 카리브 제도 토착민들도 마찬가지다. 오스트레일리아인을 탈야생화 하려는 영국인의 모든 시도는 실패로 돌아갔다.[9]

뷔히너가 제시하는 아래 논증도 불쾌하기는 마찬가지다. 이 논증은 약간 더 은폐된 형태로 지금도 여전히 인기를 누린다.

주지하다시피 여성은 일반적으로 남성보다 지적으로 열등하다. 그에 걸맞게 피콕은 남성 뇌의 평균 무게가 여성 뇌의 평균 무게보다 상당히 크다는 것을 발견했다.[10]

이 정도로는 너무나 비극적인 헛소리라고 하기에 부족하다는 듯이, 위 인용문과 같은 페이지에서 뷔히너는 하필이면 이름이 〈가이스트Geist〉*인 어느 대형 병원 의사가 이모든 것을 입증했다고 밝힌다. 이쯤 되면, 아이러니의 수준이라고 해야 마땅하다.

* 독일어 Geist는 정신을 뜻함.

존재론적 신경 환원주의의 주요 약점 중 하나는, 우리가 심리적·사회역사적 조건들에 적응된 우리의 언어로 서술하는 행동 변화들을 하나씩 그대로 넘겨받아서 뇌 속의 이유들을 통해 설명할 수 있다고 여긴다는 점이다. 이 견해를 본질주의라고도 부른다. 본질주의란, 우리의 책임은 아니지만 우리가 바꿀 수도 없는 불변의 본질이 존재한다고 보는 입장이다. 단지 설득력 있는 타이름만으로는 호르몬 변화를 멈출 수 없는 것과 마찬가지로 뇌의 작동을 근본적으로 변화시킬 수도 없다. 여성 뇌가 존재한다는 것이 사실이라면, 우리는 이 사실을 사회적 해방의 과정을 통해서 조금도 변화시킬 수 없을 것이다. 여성은 여성 특유의 뇌에 고착된 존재일 것이다. 이것이 사실이 아니라는 점을 길게 설명할 필요는 없다고 본다.

실제로 우리는 사춘기가 호르몬 변화를 동반한다는 것을 안다. 이 앎은 도덕적 귀결들을 가진다. 왜냐하면 이 앎은 우리 아이들을, 혹은 사춘기 당사자인 우리 자신을 더 잘 이해하는 데 도움이 되니까 말이다. 그러나 그렇다고 해서, 사춘기라는 현상이 사실상 사라지거나 영향력을 상실하는 것은 아니다.

그러므로 일반적으로 신경중심주의는 이론 환원주의 전략을 채택하는 편이 훨씬 더 이롭다. 즉, 주어진 현상 — 이를테면 사춘기 — 을 신경과학적으로 설명하면 더 잘 이해될 가능성이 있다는 주장까지만 하는 편이 신경중심주의 자신을 위해 훨씬 더 이롭다. 물론 이 주장을 놓고도 논쟁을 벌일 수 있지만, 이론 환원주의 전략은 대체로 신처럼 — 인간의 자유를 기계의 작동으로서 완벽하게 꿰뚫어 보는 신처럼 — 행세하는 경향이 있는 신경중심주의에 제동을 거는 효과를 발휘한다.

《나》는 신이다

이 모든 것은 실제로 우리를 《나》로, 지상의 작은 신으로 이끈다. 요새 《나》는 많이 거론되는 주제다. 이기주의는 어느 정도까지 정당할까라는 질문, 《나》-회사Ich-AG*를 비롯해서 《나》와 관련이 있는 수많은 주제들이 논의된다. 신경중심주의자들은 《나》를 뇌와 동일시하는 입장과 《나》의 존재를 반박하는 입장 사이에서 왔다 갔다 한다. 어떤 유형의 환원주의도 《나》에는 그리 적합하지 않음을 깨달았을 때, 그들은 자아의 존재를 다시 붙든다. 아무튼, 이 《나》는 대체 누구 혹은 무엇일까?

이 대목에서 잠깐 정신사를 살펴볼 필요가 있다. 독일어 일인칭 대명사 〈ich(나)〉를 〈나das Ich〉 혹은 〈이 나dieses Ich〉로 일반명사화 한 최초의 인물들 중 하나는 대개 〈마이

* 독일 노동 시장 정책의 일환으로 실업자가 허가를 받고 세운 개인 회사를 뜻하는 신조어.

스터 에카르트〉라는 이름으로 불리는 중세 철학자다. 이 이름에서 〈마이스터Meister〉는 (독일어 Magister의 번역어로서) 대충 철학 및 신학 교수를 뜻한다. 마이스터 에카르트는 쾰른에서 이단죄로 종교 재판에 넘겨졌고 아비뇽에서 재판 도중에 사망했으며, 사후에 그의 주요 이론들은 이단이라는 판결을 받았다. 당대 교회의 권위자들이 그를 그리 탐탁지 않아 했던 이유 하나로 그의《나》개념을 꼽을 수 있다. 후대 사람들은 그 개념에서 계몽주의의 첫걸음을 보았다. 이처럼 계몽주의는 (사람들이 근대적이라고, 즉 고대적이지도 않고 중세적이지도 않다고 여기는 많은 것들이 그렇듯이) 이미 중세에서도 발견된다고 할 수 있다. 한 유명한 — 그러나 종교 재판에서 범죄로 적시되지 않은 (!) — 설교에서 마이스터 에카르트는 이렇게 말한다.

신이 나를 〈신〉으로부터 해방시키기를 청원합니다. 우리가 신을 피조물들의 원천으로 간주하는 한에서, 나의 본질적 존재는 신보다 더 위에 있으니까요. (……) 내가 존재하지 않는다면, 〈신〉도 존재하지 않을 것입니다. 신이 〈신〉인 원인은 나입니다. 내가 없다면, 신은 〈신〉이 아닐 것입니다. (……) 이 깨달음 안에서 나는 나와 신이 하나임을 알게 됩니다.[11]

다른 대부분의 사례에서도 마찬가지지만, 여기에서 보듯이 《나》의 발견은, 자연을 탐구했으나 신을 발견하지 못한 어느 무신론자가 교회를 들이받으며 근대를 열어젖히는 식으로 이루어지지 않았다. 앞서 이미 언급한 바 있는 이런 역사 짜깁기는 자연과학적 세계상의 이데올로기에 확고히 뿌리내려 있다. 그러나 그 짜깁기의 정체는 역사에 대한 무지일 뿐이다. 하지만 신경중심주의는 이 문제를 거의 무시한다. 왜냐하면 진정한 정신사란 존재하지 않고 어차피 생물학적 진화만 존재한다는 것이 신경중심주의의 진정한 입장이기 때문이다. 그렇다면 정신사는 단지 문화적 진화, 곧 다윈주의적으로 서술 가능한 생물학적 진화가 다른 수단들을 통해 계속되는 것일 터이다. 이 같은 역사관은 신경중심주의가 보유한 면역력의 중요한 요소다. 정신사를 인정하고 꼼꼼히 살핀다면, 우리의 자기서술의 역사에서 큰 도약들은 결코 뇌 신경 섬유들에 대한 통찰을 통해 일어나지 않았음을 신경중심주의 추종자들도 알아챌 수 있을 테니까 말이다.

마이스터 에카르트는 〈영혼 기반Seelengrund〉에 관한 이론을 개발하고 우리 안에 〈작은 영혼 불꽃〉이 있다고 추측했다.[12] 이 견해는 그의 《나》-이론과 관련이 있다. 그의 발상은 급진적이며, 다음과 같은 단순한 숙고에 기초를 둔다. 커피 잔을 예로 들어 보자. 나는 지금 내 커피 잔을 본다.

따라서 나와 커피 잔 사이에 관련이, 구체적으로 〈보기〉라는 관련이 성립한다. 무언가를 본다는 것은 우리 감각의 도움으로 무언가를 인식한다는 것이다. 요컨대 나는 커피 잔을 인식한다. 그런데 이런 질문을 던져 보자. 나는 이 인식과 동일할까, 아니면 나는 나 스스로 나의 동일성을 파악할 수 있는 그런 방식으로 이 인식의 어딘가에서 등장할까? 곰곰이 따져 보면, 내가 커피 잔이 아니라는 것만큼은 확실하다. 나는 커피 잔을 인식하는 놈이다. 그러나 커피 잔을 인식하는 놈이라는 것이 나의 전부일까? 이것도 옳을 리 없다. 나는 커피 잔을 인식하는 놈과 엄밀하게 동일할 수는 없다. 나는 다른 많은 것들도 인식할 수 있으니까 말이다. 따라서 내가 아무튼 누군가라면, 나는 커피 잔을 인식하지만 다른 것도 인식할 수 있는 누군가다. 결론적으로 나는 램프를 인식할 때도 나다.

요컨대 나는 살아 있는 한에서 온갖 것을 인식할 수 있으며, 내가 추가로 어떤 것들을 인식하게 될지는 열린 질문이다. 내가 커피 잔을 인식하는 방식으로 나를 인식하는 것이 가능하다고 가정해 보자. 만일 나와 뇌가 동일하다면, 그런 방식으로 나를 인식하는 것은 얼마든지 가능할 것이다. 내가 나를 예컨대 기능성 자기 공명 영상을 통해 인식할 수 있을 테니까 말이다. 물론 현재까지 신경과학자들은 아직 그렇지 않다고 말한다. 왜냐하면 《나》가 아직 발견되지 않았기 때문이라면서 말이다. 지각의 층위에서 다양한 정보 흐름들이 어떻게 결합하여 통일체를 이룰 수 있는가라는 질문의 답조차 불분명하다. 이 문제를 일컬어 결합 문제Bindungsproblem라고 한다. 인식과 관련이 있는 모든 과정들이 어떻게 연합체를 이룰 수 있고 그 결과로 우리가 그 연합체에서《나》를 인식할 수 있는가라는 질문의 답은 더 말할 것도 없다. 하지만 미래에 이 질문의 답이 나온다고 한번 가정해 보자. 그러면 나는 나의《나》가 기능성 자기 공명 영상 속에서 깜박거리는 것을 볼 수 있을 터이다. 그러나 이《나》는 우리가 찾으려 애쓰는《나》가 여전히 아닐 것이다. 무슨 말이냐면, 인식되는《나》는 인식하는《나》와 엄밀하게 동일하지는 않다. 이는 인식하는《나》와 인식되는 커피 잔이 동일하지 않은 것과 마찬가지다.

여기에서 내가 뇌에 관한 논의로 확장한 그의 기본 숙고에 기초하여 마이스터 에카르트는《나》의 근본적 비대상성이라는 논제를 발견했다. 이 논제는 자율Autonomie, 곧 자기입법Selbstgesetzgebung(autos = 스스로, nomos = 법)이라는 근대적 개념의 바탕에도 깔려 있다. 마이스터 에카르트가 궁극적으로 말하려는 바는,《나》는《나》가 인식하는 어떤 대상과도 엄밀하게 동일할 수 없다는 것이다. 이를 기초로 삼아서 그는《나》를 〈신과 유사한gottgleich〉 놈으로 간주하는 입장으로까지 나아갔다. 모든 대상들과 신적인 정신 사이의 구분은 일신교의 근본 통찰이라고 주장하면서 말이다.

이 모든 것을 받아들이면서 신에 대한 언급만 배제하면, 모든 것을 아는《나》, 실재 전체를 인식하고 실재의 비밀들을 캐내는 것을 순수하게 중립적으로 추구하는《나》가 존재한다는 생각에 금세 이르게 된다. 뿌리 깊이 신학적인 이《나》모형은 근대 초기 과학관의 바탕에 깔려 있다. 이 사실은 역사학에서 잘 연구되고 밝혀졌음에도 오늘날 아예 외면당한다. 왜냐하면 지금《나》는 신과 유사한 수준을 넘어서 단적으로 신이기를 바라기 때문이다. 그렇기 때문에《나》는 세계상에서 신을 삭제한다. 신의 자리를 스스로 차지하기 위해서 말이다.

그러나 은밀히 다시 신학의 올가미에 걸려들지 않고 신을 제대로 삭제하려면, 먼저 정말로 현대적인《나》개념을 개발해야 한다. 그렇게 하지 않으면, 신으로부터 해방된 창조라는 개념만 남기 마련이다. 그 개념은 무언가 있어야 할 것이 빠져 있다는 느낌을 유발한다. 역설적이게도 근대 과학적 세계관은 실은 모든 것을 기독교-유대교-이슬람교로부터 전수받았다. 즉, 근대 과학적 세계관이 자연에서 신을 근본적으로 제거하고, 생각하고 비판적으로 검증하는《나》를 세계 광경을 지켜보는 신적인 관찰자의 자리에 놓은 것은 그 일신교들로부터 물려받은 유산이다. 이 견해

는 〈세계의 탈마법화〉라는 막스 베버의 논제와 맥이 통한
다. 베버가 보기에 세계의 탈마법화는 근대 특유의 현상이
아니다. 베버에 따르면, 그 현상은 구약 성서에 나오는 선
지자들에서 시작된다. 그들은 새로 발견한 〈사막 신〉의 이
름으로, 다신교들을 믿는 마법사들에 맞서고 그럼으로써
자연을 탈마법화한다. 모든 마법은 신의 손아귀 안에 있다.
이런 식으로, 그 자체로는 의미가 제거된 자연, 우리는 기
껏해야 그 운행을 지켜볼 수 있을 뿐인 그런 자연의 개념
이 발생한다.

　자연과학적 세계상의 신학적 환상을 보여 주는 가장 좋
은 예로, 앞서 언급한 바 있는 미국 텔레비전 다큐멘터리
시리즈 「코스모스」 후속편의 한 대목을 들 수 있다. 이 시
리즈는 2014년 3월부터 독일에서도 「우리의 코스모스: 여
행은 계속된다」라는 제목으로 방영되고 있다. 시리즈의 진
행자인 천체 물리학자 닐 디그래스 타이슨은 우주선을 타
고 마음대로 빠르게 시공을 가로지르면서 시청자들에게
빅뱅이나 머나먼 은하들에 대해서 알려 준다. 또한 그의
우주선은 얼마든지 축소될 수 있다. 덕분에 시청자들은 다
양한 규모의 우주를 들여다볼 수 있다. 타이슨은 자신의
우주선을 의미심장하게도 〈상상의 배ship of the imagina-
tion〉라고 부른다. 아닌 게 아니라, 꼼꼼히 살펴보면, 그 우
주선은 과학사에 대해서보다 닐 디그래스 타이슨의 상상

에 대해서 알려 주는 바가 더 많다. 물론 제작자 세스 맥팔레인(일부 독자는 그를 애니메이션 시리즈 「패밀리 가이」의 감독으로 알고 있을지도 모르겠다)의 다큐멘터리를 통해 자연과학과 그 역사가 알기 쉽게 표현된다는 점은 높이 살 만하다. 여러 면에서 그 시리즈는 성공적인 과학 커뮤니케이션의 모범이다. 우리의 텔레비전이 그런 프로그램을 더 많이 방영할 필요가 있지 않을까 생각한다. 다만, 이데올로기적 요소는 더 줄이면서 말이다.

특히 「코스모스」 후속편에서 지구의 나이를 다루는 에피소드는 명백한 비판거리를 포함하고 있다. 진행자는 상상의 배를 타고 그랜드 캐니언의 가장자리로 간다. 그리고 은폐된 지층들, 부분적으로 화석을 포함한 그 지층들을 시청자에게 보여 주기 위해서 그는 — 마치 모세나 지상의 작은 신인 양 — 양손을 들어 올린다. 그러자 구약 성서 속 장면처럼 굉음과 함께 지층들이 갈라지면서 은폐되었던 보물들이 드러난다. 그 시리즈의 다른 많은 장면들과 마찬가지로 이 장면은 진행자가 신과 똑같다는 생각을 유도한다. 그 장면 속의 진행자는 창조된 세계의 모든 장소와 모든 시간에, 또한 모든 미시적 규모부터 거시적 규모까지 모든 규모의 환경에 마음대로 임재(臨在)할 수 있는 신을 연상시킨다. 더구나 진행자는 기적까지 일으킨다. 누군가가 의도적인 행위로 그랜드 캐니언의 지층들을 가르거나

(또 다른 에피소드에서처럼) 맨해튼의 중력 가속도를 1g에서 100g로 높였다가 곧바로 다시 줄여서 소화전들이 자체 무게로 터지고 이삿짐센터 인부들이 둥둥 뜨게 만든다면, 그것은 틀림없이 기적일 테니까 말이다. 상상의 배는 〈생각은 전능하다〉라는 환상의 한 예다.

《나》를 둘러싼 생각은 얼핏 보면 전혀 그럴 성싶지 않은 곳에서도 역할을 할 때가 많다. 중요한 예를 하나 들자면, 《나》는 절대적 객관성에 대한 근대적 이해의 배후에서 활약한다. 절대적 객관성이란, 관찰자가 마치 자신의 종에 특유한 인식 조건들(우리의 감각들도 그런 조건이다)에 구애받지 않는 양, 우주를 관찰하는 태도를 뜻할 터이다. 그렇다면 인식은 관점의 영향을 덜 받을수록 더 객관적일 것이다.

이미 여러 번 언급한 인물인 토머스 네이글은 이 논점을 〈어디에도 발 딛지 않은 관점view from nowhere〉이라는 유명한 비유로 요약했다. 나는 『왜 세계는 존재하지 않는가』에서 이 논점과 관련하여 〈관객 없는 세계Welt ohne Zuschauer〉를 거론했다.[13] 많은 사람들은 자연과학이 절대적 객관성을 추구하는 것이 바람직하다고 여긴다. 그들이 품은 인식의 이상(理想)은, 그 안에서 우리의 관점들이 더는 등장하지 않는 그런 세계상을 구성하는 것일 터이다. 이 세계상 안에서 우리는 기껏해야 — 이 세계상 안에 존재하는 다른 모든 것들과 마찬가지로 ─ 자연법칙에 종속된 종으로 서술될 것이다.

네이글은 실제로 우리가 우리의 관점을 제쳐 놓을 수 있음을 반박할 생각이 전혀 없다. 앞서 살짝 언급했듯이, 오히려 그는 그런 관점 제쳐 놓기 능력을 윤리의 토대로 삼기까지 한다. 내가 나의 소유권 주장을 제한하고 타인과 공유할 의지를 품으려면, 나는 사물이 단지 나의 소유로 되기 위해 존재하는 것이 아님을 이해할 능력을 가져야 한다. 역지사지의 능력, 그리고 지금 자신이 무엇을 의지하고 현재 상황을 어떻게 평가하는가를 제쳐 놓을 능력이 없다면, 윤리적으로 혹은 정치적으로 중요한 결정이 대체 어떻게 존재할 수 있는가를 우리는 전혀 이해하지 못할 것이다. 그러면 우리는 기껏해야 한참 전에 소개한 이기주의자들의 설명대로, 시민들 혹은 기타 공동체 구성원들의 이기적 생존 투쟁의 결과로 우리가 우리 자신의 관점을 제쳐 놓을 수 있다는 환상이 생겨난다는 견해에나 도달할 수 있을 것이다. 우리 믿음의 이해(利害) 관련성을 비판적으로 검토하는 능력은 이론적 추상화 능력과 연결되어 있다. 전통적으로 사람들은 이 능력을 〈이성Vernunft〉이라고 부른다.

네이글이 말하려는 바는, 절대적 객관성의 이상이 우리의 관점들과 아무 상관이 없는 것이 전혀 아니라는 점이다.

오히려 그 이상의 핵심은 대단히 특이한 관점, 곧 〈무관점의 관점Standpunkt der Standpunktlosigkeit〉이다. 물론 실은 그 누구도 이 관점을 채택할 수 없다. 채택한다면, 그것은 자기모순일 테니까 말이다. 그러므로 이 관점은 기껏해야 특이한 이상으로, 우리가 추구하지만 원리적으로 결코 도달할 수 없는 별난 이상으로 머물 수밖에 없다. 우리는 이 사실을 명심해야 한다. 안 그러면 부지불식간에 슬그머니 신학적인 신의 역할을 자임하게 될 테니까 말이다.

거의 잊힌 《나》-철학의 거장

이 모든 것을 《나》-철학의 거장 요한 고틀리프 피히테만큼 상세하게 탐구한 인물은 아마 없을 것이다. 당대에 피히테는 칸트 덕분에 유명해졌다. 피히테는 자신의 첫 작품 『모든 계시에 대한 비판을 시도함Versuch einer Critik aller Offenbarung』(1792)의 원고를 칸트에게 보냈고, 칸트는 그 원고를 자신의 작품들을 내는 출판사로 하여금 익명으로 출간하게 했다. 그리하여 당시 독자들은 그 작품을 칸트의 신작으로 믿었다. 이런 식으로 명성을 얻어 1794년에 예나 대학교 교수로 임용된 피히테는 1799년에 유명한 무신론 논쟁에 휘말리면서 어쩔 수 없이 교수직에서 물러났다. 당시에 피히테는 여러 이유로 특히 괴테에게 눈엣가시였다. 예나 대학교를 관할하는 장관이었던 괴테는 《나》가 지상의 작은 신이라는 생각을 탐탁지 않게 여겼다. 왜냐하면 신적인 것은 우리 안에서가 아니라 오히려 자연에서 발견된다는 것이 괴테의 견해였기 때문이다.

이미 피히테의 첫 작품 제목에서 짐작할 수 있듯이, 그는 아무 생각 없이 어쩌다가 무신론에 접근하게 된 것이 아니었다. 여담이지만, 피히테는 베를린 프리드리히 빌헬름 대학교(오늘날의 훔볼트 대학교)의 초대 총장을 지냈고 일평생 사회적·정치적 활동에 충실했다. 그는 18세기 빈곤층 출신 천재의 전형이다. 지주의 후원으로 활동하면서 세상에 알려진 천재 말이다. 오늘날 피히테는 윤리학 분야에서(특히 미국에서, 하지만 예컨대 라이프치히의 철학자 제바스티안 뢰틀에 의해서도) 재발견되고 있다. 왜냐하면 그는《나》의 자율과 타인들의 인정을 관련지은 최초의 철학자이기 때문이다. 그럼으로써 그는 앞서(223면) 언급한 사회적 상호작용주의의 원조가 되었다. 피히테는 사회적 상호작용주의를 자신의 법철학과 국가 철학의 토대로 삼았다.

하지만 피히테는《나》는 과연 누구 혹은 무엇일까라는 질문을 탐구한 철학자로 특히 유명하다. 이 맥락에서 그는 스스로 〈학문론Wissenschaftslehre〉이라고 명명한 철학적 프로그램을 개발했다. 그의 기본적인 생각은 쉽게 이해할 수 있다(피히테는 왜 아주 많은 사람들이 그의 철학을 이해하지 못하겠다고 하는지를 평생 동안 의아하게 여겼다).
처음 보면, 피히테의 글은 난해하고 전혀 이해할 수 없다.
왜냐하면 그는 누구나 관심만 있으면 그의 생각을 이해할
수 있게 하기 위해서 불필요한 개념들이나 철학사에 관한
장황한 언급 없이 글을 쓰려 애썼기 때문이다. 하지만 오
늘날 우리는 약간의 번역 작업을 거쳐야만 그의 생각을 이
해하기 쉽게 재구성할 수 있다.

이제부터 학문론의 근본 사상을 재구성하겠다. 지식 분야
들은 다양하며, 우리는 이미 초등학교에서 그 다양한 분야
들의 기초를 배운다. 수학, 지리학, 독일어, 스포츠 등을 말
이다. 우리가 배우는 것은 구구단, 맞춤법, 여러 국가의 수
도들 같은 내용에만 국한되지 않는다. 우리는 무언가를 배
우는 법도 배운다. 따라서 이런 질문을 제기할 수 있다. 어
느 지식 분야에서나 우리가 무언가를 배운다는 점에서, 모
든 지식 분야들은 모종의 공통 형식을 가진 것이 틀림없다.
어쩌면 모든 지식 분야들의 공통분모가 있지 않을까? 요컨
대 지식 분야들은 제각각 다른 내용을 제공하지만, 모든
지식 분야들로 이루어진 하나의 맥락이 존재하는 듯하다.
피히테에 따르면, 지식의 다양한 내용에도 불구하고 모든
지식은 하나의 일반적 형식을 가져야 한다.

그리고 바로 이것이 피히테의 출발점이다. 그의 학문론
은 지식의 형식과 내용이 서로 어떤 관계인지 탐구한다.

그가 제기한 질문은 최소한 플라톤의 철학만큼 유서가 깊다. 심지어 그 질문은 오늘날 〈수학〉을 뜻하는 독일어 〈Mathematik〉에도 들어 있다. 이 단어는 〈배우다lernen〉를 뜻하는 고대 그리스어 동사 〈manthanomai〉에서 유래했으니까 말이다. 플라톤이 보기에 수학 교습의 핵심은, 모든 사람이 배울 수 있는 바를 작은 단계들을 거쳐 깨달음으로써 무언가를 배우는 법을 배우는 것이었다. 이를 예증하기 위하여 그는 대화편 「메논」에서 교육을 받지 못한 어느 노예가 기하학의 기초를 차근차근 배워 가는 과정을 서술한다. 요컨대 일찍이 플라톤이 그랬듯이 피히테는 우리 인간 모두가 이성을 갖추고 있다는 점을 일깨우고자 한다. 바꿔 말해 우리는 무언가를 알 능력을 모든 인간들과 공유하고 있기 때문에 타인들로부터 무언가를 배울 수 있다. 이 생각을 일컬어 이성 보편주의라고 한다. 이성 보편주의는 계몽주의의 기본 전제다.

더 나아가 피히테는, 우리가 아무튼 무언가를 이해할 수 있다는 점에서 모든 지식의 형식이 유래한다고 본다. 따라서 설령 우리가 절대적 객관성을 추구한다 하더라도, 우리는 그 추구의 성과들을 여전히 이해할 수 있어야 한다. 그렇기 때문에 절대적 객관성의 극단조차도 우리와의 관련을 벗어나지 못한다. 이를 바탕으로 피히테는《나》뿐 아니라 〈우리〉를 언급한다. 헤겔은 그 언급을 다음과 같은 유명

한 문구로 요약했다. 〈우리인 나, 그리고 나인 우리.〉[14]

  피히테가 탐구하는 절대적 객관성의 극단에 《나》와 〈나-아닌-놈Nicht-Ich〉의 구분이 존립한다. 이런 식으로 《나》는 절대적인 놈이 된다. 즉, 〈나-아닌-놈〉으로부터 완전히 풀려난 놈이 된다(〈절대적absolute〉이라는 말의 어원인 라틴어 〈absolutum〉의 뜻은 다름 아니라 〈풀려나 있음losgelöst〉이다). 정확히 말하면, 피히테는 세 가지 원리를 《나》-철학의 기둥들로 삼는다. 오늘날 《나》를 거론하려는 사람은 그 원리들을 염두에 두는 것이 바람직하다. 왜냐하면 피히테의 기본 생각들은 프로이트와 사르트르에게까지 영향을 미쳤으며, 그 영향의 잔재는 오늘날 우리가 사용하는 심리학적 어휘에도 남아 있으니까 말이다. 이런 역사를 간과하면, 우리가 《나》를 익숙하게 알며, 《나》는 이를테면 우리의 뇌와 같은 어떤 자연적 사물이라는 생각에 빠지기 십상이다. 하지만 이것은 피히테, 프로이트, 사르트르, 그리고 다름 아니라 우리 자신을 가장 터무니없이 오해하는 지름길이다. 피히테는 이미 생전에 그런 오해를 경험했고, 자신의 학문론을 향해 쏟아진 최초의 격렬한 비판들에 관하여 이렇게 썼다. 〈당신 자신이 《나》라고 일깨우기보다 달에 있는 용암 덩어리라고 일깨우면, 대다수 사람들은 더 쉽게 고개를 끄덕일 것이다.〉[15]

학문론의 세 기둥

학문론의 세 기둥을 간략하게 살펴보자. 그 기둥들은 대체 《나》란 무엇인가를 보여 준다.

학문론의 첫째 원리는 〈나 = 나〉다.[16] 당연히 너무 뻔한 원리처럼 보이지만, 차근차근 따져보면 그렇지 않음을 알게 된다. 물론 우리가 무엇이든지 그 자신과 동일시할 수 있다고 생각할 수도 있을 것이다. 그런 동일시를 일컬어 동어반복Tautologie이라고 한다. 그러나

〈둥근 사각형 = 둥근 사각형〉

이나

〈현재 프랑스의 왕 = 현재 프랑스의 왕〉

은 어떨까? 무언가가 자기 자신과 동일할 수 있으려면, 그 무언가가 일단 존재할 수 있어야 하는 듯하다. 둥근 사각형이나 현재 프랑스의 왕은 존재하지 않는다(니콜라 사르코지라는 예외가 있긴 했지만……).

하지만 《나》와 관련해서는 이 문제가 발생하지 않는다. 왜냐하면 《나》란 일단 무언가를 아는 놈을 뜻할 따름이니까 말이다. 바꿔 말해, 우리가 의도하는 바는 학문론을 개

발하는 것이니까 말이다. 즉, 다양한 지식 분야들의 연결이 어떻게 가능한가를 다루는 사상을 개발하는 것이 우리의 의도다. 그렇다면 《나》는 〈무언가를 아는 누군가가 존재함〉을 가리키는 명칭이다. 이를 반박할 수는 없다. 만일 당신이 이런저런 근거들을 대면서 무언가를 아는 누군가가 존재함을 반박하고, 그 반박이 옳다면, 당신 자신도 그런 근거들이 있음을 알 수 없을 테니까 말이다! 이것이 데카르트의 코기토를 피히테풍으로 축약한 버전이다. 〈나는 생각한다, 고로 존재한다〉는 피히테에 이르러 〈나 = 나〉 혹은 〈나는 나다〉로 된다. 요컨대 학문론의 첫째 원리는 지식의 영역 안에 자기 자신과 동일한 놈이 적어도 하나 존재함을 보증한다. 그놈은 《나》다. 만일 내가 지금 런던에 비가 온다는 것을 알고 또 $2 + 2 = 4$라는 것을 안다면, 나는 두 놈으로, 즉 비가 온다는 것을 아는 놈과 $2 + 2 = 4$라는 것을 아는 놈으로 쪼개지거나 하지 않는다.

학문론의 둘째 원리는, 약간 단순화된 형태로 표현하면, 《나》 ≠ 〈나-아닌-놈〉이다. 이 원리의 배후에는 바로 절대적 객관성의 이념이 숨어 있다. 피히테에 따르면, 《나》가 아닌 놈은 《나》가 아니다. 무언가를 아는 누군가가 아닌 모든 놈, 예컨대 돌, 풀밭, 중성미자, 은하 등을 〈나-아닌-놈〉이라는 개념 아래 포괄할 수 있다. 누군가가 그것에 대해서 무언가 알아야만 존재하는 그런 사물이나 사실은 이 범주에 속하지 않는다. 피히테는 이 범주를 〈자연〉으로도 칭했는데, 이 때문에 그는 특히 괴테의 비판을 받았다. 괴테의 입장은《나》를 자연에서 배제하면 안 된다는 것이었다. 그러나 역사 속에서 일단 승리를 거둔 쪽은 피히테였다. 왜냐하면 그의 두 번째 원리는 〈나-아닌-놈〉으로서 자연의 이념, 곧 절대적 객관성의 이념을 축약해 놓은 것이었기 때문이다. 하지만 피히테의 견해는 자연이 그냥 그렇게 존재한다는 것이 아니었다. 오히려 그는, 모든 〈나-아닌-놈〉의 총체로서 자연의 개념은《나》의 추상화 산물Abstraktionsprodukt이라고 생각했다.

물론 피히테의 원래 의도는 이런 식으로 자연 앞에서《나》를 구해 내는 것이었다. 그러나 그 과정에서 그는 거꾸로 자연에서《나》의 흔적을 완전히 지워 버렸다. 그리하여 어떻게《나》가 언젠가 다시 자연에 속할 수 있을지가 불명확해져 버렸다.

우리가 〈자연〉을 〈절대적 객관성〉이라는 구호를 앞세우며 탐구해야 하는 모든 것으로 이해한다면, 우리는 오늘날에도 이 딜레마에 봉착한다. 그리고 우리의 주관적 관점들은 그런 절대적으로 객관적인 탐구에 정의상 적합하지 않다. 이런 식으로《나》는 자신을 자연에 근본적으로 맞세웠다. 다음 단계에서《나》를 완전히 제거해 버리고 싶다는 유혹이 절로 느껴질 정도로 말이다. 바로 이것이 신경중심주의가 느끼는 유혹이다. 신경중심주의는, 《나》-형식을 띤 모든 것을 신경 화학의 언어나 진화 생물학의 언어로 번역함으로써 외견상의 《나》를 해소하려 한다.

그러나 그런 시도를 접했다면 피히테는 격하게 반발했을 것이다. 그리고 그 반발은 충분히 타당하다. 왜냐하면 절대적 객관성이라는 이상이 자연을 하나의 통일된 개념으로 만든다는 사실을 신경중심주의는 간과하기 때문이다. 간단히 생각해 보자. 양성자, 보손, 광자, 중성자의 공통점은 무엇일까? 일단, 그것들의 독일어 명칭이 모두 〈-on〉으로 끝난다는 것이 유일한 공통점일 리는 없다(만약에 이것이 유일한 공통점이라면, 〈나일론Nylon〉도 기본 입자 모형에 포함시킬 수 있을 테니까). 왜냐하면 이것들 외에 분자, 은하, 빅뱅, 중력, 박테리아, 곰벌레, 초신성, 시공도 자연에 속하니까 말이다. 그러니 다시 묻자. 이 모든 대상들, 법칙들, 혹은 사실들이 대체 어떤 공통점을 가졌기에, 우리는 그것들이 자연이라는 동일한 영역에 속한다는 것을 알 수 있을까?

피히테의 대답은 이러하다. 우리가 그것들을 절대적 객관성의 관점에서 서술한다는 점이 그것들의 공통점이다. 이 대답이 뜻하는 바는, 그 모든 대상들, 법칙들, 사실들이 한 이론의 틀 안에서 연결된다는 것이다. 그런데 엄밀히 말하면, 그런 이론은 아직까지 존재하지 않는다. 통일된 자연 이론, 어떤 특수한 자연과학 분과로 인정받을 만한 통일된 자연 이론은 존재하지 않는다. 물리학조차도 그런 이론에 미치지 못한다. 그렇다면 통일된 자연의 영역이 존재하고 우리가 그 영역을 절대적·객관적인 방식으로 탐구할 수 있음을 우리는 대체 무엇을 근거로 확신할까?

이 질문에 답하기 위한 열쇠는, 절대적 객관성의 관점 자체는 결코 절대적 객관성의 관점에서 탐구될 수 없다는 것에 있다. 절대적 객관성의 이념은, 우리가 탐구 과정에서 우리 자신을 제쳐 놓는 것을 통해 생겨나는 추상화 산물이다. 하지만 그렇게 제쳐 둔다고 우리가 사라지는 것은 아니다. 오히려 우리는, 우리가 그리는 사태의 그림 바깥에 머무를 뿐이다.

훗날 네이글과 설은 피히테와 정확히 같은 뜻을 품고 이 생각을 새롭게 제시했다. 이들 두 철학자는, 우리의 객관성 이상은 한 관점에서 구성되는데, 그 관점 자신은 절대적으로 객관적일 수 없다는 점을 지적한다. 바꿔 말해, 객관성 이상은 우리의 관점이며 우리의 관점으로 머무른다. 즉,《나》가 자신과 〈나-아닌-놈〉을 구분하며, 무엇을《나》로 취급하고 무엇을 〈나-아닌-놈〉으로 취급할지에 대한 이론들을《나》가 구성한다. 이 이론들은 실험실에서 만들어지는 것이 아니다. 이 이론들은 사회적 관계들 속에서 만들어진다. 네이글과 설은 이 사실에 초점을 맞추지 않지만, 일찍이 피히테는 이 사실을 깨달았다.

그렇다고 해서, 절대적 객관성은 존재하지 않으며 따라서 예컨대 중성미자는 〈사회적 구성물〉이라는 결론이 나오는 것은 아니다. 중성미자는 실제로 존재하며, 중성미자가 이론적으로 예측되고 결국 발견된 것은 20세기 과학사의 흥미진진한 한 대목이었다. 그러나 오직 절대적 객관성만 존재하는 것은 불가능하다는 결론이 바뀌는 건 아니다. 그 안에 《나》가 등장하지 않는 포괄적 세계상은 근본적으로 불완전하다. 애당초 모든 것을 포괄하는 세계상들은 실패로 돌아가기 마련이다(이것이 나의 저서 『왜 세계는 존재하지 않는가』의 주제다). 하지만 지금 당신이 이 주장을 자세히 이해할 필요는 전혀 없다. 여기에서 우리에게 필요한 것은, 무엇이 자연에 속하는가에 대한 우리의 견해가 한 관점에 입각해서 결정된다는 아주 간단한 통찰뿐이다. 그 관점은 사물들과 사실들을 절대적으로 객관적인 양식으로 탐구하며, 우리는 그 양식을 근대 자연과학의 방법들을 통해 익혔다. 하지만 이 방법들을 그것들 자신에 적용하여 (따라서 절대적 객관성이라는 틀 자체를) 탐구하는 것은 단적으로 불가능하다. 자연과학을 다루는 자연과학은 존재하지 않는다. 바로 그렇기 때문에, 오늘날 신경 독어독문학, 신경 사회학, 신경 신학 같은 허무맹랑한 신경 분과 학문들은 존재하더라도 신경 신경과학은 아직 존재하지 않는다. 만일 신경 신경과학이 등장한다면, 그것을 능가하는 신경 신경 신경과학도 등장할 터이다.

지금까지의 논의를 배경에 깔고 이제 학문론의 셋째 원리를 살펴보자. 독자들은 우선 이 원리를 직접 소리 내어 읽어야 한다. 그래야만 내가 곧이어 우리 21세기 토착민들의 이해를 돕기 위해 내놓을 설명을 이해할 수 있을 것이다. 〈나는 나 안에 공유 가능한teilbar 나와 공유 가능한 나-아닌-놈을 맞세운다.〉[17] 이 원리에 등장하는 주인공들은 셋이다.

1. 《나》
2. 공유 가능한 《나》
3. 공유 가능한 〈나-아닌-놈〉

이상한 주인공들 같지만, 쉽게 이해할 수 있다. 《나》는 공유 가능한 《나》와 달리 당신과 내가 공유한 보편적인 사정Umstand, 즉 〈우리가 무언가를 알 수 있다〉라는 사정이다. 이 대목에서 앎Wissen과 표상Vorstellung 사이의 중대한 차이를 상기하는 것이 중요하다. 오늘날 이 차이는 아주 흔하게 흐릿해진다.

플라톤부터 오늘날의 인식론(앎이란 과연 무엇일까라는 질문을 중점적으로 다루는 철학 분야)에 이르기까지 사람들은 앎의 표준 정의를 거론해 왔다. 그 표준 정의는 〈앎이란 정당화된 참인 믿음이다〉라는 것이다. 이 정의의 배후에는 플라톤이 최초의 인식론 텍스트인 대화편 『테아이테토스』에서 펼친 다음과 같은 생각이 숨어 있다. 누군가가 거짓인 것을 알 수 있을까라는 질문을 던져 보자. 〈앙겔라 메르켈은 집게손가락이 열일곱 개다〉라는 것을 나는 알 수 있을까? 절대로 그럴 수 없다. 메르켈 총리의 집게손가락은 두 개뿐인데, 〈앙겔라 메르켈은 집게손가락이 열일곱 개다〉라는 것을 내가 어떻게 안단 말인가! 이를 일컬어 참-조건이라고 한다. 참-조건이 말하는 바는, 우리는 오직 참인 것만 알 수 있다는 것이다. 우리가 아는 바는 사실, 곧 참인 무언가다.

다음 질문은 이것이다. 당신은 스스로 도무지 확신하지 않는 바를 알 수 있을까? 내가 당신에게 〈2 + 2 = 4라는 걸 난 알아〉라고 말한다고 가정해 보자. 그러자 당신이 되묻는다. 〈너 정말 그렇게 믿어?〉 이에 나는 당신에게 〈나는 그걸 전혀 확신하지 않아〉라고 털어놓는다. 이것은 기이한 대화다. 우리가 무언가를 안다고 여길 때, 우리는 그 무언가를 또한 확신한다. 바로 그렇기 때문에, 사람들은 앎과 확실성Gewissheit과 믿음의 관계와 차이에 관해 수천 년 동안 토론을 이어 왔다. 사람은 스스로 높은 수준의 확실성으로 참이라고 여기지 않는 바를 알 수는 없다. 내가 무언가를 안다면, 나는 필요할 경우 그 무언가에 내기를 걸 것이다.

이 대목에서 일부 독자는 우리가 믿는 바가 절대적으로 확실한 경우는 사실상 없다는 점을 지적하고 싶을지도 모른다. 실제로 우리가 안다고 여기는 바는 때때로 착각이다. 또 우리는 타인들을 설득하여 그들이 실은 전혀 알지 못하는 바를 안다고 착각하게 만들 수 있다. 그렇기 때문에 이데올로기가 존재하는 것이다.

이 허점은 앞의 셋째 조건인 정당화 조건에 의해 메워진다. 정당화 조건에 따르면, 우리가 무언가를 안다면, 그 무언가에 대해서 의문이 제기될 경우 우리는 곧바로 충분한 근거를 대며 그 무언가를 방어할 수 있어야 한다. 〈지금 앙겔라 메르켈이 어디에 있는지 나는 알아〉라고 내가 말하자, 당신이 내 말을 미심쩍게 여긴다면, 나는 그녀가 베를린의 어느 행사에서 연설하는 모습을 방금 텔레비전에서 보았다거나 방금 내 친구가 전화를 걸어 와서 쇼핑 도중에 총리와 경호원들을 보았다고 자랑했다는 식으로 근거를 댈 수 있다. 무언가를 안다는 것은 그 무언가를 참으로 간주하는 근거를 충분히 댈 수 있다는 것을 전제한다. 바꿔 말해 무언가를 안다는 것은 최소한, 참인 무언가를 충분한 근거에 입각하여 상당히 확고하게 참으로 확신한다는 것을 전제한다.

그런데 중요한 것은, 앎을 누군가와 공유하는 것이 아주 간단한 일이라는 점이다. 예를 들어 내가 아내에게 전화를 걸어서 〈우리 개는 여태 거실에서 자?〉라고 물으면, 그녀는 집안을 둘러보고 나서 그렇다고 대답해 줄 수 있다. 이 경우에 아내는 개가 거실에서 잔다는 것을 간단한 둘러보기를 통해서 안다(그 둘러보기는 그녀의 앎을 뒷받침하는 충분한 근거다). 그녀가 이 앎을 나에게 전해 주면, 우리는 그 앎을 공유한다. 〈전달하기Mitteilung〉와 〈공유 가능하다teilbar〉를 뜻하는 독일어 단어들에서 벌써 알 수 있듯이, 앎은 전달하기를 통해서 공유 가능하다. 피히테는 이런 앎을 〈공유 가능한《나-아닌-놈》〉이라고 부른다.

반면에 내가 아내와 공유할 수 없는 것은 그녀가 가진 집안 광경의 표상이다. 그녀가 거실로 가서 개를 볼 때, 그녀는 특정한 관점에서 개를 보고, 개에 대해서 특정한 감정을 느끼고, 나라면 전혀 주목하지 않을 대상들을 지각한다(왜냐하면 그녀와 내가 배경으로 가진 견해들과 경험들이 서로 다르기 때문이다. 많은 사람들은 그런 배경의 견해와 경험들을 의식하지 못한다). 설의 말마따나, 우리의 표상들은 배경에 내장되어 있다. 즉, 주로 의식 없이 작동하는 능력들과 견해들 속에 내장되어 있다.[18]

바로 이것이 〈내가 다른 누군가로 사는 것을 표상할 수 없다〉라는 말에 암묵적으로 담긴 의미다. 하나의 표상이란,

우리가 감각 인상들을 처리하거나 처리된 감각 인상들을 상상력의 도움으로 회상할 때 펼쳐지는 심리적 에피소드 라고 할 수 있다. 표상의 개념 역시 난점들을 야기하는데, 표상의 개념을 한 개인이 자신의 구체적인 제반 상황 때문에 얻을 수 있는 정보들이라고 이해하면, 그 난점들을 피해 갈 수 있다. 그 제반 상황은 개인이 특정한 시점에 특정한 장소에 있다는 것도 포함한다. 내 아내가 정확히 무엇을 표상하는지 나는 모르고, 내가 정확히 무엇을 표상하는지 나의 아내는 모른다. 이런 의미에서 우리는 한 개인을 잘 알더라도 그의 표상 세계에 진입하여 그 세계를 — 이를테면 영화 「존 말코비치 되기」에서처럼 — 내면 관점으로 체험할 수 없다.

그러므로 표상은 전달할 수는 있지만 공유할 수는 없다. 반면에 앎은 전달할 수 있고 그럼으로써 또한 공유할 수 있다. 이것은 앎의 개념에서 간단히 나오는 결론인데, 나는 여기에서 그 개념의 핵심을 다시 한 번 강조하고 싶다. 즉, 타인과 나는 동일한 것을 알 수 있다. 우리 두 사람이 동일한 사실을 참으로 인정하고 그 인정의 충분한 근거를 동일하게 가진다면, 우리는 동일한 것을 아는 것이다. 그럴 때 우리는 똑같은 앎-상태에 처한다. 그러나 나와 타인이 정확히 동일한 표상을 가지는 것은 불가능하다. 왜냐하면 그러려면 내가 그 타인이어야 할 테니까 말이다.

피히테의 《나》-철학이 다루는 것은 앎Wissen이다. 그 철학의 명칭이 벌써 〈학문론Wissenschaftslehre〉이지 않은가. 이런 철학을 구성함으로써 그는 이미 당대에 다음과 같은 견해에 반발한 것이다. 즉, 〈우리 감각 수용기의 신경 말단이 자극됨을 통해 우리는 우리 안에서 발생하는 표상을 가지는데, 오직 그렇기 때문에 우리는 무언가를 알 수 있다〉라는 견해에 피히테는 반발했다. 이 견해와 유사한 생각들이 피히테의 시대에 퍼져 우리의 앎 전체를 의문시하기 위한 지렛대로 쓰였다. 그러나 그 의문 제기의 설득력은 앎과 표상을 혼동하는 것에서 나온다.

요컨대 피히테의 셋째 원리가 말하는 바는 아주 간단하다. 즉, 무언가를 아는 누군가는 공유 가능한 한 상태에 처한다는 것이다. 앎이란 전달할 수 있고 공유할 수 있는 일반적인 것이다. 피히테가 말하는 《나das Ich》는 앎의 일반적 차원을 가리키는 명칭이다. 바꿔 말해 그 《나》는 일반적인 앎-주체다. 반면에 〈공유 가능한 나〉는, 무언가를 아는 놈이 여럿일 수 있음을 가리키는 명칭이다. 〈공유 가능한 나-아닌-놈〉은 우리가 절대적 객관성의 양식으로 알 수 있는 모든 것이다.

어쩌면 오늘날 사람들에게도 다 옳은 말로 들릴 것이다. 어쩌면 현재의 학문 문화가 뇌와 혼동하는 《나》를 그 문화에 보충하는 방식으로 그 문화를 정당화하기 위해 피히테를 끌어들일 수도 있을 것이다. 하지만 그렇게 하더라도 결국 19세기 초 학문 문화의 수준에 도달할 따름이다. 신경중심주의는 그 수준보다 더 뒤떨어져 있다. 하지만 철학은 19세기 초에 끝난 게 아니다. 오히려 어떤 의미에서는 비로소 본격적으로 순항하기 시작했다.

인간 안에서 자연이 눈을 뜬다

그렇다면 《나》가 안고 있는 문제는 과연 무엇일까? 방금 언급한 대로, 《나》란 앎의 주체다. 《《나》다》라는 말은 〈무언가를 알고 전달할 수 있다〉라는 뜻이다. 요컨대 《나》임은 자기만 홀로 호문쿨루스처럼 뇌 안에 깃들어 있음이 전혀 아니다. 여기에서 이미 명확히 드러나듯이, 《나》는 〈뇌〉가 아니다.

그러나 피히테의 《나》-철학은 〈그럼 《나》와 자연은 대체 어떻게 연결되는가?〉라는 질문 앞에서 무너진다. 피히테의 생전에 낭만주의 사상의 거장들 중 최초로 셸링이 이 질문을 앞세워 치명적인 반론을 내놓았다. 여담이지만 그 반론은 실존주의, 마르크스주의, 현대 심층심리학의 탄생에 결정적인 영향을 미쳤다. 하지만 이 정도 영향력으로는 부족하다는 듯이, 셸링의 제자 요하네스 뮐러는 찰스 다윈과 더불어 (비록 동급은 아니더라도) 19세기의 가장 중요한 생물학자의 반열에 올랐다. 그가 제시한 특유한 감각 에너지들의 법칙은 오늘날의 교과서들에도 등장한다. 이 법칙에 따르면, 외부 자극의 객관적 구조가 아니라 오히려 자극당한 감각 기관(해당 신경 세포들)에 의해 자극이 어떤 양상의 지각으로(예컨대 시각, 청각, 미각으로) 처리될지가 결정된다. 뮐러가 이런 유형의 생각들을 품은 것은, 그가 피히테에 대한 셸링의 반론을 진지하게 받아들였기 때문이다. 그 반론은 이른바 자연 철학으로 이어졌다.

자연 철학은 이런 질문을 제기한다. 자연의 진화를 파악할begreifen 수 있는 놈이 자연의 진화 과정에서 언젠가 발생할 수 있으려면, 자연은 어떠해야 할까? 이런 유형의 숙고들은 오늘날 인간 원리라는 열쇳말 아래 널리 알려져 있다. 인간 원리란 〈관찰 가능한 우주는 그 우주를 관찰하는 생물들이 진화하기에 명백히 적합하다〉라는 통찰을 말한다. 왜냐하면 바로 우리가 그렇게 관찰 가능한 우주 안에서 진화하여 그 우주를 관찰하는 놈들이니까 말이다. 이를 비유적으로 이렇게 표현하기도 한다. 즉, 자연이 인간 안에서 눈을 떠 자기 자신에 대한 의식에 도달한다고 말이다. 네이글은 최근 저서 『정신과 우주Mind and Cosmos』에서 명시적으로 셸링에 기대면서 이 오래된 낭만주의적 비유를 다시 받아들인다.[19]

우리가 자연을 이해할 능력이 있다는 점은 실제로 주목할 만한 사실이다. 이 사실 앞에서 거의 경악할 수도 있다.

왜냐하면 정신적인 생물들이 진화하여 자연법칙들을 밝혀
내기 시작하기를 자연이 말 그대로 기다려 왔음을 짐작케
하는 정황 증거는 전혀 없으니까 말이다. 정신적인 생물들
이 존재한다는 것은 아무래도 필연적이지 않은 듯하다. 즉,
우리 지구에서 생물들의 진화가 다른 식으로 진행되어, 자
연과 자연 안에서 자신의 위치를 파악하려 애쓰는 정신적
생물들이 끝내 발생하지 않게 되는 상황을 우리는 쉽게 상
상할 수 있다.

이 대목에서 〈진화가 정신적 생물들을 산출했다〉라고
말한다면, 당연히 그 말은 벌써부터 오해를 유발한다. 왜
냐하면 〈진화〉란 단지 우리가 진화론을 통해 서술하는 종
들의 발생 과정을 가리키는 명칭일 뿐이니까 말이다. 진화
생물학자 리처드 도킨스는 저서 『눈먼 시계공*The Blind
Watchmaker*』에서 진화를 눈먼 시계공에 빗댔지만, 실제로
진화는 눈먼 시계공이 아니다.[20] 왜냐하면 진화는 시계공
이 아닐뿐더러 그 어떤 제작자도 아니니까 말이다. 진화는
아무 일도 하지 않는다. 왜냐하면 진화란 주체도 아니고
눈먼 의도들을 가진 어떤 다른 인격체Person도 아니라, 단
지 우리가 복잡한 종 발생 과정을 뭉뚱그려 부를 때 쓰는
명칭이기 때문이다(그 과정은 이제껏 나온 어떤 대안보다
진화론을 통해서 더 잘 설명된다).

그럼에도 우리는 진화가 이런저런 일을 한다거나 이런

저런 결과를 산출한다는 말을 종종 접하는데, 그것은 터무니없는 말이다. 진화는 그 어떤 결과도 산출하지 않는다. 기껏해야, 예컨대 우주에서 들어온 복사선이 유발한 유전자 변이와 기타 전적으로 자연적인 사건들이 세포 분열 과정에서 일어나, 표현형, 곧 특정 종의 생물들의 외적인 모습이 바뀌는 결과가 발생할 따름이다. 그런데 그 생물들의 환경도 이러저러하게 바뀌었다면 — 극단적일 경우, 지구가 거듭 겪은 파국적 격변이 일어났다면 — 어쩌면 변이된 유전자를 가진 생물들이 살아남아서 번식하는 결과로 이어질 것이다. 잘 알려져 있듯이, 이것이 다윈주의의 기본 사상이다.

정관사까지 붙어 있는 〈진화die Evolution〉라는 표현은 이런 과정들이 마치 모종의 의도가 있기라도 한 것처럼 긴밀하게 연결되어 있다는 생각을 절로 품게 만든다. 그리고 그 의도는 다름 아니라 눈먼 의도, 이를테면 개체들과 종들의 생존이다. 하지만 이런 생각을 받아들이면, 우리는 진화론의 본래 취지를 거슬러 진화를 의도적으로 지휘되는 과정으로, 이를테면 생존 투쟁으로 여기게 된다. 그러나 종들의 발생을 다루는 기존 이론들에 비해 진화 생물학이 결정적으로 진보한 점은 어떤 의도도 전제하지 않고 종들의 발생을 설명해 낸다는 것에 있다. 생물학의 발전과 20세기의 DNA 발견 및 해독 같은 큰 도약들을 통해 명확히 드러났듯이, 우리는 눈먼 시계공을 내버릴 수 있다. 단지 과거에 의도적인 신이 차지했던 자리를 이제 눈먼 시계공이나 〈진화〉 같은 대리신(代理神)으로라도 채우려는 욕구에 부응할 뿐인 그런 비유를 진화론은 필요로 하지 않는다.

셸링의 자연 철학은 피히테의 《나》-철학에 맞서서, 자기가 《나》임을 알아챌 수 있고 그런 식으로 자연에 관한 앎에 도달할 수 있는 정신적 생물이 하늘에서 뚝 떨어지지 않는다는 점을 강조한다. 우리는 어쩌다 보니 원숭이 몸과 결합한, 혹은 원숭이 몸 안에 갇힌 《나》-천사가 아니다. 하지만 이 지적이 의미하는 바는 일단 이것뿐이다. 즉, 우리가 우리 자신을 《나》로서 알아챌 수 있기 위한 생물학적 필요조건들이 존재한다는 것뿐이다. 그 필요조건들이 반드시 우리의 지식 문화를 방해하는 것은 아니다.

《나》라는 열쇳말 아래 진행된 인간 정신의 자기탐구의 틀 안에서 자연이 발견되고 그것이 19세기의 중요한 주제로 부상한 것은, 자연이 《나》를 말하자면 덮칠 수 있기 때문이다. 자연 철학과 이를 계승한 — 마르크스주의와 정신분석을 포함한 — 19세기 사상들은 《나》가 온전히 자율적이라는 생각에 반발했다. 그들은 《나》의 질병들이 존재한다는 것, 자연적 조건들이 《나》를 교란하거나 완전히 뒤흔들지 않을 때만 《나》가 앎의 차원을 펼칠 수 있다는 것을 지적했다. 아닌 게 아니라, 자연은 실은 추상화 산물일 뿐이라는 피히테의 주장과 정반대로,《나》-유형이 전혀 아닌 눈먼 자연이 실제로 존재하며 그런 자연이 어떤 의식적인 의도도 없이 의식적인 생물들을 산출했다는 인상이 우리를 덮칠 때가 분명히 있다. 피히테는 이 문제에 대해서 대체로 침묵했고, 괴테와 셸링은 그 침묵을 비난하면서 다른 방향으로 나아갔다.

〈아빠에게 맡겨〉: 프로이트와 「슈트롬베르크」

이 모든 것을 배경으로 삼아서 지그문트 프로이트는 나름의 《나》-개념을 고안했고, 그 개념은 큰 영향력을 발휘해 왔다. 《나》-개념에 대한 프로이트의 연구가 특히 뚜렷하게 나타나는 그의 저술은 1923년에 출판된 『자아와 이드*Das Ich und das Es*』이다. 이 작품에서 프로이트는 의식과 무의식의 구분을 보강하기 위하여 자아, 초자아, 이드라는 유명한 개념들을 도입한다. 그런데 이때 프로이트가 말하는 자아, 곧《나》는 앎의 일반적 차원이 아니라, 우리 내면의 삶의 한 측면 혹은 한 담당자를 뜻한다. 〈한 개인의 내면에서 일어나는 과정들이 하나의 일관된 조직체Organisation를 이룬다는 생각을 우리는 해왔다. 그 조직체를 일컬어 그 개인의 《나》라고 한다.〉[21] 이처럼 《나》가 심리학의 대상으로 된다. 철학에서 니체가 이 변화를 예비했고, 프로이트는 니체를 읽었다.

프로이트는 일찍이 정신적 질병들의 생리학적 원인을 찾는 작업을 시작했으므로 실은 자연과학자에 가깝다는 주장을 흔히 듣게 된다. 그 주장과 함께 언급되는 프로이트의 저술이 1895년에 출판된 『한 심리학의 초안*Entwurf einer Psychologie*』이다. 이 작품에서 프로이트는 생물학에 기초를 둔 〈뉴런 이론Neuronentheorie〉(프로이트 자신이 붙인 명칭임)을 펼친다. 오늘날 우리는 뇌에서 일어나는 과정들 대부분이 의식적으로 체험되진 않지만 우리의 의식적인 삶을 가능케 한다는 것을 안다. 그래서 사람들은 뇌 속 과정들을 자연과학적으로 보증된 정신 분석의 토대 혹은 대용물로 삼을 수 있다고 여기곤 한다.

그러나 프로이트가 정신 분석에 도달한 진짜 이유는 다른 데 있다. 즉, 우리가 우리 자신과 우리의 태도들을 타인들에게 서술하는 방식에서 드러나는 우리의 정신적 삶의 구조들이 존재한다는 사실을 그가 이해한 것이 진짜 이유였다. 더구나 그는, 우리의 태도를 우리 자신과 타인들에게 이야기하고, 그 태도가 어떤 식으로 고통스럽게 체험되는지, 어떻게 그 태도를 변화시킬 수 있는지 묻는 것을 핵심으로 하는 심리 치료법을 개발했다. 그 심리 치료에서 신체적 과정들에 개입하는 작업 — 예컨대 항우울제를 먹는 일 — 은 때때로 필요하지만 항상 필요한 것은 아니다. 우리의 자기서술과 우리의 의식적 삶의 질 사이에는 연관성이 있다. 이 연관성이 모든 사례에서 신경 조절 물질들을 통해 제어되는지, 또 그 물질들의 방출을 지배하는 생화학적 규칙성들이 우리의 의식적 체험에 대한 자기서술에서 나타나는 규칙성들과 법칙적인 방식으로 상관되는지 여부는, 사실 그대로 말하면, 현재 아무도 모른다. 나폴레옹의 유럽 정복 야심에 대응하는 생화학적 토대가 구체적으로 무엇인가라는 질문은 — 이 질문 자체가 형식적으로 문제가 없다고 전제하더라도 — 순전히 추측을 통해서만 대답할 수 있다.

역사의 여러 굴곡마다 프로이트가 계속 거듭해서 받은 비판은 정신 분석이 충분히 과학적이지 않다는 것이었다. 그런데 이 비판은 이른바 〈과학〉이란 무엇을 뜻하는가에 의존한다. 어쨌든 정신 분석은 오늘날에도 효과를 인정받는 치료법이다. 그리고 프로이트와 그의 계승자들 가운데 특히 프랑스 정신 분석가 겸 철학자 자크 라캉은, 인류를 감독하는 전문가 집단, 곧 〈과학〉이라는 절대적으로 객관적인 여신에게 충성하는 과학자 집단이 존재한다고 여기는 자기서술들을 유난히 비판적으로 다룬다. 정신 분석은 그릇된 과학 이상(理想)에 대한 비판, 곧 절대적 객관성에 도달할 수 있다는 견해에 대한 비판과 죽이 맞는 사이다. 그래서 일부 사람들은 정신 분석을 싫어한다.

신경중심주의자들은 프로이트와 정신 분석을 자꾸 들

먹이면서 그가 자신들의 선구자라며 경의를 표한다. 그러
므로 프로이트가 《나》를 무엇으로 이해했는지, 또 그가
《나》를 뇌와 동일시하려 했는지를 좀 더 자세히 살펴볼 필
요가 있다. 프로이트의 사상에서 《나》는 과연 무엇이고, 그
《나》의 어떤 속성들이 우리의 논의에서 중요할까?

프로이트의 기본적인 구분은 심리das Psychische를 의식
과 무의식으로 나눈 것이다. 그는 이 구분을 〈정신 분석의
기본 전제〉라고 부른다.[22] 이 전제에 따르면, 의식은 우리
의 정신적 삶(심리)을 온전히 대변하지 못한다. 오늘날에
도 이 구분은 탄탄히 유지되고 있다. 단지, 이 구분을 정확
히 어떻게 이해할 것인지가 논란거리일 따름이다. 결정적
으로 중요한 것은, 프로이트가 말하는 무의식은 신체적 과
정들로 이루어진 것이 아니라 심리에 속한다는 점이다. 물
론 나의 감각 수용기들에 도달하는 광자들을 정보로 변환
하는 신경 생물학적 과정들은 다음과 같은 의미에서, 곧
내가 그 과정들을 그 과정들로서 알아채지 못하고 오직 그
과정들의 결과 — 내가 지금 의식하는 인상들 — 만 체험
한다는 의미에서 무의식적이다. 내가 내 손을 바라볼 때,
나는 그 와중에 일어나는 신경 생물학적 과정들을 보지 못
한다. 하지만 이 과정들은 정확히 프로이트가 말하는 의미
에서 무의식적인 것은 아니다. 프로이트가 말하는 무의식
적인 것은, 당사자가 자신의 특정한 표상들과 바람들을 스

스로 검열하기 때문에 구축해 놓은 저항을 포기함으로써 접근 가능해진다. 이 대목에서 반드시 억압된 성적 환상이나 유명한(악명 높은) 오이디푸스 콤플렉스를 연상할 필요는 없다. 지극히 일상적인 경험들만으로도 충분하다.

당신이 터미널에서 공항으로 가는 버스에 탑승한다고 해보자. 버스에 올라탄 당신은 빈 좌석 하나를 본다. 그 좌석을 향해 이동하는 동안, 당신은 어쩌면 이미 공항에서 본 적이 있을 수도 있는 타인들을 본다. 당신은 그들 중 일부에게는 (이유가 무엇이든 간에) 관심이 있고, 나머지에게는 관심이 없다. 〈그리고 지각 활동 자체는 어떤 이유에서 무언가가 지각되거나 지각되지 않는가에 대해서 어떤 정보도 제공하지 않는다.〉[23] 그렇기 때문에 당신은 당신 자신의 행동을 정당화하는 그럴싸한 이론을 구성한다. 당신이 지금 향해 가는 좌석에 앉으면 의지할 데 없는 듯한 중년 여성이 보일 텐데, 당신은 좌석에 앉아서 그녀를 보고 싶다. 당신은 불친절한 인상의 남자 곁에 서고 싶지 않다. 그는 계속 누군가와 전화 중이다. 자신이 중요한 인물이라는 것을 모두에게 보여 주고 싶어서 그런다는 인상이 든다, 등등. 이 모든 와중에, 당신이 기꺼이 품은 것이 아니어서 말하자면 서둘러 제쳐 놓는 다양한 생각들이 당신의 머릿속을 스쳐 간다. 프로이트에 따르면, 그 생각들은 무의식에서 유래한 메시지들이다. 그것들의 핵심은 평가 패턴Bewertungsmuster이며, 그 패턴은 특정한 사물들이 당신의 주의를 끄는 결과가 발생하는 것에, 당신이 특정한 타인들에게 관심을 기울이고 그들에 대해 모종의 평가적 태도를 취하는 결과가 발생하는 것에 다른 요인들과 함께 기여한다.

반바지 차림의 남성 휴가객 하나가 사람들을 밀치며 비행기에 탑승하는데, 요하네스라는 사람의 눈에 그 휴가객이 유난히 거슬린다고 가정해 보자. 왜 그리 짜증을 내냐고 누가 묻는다면, 요하네스는 자신의 짜증을 이를테면 이렇게 정당화할 수 있을 것이다. 〈나는 타인들을 밀치는 사람이 싫은데다가, 저런 반바지 차림인 것으로 보아 휴가를 가는 것이 분명한 사람이 저런 식으로 모든 승객을 앞질러 가는 것에 어쩌면 화까지 난다.〉 요하네스가 이 불평을 자기에게 혹은 동료 승객에게 털어놓는 와중에 불현듯 이런 생각이 그의 머릿속을 스쳐 간다. 〈실은 나 자신이 지금 팔마 데 마요르카로 이렇게 업무차 가는 것이 아니라 휴가를 가고 싶구나.〉 게다가 어쩌면 그는 언젠가 누군가로부터 다리가 못생겼다는 소리를 들은 탓에 반바지 차림으로는 절대로 여행하지 않거나 아예 남들 앞에 나서지 않을지도 모른다. 그러나 이 생각은 기껏해야 잠깐 번득이고 이내 외견상 잘 정당화된 그 휴가객에 대한 불평으로 대체된다.

이 가상의 상황을 배경 삼아서 말하자면 정신 분석의 기본 발상은 이렇다. 곧, 우리가 우리 자신의 태도를 명확히 설명하면서 자신과 타인들에게 건네는 일상적인 정당화 발언은 항상 경험들에 뿌리를 두며, 그 경험들 중 일부를 우리는 완전히 망각했다고 여긴다. 그러나 그 일부 경험들은 우리가 그것들에 대한 저항력을 개발했다는 바로 그 점을 통해서 우리를 규정한다. 우리가 한때 의식했던 표상들에 대한 저항력을 개발함을 통해 무의식이 발생하고, 더불어 우리의 개성Persönlichkeit 혹은 — 프로이트가 때때로 몇몇 유보 조항을 붙이면서 사용하는 용어로는 — 〈성격Charakter〉이라고 할 만한 것이 비로소 발생한다.[24] 이 맥락에서《나》(자아)는 합리적인 것으로 체험되는 우리의 정당화 발언을 가리킨다. 즉, 우리 자신의 태도들이 매우 정당하다고 자부할 때 우리가 발 디디는 층위가 바로《나》다. 그렇기 때문에 또한《나》는 자신의 실존 방식을 합리적으로 정당화된 것으로서 제출하는 진지한 놀이 참가자Mit-spieler로서 등장한다.

이를 우리 모두가 잘 아는 한 현상을 통해서도 설명할 수 있다. 일터, 예컨대 대형 사무실을 생각해 보자. 더 나아가 어쩌면 우리가 대략 같은 장소를 상상하면 좋을 것 같으니, 리키 저베이스가 각본을 쓴 영국 텔레비전 시트콤「오피스The Office」의 무대를 떠올리자. 이 프로그램은 미국에서도 방영되었을뿐만 아니라 독일에서는 「슈트롬베르크Stromberg」로, 프랑스에서는 「뷔로Le Bureau」로 리메

이크되었다. 이 시리즈들은 한 일터에서 벌어지는 심리적 역동을 다룬다. 독일 버전의 무대는 슈트롬베르크(프랑크푸르트 근처의 도시)에 위치한 보험 회사 〈카피톨Capitol〉의 대형 사무실이다. 늦어도 「슈트롬베르크」 극장판이 나온 이래로 〈카피톨〉은 독일 자본주의의 대명사가 되었다. 독일의 사회적 시장 경제는 앙겔라 메르켈 총리가 즐겨 말하듯이, 〈독일에 사는 사람들〉의 안전 욕구를 중시한다. 자본주의는 일종의 보험으로 경험된다. 따라서 「슈트롬베르크」는 이미 무대 설정에서부터 무의식적 표상들을 드러내는 셈이다. 뿐만 아니라 무의식은 그 시리즈에서 끊임없이 표출된다. 그 코미디 시리즈의 본질적인 부분인 무의식의 표출은 극장판에서는 카피톨의 고위층이 이사회 만찬을 빙자하여 성매매 여성들과 광란의 파티를 벌이는 장면에서 그 절정에 이른다.

다시 대형 사무실로 돌아가서 생각해 볼 수 있는 가장 간단한 질문을 던지자. 그 사무실에서 일하는 모든 각자는 일종의 심리적 지도를 그려서 품고 있고, 그 지도에는 다른 모든 개인들이 그들에 대한 평가와 함께 등재되어 있지 않을까? 각각의 개인은 모든 개인들의 서열을 다르게 매길 것이다. 바꿔 말해, 합법적 서열 — 회사에서 확정해 놓은 지위들 — 외에 그 서열과 부분적으로 불일치하는 심리적 서열이 항상 존재한다. 더구나 우리의 심리적 서열들에 의

존하지 않는 순수한 합법적 서열은 존재하지 않으며 양자
는 흔히 연결된다는 점(집단 따돌림, 스트레스, 성적인 괴
롭힘, 남녀 차별, 행정 편의주의 등의 직장 심리학을 생각
해 보라)을 우리가 차츰 깨달으면, 심리적 서열들이 존재
한다는 말은 한층 더 설득력 있게 다가온다.

「슈트롬베르크」는 심리적 서열이 어디에나 있다는 점을
명확히 보여 주기 위해 등장인물들과의 짧은 인터뷰를 이
용한다. 극중에서 계속 반복되는 그 인터뷰들에서 등장인
물은, 다큐멘터리 촬영을 위해 카피톨의 일상을 추적하는
카메라를 정면으로 바라보며 발언한다. 개별 인물들은 자
신의 평가에 비추어 사회적 서열을 서술하는데, 그 과정에
서 그들의 평가가 딱히 합리적이지만은 않다는 점이 미묘
하게 드러난다.

여기에서도 알 수 있듯이, 프로이트의 모형에서 《나》는
우리의 사회적 상호작용에 대한 서술의 층위를 가리키는
이름이다. 그 층위에서 우리의 서술은 정당하며 근거들을
통해 충분히 뒷받침된 것처럼 보인다. 이 같은 《나》 개념은
프로이트의 과학관과 맥이 통한다. 1915년에 출판한 논문
「충동들과 그것들의 운명Triebe und Triebschicksale」의 첫머
리에서 프로이트는 이렇게 말한다.

선명하게 정의된 명확한 기본 개념들을 토대로 삼아서

학문을 구축해야 한다는 요구를 우리는 자주 들어 왔다. 현실에서는 어떤 학문도 그런 정의들을 출발점으로 삼지 않는다. 가장 엄밀한 과학들도 마찬가지다. 과학적 활동의 올바른 시작은 오히려 현상들을 서술하고 분류하고 질서 있게 배열하고 맥락 안에 집어넣는 것에 존립한다. 이미 서술 단계에서 우리는 우리가 어딘가에서 끌어온 — 오로지 새로운 경험에서 끌어온 것은 확실히 아닌 — 추상적 관념들을 자료에 적용하는 것을 피할 수 없다.[25]

어떻게 충동은 엄연한 사실과 충돌하는가

프로이트가 《나》라고 부르는 구조 안에서 우리의 합리성 (합리성을 뜻하는 독일어 〈Rationalität〉에 들어 있는 라틴어 ratio는 근거나 이유를 뜻함)을 해명하려는 모형들이 현대 철학에서 다양하게 개발되었다. 미국 철학자 로버트 브랜덤은 〈근거를 요구하고 제시하는 놀이〉를 언급하면서, 《나》를 이 놀이의 참가자를 가리키는 일반적인 이름으로 간주하는 입장을 옹호한다.[26] 이 입장에 따르면, 〈하나의 《나》임〉은, 〈우리가 우리 자신과 타인들에게 우리의 태도들을 근거를 통해 뒷받침하고 정당화하며 서술할 때의 서술 층위에서 접근 가능함〉을 뜻한다.

아쉽게도 프로이트 본인은 《나》를 호문쿨루스처럼 다루는 경향을 자주 보인다. 그런 《나》는, 자극을 통해 우리 안에서 지각들이 발생함으로써 무대 위에 등장한다고 프로이트는 생각한다. 〈이는 다음과 같은 문장이 증명된 것과도 같다. 모든 앎은 외적인 지각에서 나온다.〉[27] 이 주장을 뒷받침하기 위하여 그는 〈뇌 해부학〉[28]에 기대면서 《나》를 해부학적으로 지목할 수 있는 어떤 표면으로 간주한다. 그러나 이것이 얼마나 혼란스럽게 뒤엉킨 생각인지는 사실상 이해 불가능한 다음과 같은 대목에서 드러난다. 이 대목에서 프로이트는 명시적으로 《나》를 호문쿨루스로 간주한다.

《나》는 무엇보다도 먼저 신체적인 놈이다. 《나》는 표면에 불과하지 않고 그 자체로 표면의 사영Projektion이다. 이를 해부학에 빗대어 설명하려면, 가장 먼저 해부학자들이 말하는 〈뇌 난쟁이Gehirnmännchen〉를 《나》와 동일시할 수 있다. 뇌 난쟁이는 대뇌피질에서 물구나무를 선다. 발꿈치를 위로 뻗고 아래를 바라보면서, 잘 알려져 있듯이, 왼쪽으로 언어 구역을 짊어진다.[29]

여기에서 프로이트는 《나》를 천연덕스럽게 사물화한다. 그러나 브랜덤은 《나》를 사회적 기능으로, 곧 사회적 상호작용을 우리의 정당화 발언의 틀 안에서 서술하는 그런 서술의 층위로 이해하자고 제안했고, 그 제안을 받아들이면 이런 사물화를 피할 수 있다. 이로써 우리는 이미 다발 이론과 실체 이론 사이의 오솔길에 들어선 셈이다. 왜냐하면 《나》라는 서술의 층위는 다발도 아니고 정신적 상태들의 보유자도 아니니까 말이다.

그러나 브랜덤은, 따라서 《나》는 다른 사람들 사이의 중립적인 한 참가자에 불과하지 않다는 점을 주목하지 않는다. 무슨 말이냐면, 모든 각각의 《나》는 타인들이 단박에 공유하지는 않을 한 관점에서 놀이 전체를 서술한다. 그 이유는 우리가 제각각 다른 경험적 토대들을 갖춘 다른 이론들을 — 우리는 그 이론들을 근거 요구하고 제시하기 놀이에서 서로 비교할 수 있을 텐데 — 가졌다는 것에 국한되지 않는다. 오히려 다름 아니라 프로이트에게서 배울 수 있듯이, 《나》는, 타인들이 우리의 경험들에 평가를 부여하고 우리가 그 평가를 하나의 관습으로서 넘겨받음을 통해, 개인화된다. 그렇기 때문에 프로이트는 《나》(자아) 외에 초자아와 이드를 추가로 도입했다.

프로이트가 《나》-이상Ich-Ideal 혹은 이상-《나》로도 부르는 초자아Über-Ich는, 우리가 특정 행동들과 태도들을 용납할 수 있는 것들로, 혹은 심지어 꼭 필요한 것들로 간주할 때, 우리의 자기서술 — 우리의 《나》 — 을 규정한다. 초자아는 우리가 무엇을 충분한 근거로 간주할 수 있는지를 정한다. 그 충분한 근거는 《나》가 타인들에 대한 특정한

312

감정적 태도를 정당한 것으로 느낄 수 있게 해준다. 반복되는 특정 상황에서 우리가 과거(유년기에만 국한되지 않는 과거)의 특정 경험들에 기초하여 특정한 감정을 느낀다는 것을 스스로 인정하기는 어렵다. 왜냐하면 그것을 인정하는 것은 충분한 근거의 관리자로서《나》의 의식적 통제권을 포기하는 것과 같기 때문이다. 감정은 모종의 방식으로 우리를 덮치는 듯하다. 그럴 때 우리가 자기감정의 제물로만 머물지 않는 방법을 훈련하는 것, 바로 이것이 자기인식의 과제다.

반면에 이드는 프로이트가 충동들을 가리킬 때 쓰는 명칭이다. 그는 성 충동Sexualtrieb(에로스)과 죽음 충동Todestrieb을 구분한다. 성 충동은 자기 보존을 추구하는 반면, 죽음 충동은 자기 말소를 추구한다. 뿐만 아니라 프로이트의 견해에 따르면, 이 두 충동을 생물학적으로도 입증할 수 있다. 그는《나》와 이드의 구분을 〈비교적 단순한 생물들〉에도 부여한다. 〈왜냐하면 그 구분은 외부 세계가 미치는 영향의 필연적 표현이기 때문이다.〉[30] 이 층위에서 프로이트는 우리 내면과 실재의 접촉을 가능케 하는 지각들을《나》의 자리로 규정한다. 반면에 이드는 (내면세계를 구성함으로써) 자신에 대해 독립적인 실재의 인정을 거부할 수도 있다.

마치《나》, 이드, 초자아가 신체의 부분들인 것처럼 그것들의 위치를 규정할 수 있다는 그릇된 생각을 제거하고서, 프로이트의 취지를 대체로 재구성할 수 있다. 물론 프로이트는 실제로 그런 그릇된 생각을 품었고, 그래서 자신의 이론을 〈위상학적topisch〉(그리스어 〈topos = 위치〉에서 유래한 단어임) 이론이라고 표현하기도 했지만 말이다.

우리는 우리의 믿음과 견해에 의존하지 않는 사실들에 대하여 믿음과 견해를 가진다. 무언가를 지각한다 함은, 그런 사실들과 접촉한다는 뜻이다. 우리는 지각을 통해 그 사실들을 변화시키지 않고 파악하기만 한다. 지각을 뜻하는 독일어 〈Wahrnehmung〉이 벌써 이를 암시한다. 그 단어는 우리가 무언가를 참되게wahr 받는다nehmen는 것, 다시 말해 참된 것, 곧 사실을 붙잡는다는 것을 암시하니까 말이다. 지각을 뜻하는 라틴어 〈perceptio〉에서 유래한 단어로 지각을 가리키는 언어들(예컨대 영어, 프랑스어)에서도, 우리가 지각할 때 무언가를 그러모으거나 붙잡는다는 생각이 표현된다. 그렇기 때문에 프로이트의 이론에서 《나》는 실재 원리Realitätsprinzip*를 대표한다. 프로이트가 말하는 실재 원리는 〈우리는 사실들과 접촉하며, 우리는 그 사실들의 존립이나 발생에 연루되어 있지 않다〉라는 사

* 통상적으로는 〈현실 원리〉로 옮긴다.

태를 의미한다.

그것들의 존립에 우리가 전혀 연루되어 있지 않은 사실들을 엄연한 실재들harte Wirklichkeiten로 명명할 수 있다. 일부 엄연한 실재들의 경우, 그것들이 우리의 감각 수용기들에 영향을 미침으로써 우리가 그것들을 지각할 수 있다. 하지만 모든 엄연한 실재들이 그런 것은 아니다. 나폴레옹이 스스로 황제의 관을 썼다는 사실은 어느 모로 보나, 오늘날 살아 있는 누군가가 그 사실의 발생에 관여했다는 것에 대해 독립적으로 존립한다. 하지만 우리에 대해 독립적인 존립과 그렇지 않은 존립을 가르는 경계선을 정확히 긋는 것은 결코 쉬운 일이 아니다. 하지만 우리는 여기에서 이 문제를 더 다루지 않을 것이다. 이 대목에서 결정적으로 중요한 것은 다만,《나》가 어딘가에서 사실들과 마주치고, 그 사실들 중 일부는 엄연한 실재들이며, 그 엄연한 실재들의 존립을《나》는 일단 인정해야 한다는 것이다.

반면에 이드는 충동들을 대표한다. 충동들은 엄연한 실재들로부터 독립적일 수 있다. 그렇기 때문에 우리는 때때로 엄연한 실재들을 바꿀 수도 있다. 예컨대 우리는 스위스에서 이탈리아로 (또한 반대 방향으로) 가는 것을 방해하는 산과 마주친다. 그리하여 우리는 간단히 〈고트하르트 베이스 터널〉을 뚫는다. 왜냐하면 우리는 스위스-이탈리아 국경을 더 빨리 넘기를 원하기 때문이다. 그런데 왜 그

것을 원할까? 그야, 우리가 서로 교역하기를 원하고, 서로의 음식을 먹고 박물관들을 관람하기를 원하고, 다른 곳에 사는 사람들과 사귀고 만나기를 원하기 때문이다.

우리는 실재를 변화시키고 새로운 실재를 만들어 낸다. 왜냐하면 우리는 충동을 가졌기 때문이다. 만약에 충동이 없다면, 우리는 수동적으로 실재를 마주한 창(窓)과 같을 테고, 그런 수동적인 창은 오래 생존할 수 없을 것이다. 동물들은 식물들과 달리 자기 규정적 운동성을 가졌다. 우리는 장소 변경의 충동을 하나의 추진력으로서 체험한다. 그렇기 때문에 프로이트는 이드를 일종의 에너지 센터로, 지각을 통해 자극되며 지각에 반응하는 에너지 센터로 본다. 프로이트가 보기에 《나》는 이드의 눈과 귀에 해당한다. 프로이트는 명시적으로 《나》를 이드의 한 부분으로 간주한다. 여기에서 벌써 그의 구분들을 둘러싼 난점들이 발생하지만 말이다.

《나》, 초자아, 이드는 얼핏 드는 생각보다 훨씬 더 밀접하게 연결되어 있다. 프로이트에 따르면, 초자아는 〈내면세계, 곧 이드의 변호사〉[31]로서 이드의 바람들을 검열하여 《나》에게 전달한다. 〈개별 영혼의 삶에서 가장 깊은 곳에 속했던 것이 이상 형성을 통해 우리의 가치 평가의 측면에서 인간 영혼의 가장 높은 것으로 된다.〉[32] 이것은 특이한 구조다.

아무튼 명백한 것은, 프로이트가 말하는 〈충동〉을 〈지각〉과 달리 변화 추구로 이해할 수 있다는 점이다. 지각은 아무것도 바꾸려 하지 않고 오히려 우선 그대로 받아들이려 하는 반면, 이드는 우리를 한 상태에서 다음 상태로 몰아간다. 이때 이드는 어떤 특정한 형태, 곧 구체적인 바람의 형태를 띠게 되는데, 이는 오로지 이드가 《나》를 통해 자신을 명확하게 표현하기 때문이다.

다시 한 번 우리가 세계화된 복지 사회의 일원으로서 생각해 볼 수 있는 한 예를 살펴보자. 우리가 슈퍼마켓에 가서 스스로에게 어떤 우유를 사려 하느냐고 묻는다고 해보자. 우리는 우유 포장의 형태와 색에 자극되어 이런저런 상상을 한다(흐음, 저 우유는 틀림없이 바이에른에서 아침을 먹으면서 마신 우유와 맛이 똑같을 거야. 저 우유를 마시면 옛날에 슈타른베르크 호수에 갔을 때 느낀 기분이 되살아날 거야). 우리가 어떤 우유를 사려 하느냐고 자문하는 순간, 이드의 에너지(흐음, 틀림없이 맛이 좋을 거야!)와 초자아의 에너지(너무 비싸! 우유를 마시면 뚱뚱해져!)를 결합하기 위한 계산이 시작된다. 약간 원시적인 색채를 띤 프로이트의 인간상에 기초하면, 의식 영화에 따라 붙는 선(先)의식적이며 무의식적인 대사들은 이런 식일 것이다. 이드는 〈흐음, 저 우유는 엄마의 유방과 유아기 적 나의 엄마 사랑을 은밀히 연상시키는군〉이라고 속삭인다.

초자아는 〈넌 뚱뚱해. 그리고 넌 날씬해야 해. 안 그러면, 넌 엄마를 얻을 수 없어〉라고 외친다. 프로이트의 견해는 대충 이런 식인데, 이런 견해를 반드시 따라야 하는 것은 아니다.

오이디푸스와 우유 포장

다양한 우유 포장들에 대한 지각은 항상 가치 평가와 결합된 채로 등장하는데, 그 가치 평가가 반드시 현전하는 사실들과 관련이 있어야 하는 것은 아니다. 우리의 지각은 온갖 유형의 바람들과 욕망들의 시스템 안에 내장되어 있다. 그와 같은 지각이 우리의 바람으로부터 자유로운 순수한 형태로 등장하는 일은 인생에서 단 한 번도 없다. 심지어 당신이 자연과학자로서 실험실 안에서 어떤 단백질을 연구하더라도 마찬가지다. 벌거벗은 사실들을 지각하거나 인식하려면 당신은 당신 자신의 바람들을 도외시해야 한다. 그런데 당신 자신의 바람들을 도외시할 수 있으려면, 당신은 바로 그 도외시를 바라야 한다. 물론 당신은 일찍이 자연과학자가 되기로 결심했고 가능한 한 이 결심의 틀 안에서 목적 달성에 도움이 되도록 자신의 충동들을 통제한다. 우리가 일상적으로 수용되는 근거들을 제시하면서 나누는 대화에서 거론하는 우리의 실존, 곧 의식적으로 사는 실존, 곧 《나》는 〈이드의 특수하게 분화한 한 부분〉이다.[33] 무슨 말이냐면, 우리는 온갖 것을 지각하지만, 정작 우리가 무엇에 초점을 맞추고 무엇을 간과할지에 대한 결정이 매번 어떻게 내려지는지는 지각하지 못한다. 이런 의미에서 우리의 지각하는 《나》는 이드의 특수하게 분화한 한 부분이다. 그렇기 때문에 프로이트는 《나》를 〈가련한 사물armes Ding〉[34]이라고 표현한다. 그가 보기에 《나》는 하나의 표면에 불과하니까 말이다. 그 위에서 한편으로 지각들이 표상되고 다른 한편으로 충동들이 표상되는(그 충동들은 곧바로 초자아에 의해 걸러지고 검열된다) 그런 표면 말이다.

그러나 프로이트가 제시한 지각과 충동의 — 실재와 바람의 — 구분은 안타깝게도 몹시 뒤죽박죽이다. 더 자세히 들여다보면 그 구분에 기초한 건물 전체가 무너져 버린다. 대관절 어떻게 이드가 미분화된 단 하나의 충동, 우리가 감지하고 우리를 몰아가는 하나의 감정적 열기, 하나의 감정적 동요 그 이상이라는 말인가? 잘 따져 보면, 프로이트는 《나》를 이드의 한 부분으로 간주함으로써 이드에 눈을 달아 준다. 그 자체로 멍하고 멍청한 이드는 그 눈으로 실재들을 불러 본다. 이제 이드는 실재들에 달라붙을 수 있다. 이를 프로이트는 〈대상 점령Objektbesetzung〉이라고 표현한다. 그리고 자아, 보시라! 저기에 엄마의 유방이 있고, 이드는 거기에 달라붙는다. 곧이어 문학, 영화, 텔레비전에서 (예컨대 「외디푸시」)* 캐리커처로 골백번 우려먹은 정신 분석적 설명이 시작된다. 즉, 엄마와 미래의 엄마 대체 인물(혹은 아빠와 미래의 아빠 대체 인물)과 섹스하고 싶다는 우리의 심층적인 바람을 염두에 두고 우리의 성적 충동들을 설명하는 방식이 작동하기 시작한다.

그런데 《나》가 이드의 한 부분이라는 말은 대체 무슨 뜻일까? 질문을 바꿔 보자. 이드는 무의식적이고 이드의 메시지들 혹은 충동들은 오직 걸러진 상태로만 의식적인 《나》에게 도달한다면, 어떻게 《나》가 이드의 일부일 수 있다는 말인가? 《나》가 이드의 일부라면, 《나》 역시 무의식적이고 충동적이어야 할 것이다. 그렇다면 《나》는 더 이상 지각을 담당할 수 없을 것이다. 이로써 실재 원리는 붕괴하여 쾌락 원리Lustprinzip로 되고, 정신 분석이라는 과학은 「말괄량이 삐삐」로 된다.

> 이 곱하기 삼은 사,
> 비데비데빗 더하기 삼은 구,
> 나는 내 세계를 만들지,
> 비데비데 내 맘대로.**

---

* Ödipussi. 1988년 개봉한 독일 코미디 영화. 〈외디푸시〉는 그리스 비극 『오이디푸스 왕』과 영화 007 시리즈 「옥토퍼시Octopussy」의 합성어다.

** 독일 버전 「말괄량이 삐삐」의 주제곡 첫머리 가사.

프로이트 본인의 설명에 따르면, 〈정신 분석은《나》가 이드를 점진적으로 정복하는 것을 가능케 해야 할 도구다〉.[35] 그런데 프로이트의 모형 안에서 그런 정신 분석이 설 자리는 어디일까? 대화 상대의 역할을 맡은 분석가가 타인에게 접근할 때, 그 타인에게 분석가는 외부 세계의 대표자 곧《나》일까, 혹은 양심의 소리 곧 초자아일까? 혹시 그 분석가는 심지어 이드는 아닐까? 이드가 이미《나》라면, 그러니까《나》가 이드의 한 부분이라면,《나》가 이드를 정복한다는 것은 대체 무슨 뜻일까? 보다시피 몇 가지가 뒤죽박죽으로 뒤엉켜 있다. 당대에 철학자들이 제기한 다른 반론들에 대응할 때처럼 이 반론에 대해서도 프로이트는 자신이《나》, 초자아, 이드 사이의 관계를 임상에서 경험했다고 응수할 성싶다. 그러나 소위 전문가의 경험에 의지한 이 주장은 프로이트 자신의 전제들에 기초해서 봐도 설득력이 없다. 모순적인《나》모형을 제시하면서, 그 모형을 심리 치료에서, 혹은 최신 유행대로 뇌 스캐너에서 발견했다고 주장하는 것은 타당한 변론일 수 없다. 왜냐하면 거기에서 이론적으로 엉뚱한 모순이 발견될 리는 없으니까 말이다. 사람들이 심리 치료나 뇌 스캐너에서 그런 모순을 발견한다고 여기는 것은 그들이 그런 모순을 발견하려 하기 때문이다.

하지만 그럼에도 프로이트가 선택한 방향은 옳다. 다만,

우리는 그의 사상을 현대화해야 한다. 이 대목에서 그 현대화란 무엇보다도, 《나》가 생물학적인 놈, 유기체와 자연적 환경(외부 세계) 사이의 상호작용을 통해 형성되는 놈이라는 그릇된 전제, 그리고 오랜 문화사의 결과로 초자아가 추가로 발생했다는 그릇된 전제로부터 프로이트의 사상을 해방시키는 일이다. 이 전제들에 기초해서 프로이트는 전설적인 신화들을 구성했다. 물론 그 신화들 덕분에 옳은 통찰들과 수많은 예술 작품들이 나온 것은 사실이다. 프로이트가 없었다면, 초현실주의, 알레한드로 조도로프스키와 우디 앨런의 영화들, 기타 많은 것들은 생겨나지 않았을 것이다. 프로이트가 없었다면, 성 해방 운동도 아마 발생하지 않았을 것이다. 비록 프로이트 본인은 19세기 남성답게 여성의 성에 관해서는(또한 남성의 성에 관해서도) 당대의 통념을 부분적으로 추종했지만 말이다.

소수자 혹은 억압된 집단의 정치적 해방을 향한 결정적 도약들은 정신 분석에 힘입은 바가 크다. 우리가 성적인 바람들을 억압한다는 점, 우리가 온갖 성적인 환상들을 지녔으며 그것들을 비난해야 할 도착이나 심지어 범죄로 단박에 규정할 수 없다는 점을 둘러싸고 숱한 논쟁이 일었다. 그 결과, 오늘날 우리는 (적어도 많은 서양 사회들에서는) 동성애를 질병으로 간주하거나 여성을 에덴동산의 뱀처럼 우리와 신의 목소리 사이에 끼어드는 유혹자로(혹은 정반대로, 남성의 욕망이 투사되는, 실은 쾌락을 느낄 줄 모르는 영사막으로) 여기지 않는다. 한마디로 프로이트는, 우리가 성을 우리 자신의 핵심적 요소로 인정하기 위한 터전을 마련했다.

프로이트의 원조 정신 분석으로부터 20세기에 여러 갈래들이 분화했고, 그것들은 다시 젠더 이론을 비롯한 새로운 해방적 이론들을 낳았다. 젠더 이론의 기본적인 출발점은, 우리가 우리 신체를 탐구하고 자신이 남성이거나 여성임을 확인한다는 것을 통해서만은 온전히 설명할 수 없는 남녀 역할들이 존재한다는 것이다. 오늘날 아마도 가장 저명한 젠더 이론가인 미국 철학자 주디스 버틀러는, 심지어 한 사람의 몸에서 여성적 요소나 남성적 요소를 찾는 작업 ― 예컨대 〈여성〉 호르몬들과 〈남성〉 호르몬들을 분류하는 작업 ― 조차도 우리가 남녀 역할에 관한 특정 표상들을 그 몸에 적용하는 것을 통해 이미 규정되는 경우가 많다고 지적한다.[36]

이런 유형의 숙고에서 상당히 쉽게 드러나듯이, 프로이트의 정신 분석도 자세히 보면 사이비-생물학적 세부 사항들에서는 남녀 역할들에 관한 상당히 터무니없는 전제들을 채택한다. 예컨대 프로이트는 초자아가 내면화된 아버지를 대표하는지, 내면화된 어버이를 대표하는지조차 확실히 판단하지 못한다. 초자아가 어머니로부터 올 수도 있다는 점을 그는 고려하지 않는데, 그 이유는 아마도 쉽게 짐작할 수 있듯이, 종교적·도덕적 표상들은 항상 아버지에 의해서만 옹호되고 실행된다는 프로이트의 견해에 있을 것이다. 그의 글들을 훑어보면 가부장적인 견해들을 수두룩하게 발견할 수 있다. 그는 그 견해들을 신화 구성을 통해 뒷받침한다.

신화 구성은 자기인식을 회피하는 전형적인 방책이다. 이 방책은 오늘날에도 쓰이며 현재는 대개 다윈염에 걸려 있다. 《나〉는 과연 누구 혹은 무엇일까?〉라고 묻고, 그에 관한 우리의 논의가 어떤 자기서술과 짝을 이루는지 역사적 지식까지 갖춰서 앞뒤가 맞는 대답을 내놓는 대신에, 실은 알 길 없는 과거가 증인으로 호출된다. 그 과거는 시간적으로 충분히 멀어서 오로지 두개골 화석 몇 점을 통해서, 어쩌면 창날 한 점을 통해서, 기껏해야 동굴 벽화 한 점을 통해서 입증된 것이어야 한다. 그래야만 우리가 과거로부터 어떻게 유래했는지 거의 마음대로 이야기들을 지어낼 수 있으니까 말이다.

바로 이것이 신화다. 신화의 정치적 주요 기능은 까마득한 과거를 상상함으로써 현재 사회의 제반 상황에 대한 통념을 만들어 내는 것이다. 이때 우리가 실은 그 과거를 모르면 모를수록 우리는 더 풍부한 상상력을 발휘할 수 있다. 까무러칠 만큼 훌륭한 저서 『모세라는 남자와 일신교*Der*

Mann Moses und der Monotheismus』에서 프로이트 자신이 풀어놓는 이야기에 따르면, 우리에게 양심이 있는 것, 그리고 우리가 객관적 도덕법칙들이 존재하고 따라서 선이라고 할 만한 것과 악이라고 할 만한 것이 존재한다고 여기는 것은 오로지 한 무리가 사막에서 모세를 때려죽였기 때문이다. 프로이트는 이 살인의 반작용으로 양심의 가책이 발생했다고 한다.

일반적으로 프로이트의 잘 알려진 견해에 따르면, 자기-되기 곧 《나》 형성의 진정한 핵심은 남자가 자기 아버지를 죽이고 어머니와 섹스하려 하는 것에 있다. 바로 이것이 많은 논의에서 다뤄지는 오이디푸스 콤플렉스다. 카를 구스타프 융은 이 콤플렉스 옆에 엘렉트라 콤플렉스를 놓았다. 엘렉트라 콤플렉스는 오이디푸스 콤플렉스의 소녀용 버전이다. 하지만 프로이트는 1931년에 출판한 논문 「여성의 성에 관하여Über die weibliche Sexualität」에서 보듯이 엘렉트라 콤플렉스를 인정하지 않았다. 이 주제들은 실제로 과거의 신화적 문헌들에서 자주 등장한다. 가장 유명한 사례는 당연히 소포클레스의 비극 『오이디푸스 왕』이다.

오늘날 만연한 통념에 따르면, 선과 악은 진화 과정에서 유용성이 입증된 가치 판단들로 환원된다. 〈선〉은 생존에 이로운 것이며, 〈악〉 혹은 〈나쁜 것〉은 호모 사피엔스 종의 생존에 해로운 것이다. 특히 활발하게 토론되는 주제는 대체 왜 이타주의가 발생했느냐는 것이다. 즉, 생물이 자신의 안녕이나 심지어 자신의 생명을 다른 생물을 위해 희생하는 일이 왜 발생했느냐는 것이다. 애당초 생물이 다른 생물의 안녕에 관심을 기울이는 일이 왜 일어났느냐는 것이다. 이 문제 제기는 모든 생물이 본래는 이기적이라는 것을 전제로 한다. 이런 식으로 이기주의-이타주의 맞섬이 발생한다.

이 맥락에서 예컨대 진화 생물학자 리처드 도킨스는 많은 주목을 받는 저서 『이기적 유전자*The Selfish Gene*』에서 우리가 임의의 타인보다 친척을 도덕적으로 더 가까운 존재로 간주하는 이유에 대한 설명을 시도한다.[37] 도킨스에 따르면, 이기주의를 작동시키는 놈은 개체가 아니라(그러니까 나 혹은 당신이 아니라) 우리가 대변하는 특정한 유전자다. 그런데 이 유전자는 우리의 친척들에게도 있으므로, 우리는 심지어 우리 자신의 이익을 희생하면서까지 친척들을 보호한다. 이와 똑같은 방식으로, 우리가 통상적으로 우리 아이 대신에 낯선 개인이 죽는 편을 더 선호하는 이유도 이해할 수 있다(하지만 우리 아이가 입양한 아이라면 어떻게 될까? 이것은 이 설명이 야기하는 여러 문제 가운데 하나다).

하지만 실제로 그러하다는 것을 과연 어떻게 알 수 있을까? 일상적이며 사회적 질서가 잡혀 있고 다소 평화로운 상황에서 질문을 받으면, 우리 중 다수는 임의의 타인보다 우리의 친척을 보호하겠다고 신속하게 대답할 것이다. 하지만 이 대답을 단박에 보편적 진실로 간주할 수는 없다 (게다가 우리의 친척들 모두가 동일한 유전자 풀pool에 속하지는 않는다는 문제도 있다). 간단한 반례로 최근 사례 하나를 보자. 거주자의 대다수가 시아파 무슬림(투르크메니스탄인)인 도시 아미를리는 2014년 8월 말까지 IS 군대에 포위되어 있었다. 그 군대는 대량 학살을 실행하겠다고 위협했다. 포위 기간 동안 이라크 헬기 한 대가 그 도시를 드나들며 필수 식량을 제공하고 병자와 부상자를 후송했다. 현지의 치과 의사는 모든 병자와 부상자를 돌보는 일을 맡았다. 그러는 동안에 그의 가족들은 여전히 아미를리에 머물렀다. 『슈피겔』지와의 인터뷰에서 그 치과 의사는 의도적으로 가족들을 헬기에 태워 후송하지 않았다고 밝혔다. 그렇게 했다면 심각한 공황이 발생했을 것이라면서 말이다.[38] 만약에 그가 인맥을 동원하여 가족들을 구해 냈다면 사람들은 종말이 임박했음을 알아챘을 것이다. 누군가가 통상적인 기준에서 볼 때 이타적으로 행동하고 자기 친척을 공익보다 아래에 두는 사례들을 발견하기란 어려운 일이 아니다. 대체 왜 유전자 이기주의는 규칙이고 이타주의는 설명하기 어려운 예외란 말인가?

핵심은 이것이다. 까마득한 과거에 인간과 유사한 어떤 놈들이, 혹은 인간의 조상들이 어떻게 행위했는지, 그들이 어떤 원칙들을 따르고 어떤 원칙들을 따르지 않았는지, 과연 그들이 행위를 하기는 했는지 설명해 주는 데이터를 우리는 전혀 가지고 있지 않다. 사람들은 단지 자신이 속한 사회의 평균적 행태(혹은 평균적 행태로 간주되는 것)에 대한 다소 자의적인 견해들을 과거로 투사하여 진화 생물학적 사실들과 혼합할 뿐이다. 그런 식으로 신화는 과학의 외관을 얻고, 사람들은 명백한 비판에 곧장 노출되는 것을 모면한다. 하지만 이것은 그 정체를 쉽게 꿰뚫어볼 수 있는 면역 전략이다. 이 전략은 중립적인 — 자칭, 권위에 맞서 보편적 인간 이성을 옹호한다는 — 과학을 떠받들며 불성실하게 입술로만 읊는 신앙 고백을 통해 즐겨 은폐된다.

우리가 경향적으로 이기적이라는 것은 전혀 사실이 아니다. 그렇다고 우리가 경향적으로 타인을 돌보고 자신을 희생하는 것을 가장 좋아한다는 것도 사실이 아니다. 양쪽 다 아니라는 것, 바로 여기에 인간의 자유가 존립한다. 우리는 타인들도 각각 하나의 관점을 가졌음을 이해함으로써 우리 자신의 관점을 도외시할 능력이 있다. 이 통찰은 《나》로서의 정신의 자기서술과 짝을 이루며, 바로 이것이 피히테 철학의 핵심이다. 무슨 말이냐면, 《나》는 개별적인 놈(바로 나 혹은 당신)이면서 또한 보편적인 놈이다(우리는 누구나 하나의 《나》다). 여기에서 이미 알 수 있듯이, 《나》는 뇌나 유전자일 수 없으며 하나의 유전자 풀에 불과할 수도 없다.

오히려 진실은 이것이다. 우리가 특정 유형의 뇌를 보유하지 않았다면, 우리는 《나》라는 차원을 역사적으로 형성해 가는 수준에 도달하지 못했을 것이다. 뇌는 《나》가 관여하는 실천들이 존재하기 위한 필요조건의 하나다. 그러나 《나》의 발견은 역사적 자기인식 과정의 틀 안에서 이루어진다.

지금까지 나는 서양에서는 고대 그리스 철학까지 거슬러 올라가는 자기인식 역사의 기둥 몇 개만을 재구성했다. 《나》는 철학적 개념이며 우리의 자기서술에서 한 역할을 수행한다. 그 개념은 우리 자화상의 일부다. 그러므로 관건은 그 자화상을 살펴보면서, 그 자화상이 어떤 전제들을 받아들이는가, 과연 그 전제들을 짜 맞춰 일관된 자아상을 구성할 수 있는가라는 질문을 던지는 것이다.

《나》가 도입된 또 하나의 이유는, 선하거나 악하게 행위할 수 있다는 것이 무엇을 의미하는지를 우리가 그 개념을 통해 더 잘 이해하기 위해서였다. 선의 개념과 악의 개념을 이로움과 해로움으로, 혹은 이타주의와 이기주의로 대체함으로써 제거하려는 시도는 아무 도움이 되지 않는다. 이 시도의 배후에는 단지, 다른 자기서술의 어휘를 도입하려는 의도가 숨어 있을 뿐이다. 그러나 그 다른 어휘는 대개 옛 어휘의 요소들을 넘겨받는다. 그리하여 이제 사람들은 — 예컨대 프로이트처럼 — 계속해서《나》를 거론하면서,《나》가 생물학적 사물이 되었음을 암시한다. 그렇게 사람들은 하나의 자기서술을 생물학적 사실로 간주함으로써 자기를 사물화한다.

우리는 우리 자신을《나》로 간주할 수 있다. 우리 자신을 의식적으로 또 자기의식적으로 체험할 수 있고, 무언가를 알고 전달할 수 있다. 이 모든 것을 위해 특정한 유기체가 필요함을 통찰하더라도, 이 모든 것이 완전히 설명되지는 않는다. 그러나 그 통찰로 이 모든 것이 설명된다고 여기는 사람이 있다면, 그는 우리가 정신적 생물이기 위한 생물학적 혹은 자연적 필요조건들을 역사적으로 성장한 우리의 자기서술의 요소들과 혼동하는 것이다. 이 혼동이 이데올로기의 근본 형식이다. 이데올로기의 배후에는 자유를 모면하고 마침내 사물로 되어, 자기서술이라는 휘청거리는 다리, 타인들이 시비 걸 수 있는 그 휘청거리는 다리로 서야 하는 부담을 벗으려는 시도가 매번 새롭게 숨어 있다.

5장

자유

몇 년 전부터 독일에서는 몇몇 신경과학자들과 철학자들이 벌이는 치열한 논쟁이 화제다. 여러 논점들 중 하나는 〈우리의 의지는 정말로 자유로울까?〉라는 질문이다. 최근에 뇌 과학에서 이루어진 몇몇 발견들은, 심지어 우리가 우리의 행위를 정하기 위해 의식적으로 내리는 결정조차도 더 먼저 뇌에서 무의식적으로 준비된다는 견해에 한동안 힘을 실어 주는 듯했다.[1] 그 견해가 옳다면, 우리의 결정은 우리의 손아귀 밖에 있을 터이다. 이런 맥락에서, 우리 뇌가 우리를 조종하는 것일 수도 있다는 생각이 제기된다.

그러나 이 논쟁은 새롭지가 않다. 비슷한 논쟁이 주로 19세기와 20세기 초반에 벌어졌다. 당시에도 우리가 비록 정신적 생물이기는 하지만 그래도 동물계에 속한다는 사실을 통해 인간 의지가 확정되거나 결정되는 것이 아닐까라는 의혹이 제기되었다. 당시 사람들은 인간이 실은 자유 의지를 가지고 있지 않다는 증거들을 다윈주의, 갓 생겨난 사회학, 심리학, 그리고 역시나 뇌 과학에서 끌어왔다.

실제로 우리는 우리가 어떤 결정들을 내리고 어떤 성격을 형성할지에 영향을 미치는 인자들이 많이 있음을 안다. 우리는 식당에서 전채 요리를 고르거나 슈퍼마켓에서 소시지 종류를 고를 수 있다는 것과 같은 의미에서 우리의 선호(選好)들을 손아귀에 쥐고 있지 않다. 우리는 부분적으로 유전을 통해 결정된 선호들을 가지고 태어나며 그 후 인생에서 타인이나 권위자들과 교류하면서 추가로 그 밖에 선호들을 형성한다. 이때 우리는 우리의 선호 선택 메커니즘을 의식하지 못하며, 그 메커니즘들이 결국 우리의 행동 패턴들을 산출한다.

다행히 이미 오래전에 진실로 인정받은 이 뻔한 이야기가 과거의 낡은 (무비판적으로 확산되었던 것은 결코 아닌) 인간상을 뒤흔들었던 것은 틀림없는 사실이다. 우리 삶의 통제 센터가 존재하고, 거기에 우리 자신이 앉아서 〈우리는 누구 혹은 무엇이고 무엇을 하려 하는가〉를 마찰이 전혀 없는 진공 속에서 완전히 자유롭게 확정한다는 인간상, 우리는 누구나 자율적인 《나》라는 인간상을 말이다. 사람들은 이 모형이 호문쿨루스-오류의 한 변형임을 올바로 알아챘다. 우리가 그런 통제 센터의 조종사일 때만 자유 의지를 가진다면, 실제로 우리는 자유 의지를 가질 수 없다. 우리의 두개골 속이나 영혼 깊숙한 곳에 완전히 자율적인 난쟁이 조종사가 들어 있다는 관념은 단적으로 앞뒤가 맞지 않는다.

뿐만 아니라, 의식적으로 체험되는 우리의 결정들 중 다수가 뉴런 층위에서 무의식적으로 준비된다는 것도 사실이다. 이 사실은 우리 뇌가 우리를 조종한다는 주장에 힘을 실어 주는 듯하다. 이 주장이 옳다면 〈우리〉는 의식적으로 체험 가능한 사용자 인터페이스이고, 진정한 계산 센터는 뇌일 것이다. 우리가 그것의 작동을 체험하지 못하는 뇌의 한 부분이 모종의 방식으로, 우리가 의식적으로 체험하는 뇌 활동들이나 의식을 발생시키는 뇌 활동들을 조종할 터이다.

이것이 뇌 과학자 볼프 징어가 〈누구도 자기 존재와 다를 수 없다〉라는 제목으로 2004년 1월 8일자 『프랑크푸르터 알게마이네 차이퉁』에 실은, 숱한 토론을 몰고 온 글에서 서술한 기본 구조다. 다른 많은 뇌 과학자들도 똑같은 기본 구조를 이야기하지만, 특히 징어는 논문 「배선(配線)들이 우리를 확정한다」와 여러 저서에서 이 기본 구조에 대한 생각을 더 발전시켰다.[2]

우선, 생물학적인 놈인 우리 신체가 작동할 때 많은 정보 처리 및 결정 과정들이 우리의 주의(注意) 문턱보다 낮은 층위에서 일어날 수밖에 없다는 점을 반박할 이유는 전혀 없다. 이와 유사한 어투로 노벨상 수상자 대니얼 카너 먼은 저서 『생각에 관한 생각 *Thinking, Fast and Slow*』에서, 우리가 명시적이고 장황한 숙고에 빠져들지 않고 아주 빠르게 생각해서 결정을 내릴 수 있다는 점이 정신적 생물인 우리에게 얼마나 중요한지 설명한다.

이 모든 것은 의식 철학 분야에서 이미 오래전에 공유된 지식이며 지금은 예컨대 솜씨 획득에 관한 드라이퍼스 모형을 실마리로 삼아 논의된다. 명칭에서 알 수 있듯이, 그 모형의 개발에 특히 공헌한 인물은 버클리 대학교의 철학자 휴버트 드라이퍼스다. 그의 지적에 따르면, 전문가는 주어진 상황에서 어떤 행위를 해야 하는지를 거의 단박에 안다. 그 점에서 진정한 전문성은 한낱 능숙함과 다르다.

연구를 통해 밝혀진 바에 따르면, 체스 솜씨가 획득되는 방식은 체스 선수가 행마들을 일일이 계산하는 작업에 능숙해지고 따라서 점점 더 컴퓨터와 유사해지는 것과 다르다. 실제로 체스에서 중요한 역할을 하는 것은 직관이다. 훌륭한 체스 선수는 한 국면에서 가능한 행마들을 떠올리면서 직관적으로 행마를 선택한다. 시간이 부족하기 때문이다. 그런 다음에 비로소 자기가 선택한 행마의 귀결들을 일일이 계산한다. 어떤 행마의 귀결들이 계산되고, 어떤 행마가 애당초 (직관에 반하기 때문에) 배제되는가를 결정하는 요인들 중 하나는 선수의 체스 솜씨다. 계산 능력과 시각적 상상력도 당연히 필요하지만, 주어진 국면의 본질적 구조를 통찰하는 직관력이 없으면 선수는 체스를 잘 둘 수 없다(마찬가지로 교통 상황을 통찰하는 직관력이 없다면, 우리는 고속도로에서 차를 몰고 한 나들목에서 다음 나들목까지 가는 것조차 해내지 못할 것이다).

우리는 누구나 이런 현상들을 안다. 운전을 처음 배우기 시작하는 사람은 능숙한 운전자들은 온갖 솜씨들과 교통 법규들을 항상 머리에 담고 있을 것이라고 생각할지도 모른다. 그러나 운전 경력이 쌓이고 솜씨가 향상될수록 운전자가 운전 방법과 교통 법규를 명시적으로 상기하는 일은 더 줄어든다. 그 방법과 법규가 말하자면 핏속에 녹아들었기 때문에 운전자는 아마도 그것들을 망각할 것이다. 외국어를 배울 때도 마찬가지다. 외국어를 유창하게 구사하는 수준에 이르면 외국어의 문법을 명시적으로 상기할 필요가 없어진다. 그 수준의 학습자는 어쩌면 외국어 문법을 망각할 것이다. 요컨대 일반적으로 우리는 솜씨의 무의식적 배경(드라이퍼스의 동료인 설의 표현)을 활용해야 한다. 체스 두기나 수학 문제 풀기 같은 높은 수준의 인지 솜씨들을 발휘할 때도 우리는 우리가 활용하는 활동들을 의식하지 못한다.

그러나 수많은 과정들 덕분에 우리가 주의 문턱 아래에서 무의식적으로 결정을 내린다는 사실이 대관절 왜, 어째서 우리의 자유나 자유 의지를 위협한다는 말인가? 그 사실은 늦어도 19세기 이래로 자명하며, 우리가 군말 없이 사실로 인정해야 하는 바다. 그러나 그 사실이 우리의 자유를 위협한다는 주장은 맞지 않다. 이 주장을 제기하려면 추가적인 전제들을 채택해야 한다. 방금 간략히 설명한 토대에 입각하여 자유 의지를 의문시하고자 하는 징어는 다음과 같이 논증한다.

논증들을 의식적으로 주고받으며 협의하는 활동이 뉴런 층위의 과정들에 의존한다면, 무의식적으로 결정하는 활동에 대해서 우리가 뉴런 결정론을 시인하는 것과 마찬가지로, 우리는 그 협의 활동에 대해서도 뉴런 결정론을 시인해야 한다.[3]

그러면서 그는 〈유전적으로 결정된 (……) 기본 배선들〉[4]이 존재하며 그 배선들이 의식적인 결정들도 지배한다고 전제한다. 이 전제가 옳다면, 그는 자신의 뉴런 결정론을 옹호하기로 자유롭게 결정한 것이 아니다. 그의 뇌가 그에게 뉴런 결정론을 받아쓰게 한 것이다.

이 모든 것을 그럴싸하게 보이도록 만드는 아이디어는 얼핏 보면 충분히 수긍이 가지만 다시 보면 근거가 매우 부실하다는 것이 드러난다. 그러니 한번 자세히 살펴보자!

내가 비판하려는 그 아이디어는 징어가 의지하는 순박한 결정론이다. 꼼꼼히 살피면 이 아이디어는 무척 모호하다. 간단히 설명하면, 순박한 결정론이란 자연에서 일어나는 모든 사건들은 대안 없는 자연법칙들에 따라서 일어나며, 매순간 그 자연법칙들은 다음 순간에 일어날 일을 확정한다는 주장이다. 우리가 창밖으로 내던지는 모든 것이 (중력이라는 자연법칙 때문에) 길바닥에 떨어지는 것과 마찬가지로 자연에서 일어나는 모든 일은 그렇게 불가피하게 일어난다는 것이다. 물론 방금 든 예는 너무 경솔하다. 우리가 창밖으로 내던지는 것들 중 일부(건강한 새, 헬륨 풍선 등)는 위로 날아가니까 말이다. 하지만 어쨌든 기본 아이디어만큼은 명료하다. 순박한 결정론에 따르면, 우리 안에서 일어나는 뉴런 층위의 과정들은 자연에 속하므로 그 과정들 역시 오로지 확고한 규칙들에 따라서만 일어난다. 그러므로 우리는 자유롭지 않다. 왜냐하면 우리는 우리 뇌의 기본 배선들을 통해 확정 혹은 결정되어 있으니까 말이다. 자유 의지는 환상일 테고, 그렇다면 우리는 그 환상의 진화적 장점과 단점만을 논할 수 있을 것이다.

많은 과학사적·과학 철학적 논증들이 이런 의미의 결정론을 반박한다. 앞서 언급한 바 있는 철학자 브리기테 팔켄부르크는 저서 『결정론이라는 신화*Mythos Determinismus*』에서 그런 논증들을 특히 명확하게 제시한다. 한 예로 다음의 간단한 숙고를 살펴보자. 갈릴레오의 낙하 법칙(이 법칙 역시 더 이른 과거에 추측되었다) 이래로 우리는 포탄과 유리구슬이 진공에서 자유 낙하하면 똑같은 속도로 떨어진다는 것을 안다. 따라서 이 지식에 기초하여 우리는 자연법칙 하나를 정식화할 수 있다. 수학적으로 엄밀하게 규정 가능한 관계들을 표현하는, 혹은 그런 관계들로 표현되는 자연법칙을 말이다. 그런데 이 자연법칙은 내가 지금 깃털 하나를 창밖으로 내던지면 실제로 무슨 일이 일어날지에 대해서 아무것도 말해 주지 않는다. 무슨 말이냐면, 길바닥에서 바람이 불어와 깃털을 위로 밀어 올릴 수도 있지 않은가! 뿐만 아니라 내가 깃털과 포탄을 창밖으로 떨어뜨리면 실제로 그것들은 똑같은 속도로 떨어지지 않는다. 그것들은 오직 진공 속에서만 똑같은 속도로 떨어진다. 여기에서 금세 알 수 있듯이, 자연법칙들은 오직 우리가 이런저런 이상화를 수행했을 때만 예외 없이 타당하다. 자연법칙들은 매순간 자연에서 일어나는 일, 혹은 심지어 일어나야 하는 일을 서술하지 않는다. 오히려 이상화된 조건들을 서술한다. 그렇기 때문에 자연법칙들에 대한 지식에만 기초하여 다음 순간에 무슨 일이 일어날지 예측하는 것은 불가능하다.

요컨대 자연법칙들은 반드시 일어날 일을 미리 서술하지 않는다. 자연법칙들은 다음번에 어떤 행마가 이루어질지를 정확히 규정하는 대안 없는 게임 규칙들 같은 것이 아니다. 반면에 영화에는 그런 규칙들이 있다. 왜냐하면 우리가 재생과 되감기를 통해 반복해서 볼 수 있는 사건들은 항상 정확히 동일한 패턴으로 진행되니까 말이다. 그러므로 순박한 결정론을 자연에 관한 영화 이론으로 명명하기로 하자. 이 영화 이론에 따르면, 자연 바깥의 어떤 전능한 관찰자가(그런 관찰자가 아무튼 존재한다면) 보는 자연은 영화와 같을 것이다. 매번 재생할 때마다 항상 똑같은 일이 벌어지는 영화 말이다. 그런 식으로 자연이 매우 복잡한 기계처럼 작동한다는, 항상 똑같은 원리들에 따라 한 상태에서 다음 상태로 이행하는 기계처럼 작동한다는 통념은 널리 퍼져 있기는 하지만 상당히 근거가 없다. 이 모든 견해는 현재 우리가 보유한 물리학 지식에서 결코 도출되지 않는다. 결정론은 기껏해야 형이상학적 사변이지 물리학적으로 입증되었거나 입증 가능하기라도 한 가설이 아니다. 팔켄부르크는 이렇게 명확히 말한다.

이런저런 사변적 형이상학을 동원하면 결정론을 항상 구제할 수 있다. 이 사실이 궁극적으로 보여 주듯이, 결정론은 경험적으로 검증 가능한 과학적 가설이 아니라 순전히 신앙의 문제다.[5]

징어가 우리의 뉴런 과정들은 결정되어 있다고 말할 때 이 말의 의미가 〈그 과정들은 거대한 자연 기계 속에 내장되어 있고 그 기계는 우리의 기여, 바람, 의지와 상관없이 한 상태에서 다음 상태로 이행한다〉라는 뜻이라면, 우리는 그의 말을 받아들일 수 없다. 왜냐하면 이 말은 자연과학적으로 입증된 가설이 아니라 상당히 근거 없는 철학적 사변이기 때문이다.

기껏해야 확실한 것은 우리가 무슨 행위든 간에 아무튼 행위 할 수 있기 위한 자연적 조건들이 존재하며, 그 조건들 중 일부를 우리는 바꿀 수 없다는 점이다. 우리가 원하든 원치 않든 우리는 절대로 광속보다 빠르게 여행할 수 없으며 광속에 가까운 속도로도 여행할 수 없다. 적어도 우리가 철제 상자 같은 것을 우주로 쏘아 보내고 가속시키는 방식으로 광속에 가까운 여행을 하는 것은 불가능하다. 그렇기 때문에 「인터스텔라Interstellar」를 비롯한 최신 SF 영화들이, 언젠가 우리가 우주나 다른 행성들에서 살면서 식민지를 건설하리라는 공허한 희망을 불러일으키기 위해 우주에 〈웜홀〉을 설치하는 것이다.

우리는 우리 자신이 생물학적 종으로서 이 행성(정말 경탄할 만큼 아름다운 행성)에 뗄 수 없게 매여 있으며, 조만간 어떤 인간도 존재할 수 없게 되리라는 것을 한사코 인정하지 않으려 한다. 가까운 미래에 우리의 삶이 확실히 더 환경 친화적으로 바뀌지 않는다면 더 일찍, 혹시나 우리 태양이 수명을 다하여 부풀면서 우리 행성과 거기에 깃든 인간적·지적 생명 전체가 영원히 사라질 때까지 우리가 견뎌 낸다면 더 늦게, 인류는 존재하기를 그칠 것이다.

결론적으로, 결정론은 상당히 근거가 없으므로 우리는 자유 의지를 가졌다고 혹은 자유롭다고 여기는 것은 아이들도 수긍할 만큼 쉬운 추론이 아닐까?

우리는 우리가 의지하는 바를 의지하지 않기를 의지할 수 있을까?

그러나 유감스럽게도 사안이 그렇게 단순하지는 않다. 자유를 둘러싼 난관은 그렇게 쉽게 해소되지 않는다. 자유 의지가 안고 있는 심각한 문제가 하나 있다. 그 문제는 흔히 섣부르게 한 자연과학적 사태와 동일시된다. 내가 자유 의지에 관한 어려운 문제라고 부르는 그 문제는 일종의 역설이다. 즉, 열거된 전제들을 우리가 모두 받아들여야 하는 듯 보이지만 그러면 결국 받아들일 수 없는 결론이 나오는 그런 유형의 문제다. 그 역설의 긍정적 부분은 다음과 같다.

1. 나는 내가 의지하는 바를 행할 수 있다(이를 행위 자유라고 한다)

2. 나는 하나의 의지를 품음으로써 내가 의지하는 바에

영향을 미칠 수 있다.

3. 의지를 품기는 하나의 행위다.

4. 그러므로 자유 의지가 존재한다(이를 의지 자유라고 한다).

그러나 이 좋은 소식은 안타깝게도 역설의 부정적 부분을 통해 철회된다.

1. 의지가 자유롭게 품어진다면, 나는 다른 의지를 품을 수도 있을 것이다.

2. 따라서 나는 내가 의지하는 바를 행할 수 있을 뿐 아니라 내가 의지하는 바(무엇을 의지할지)를 선택할 수도 있어야 할 것이다.

3. 그러나 나는 내가 의지하는 바를 선택할 수 없다. (쇼펜하우어의 말마따나, 〈나는 내가 의지하는 바를 행할 수 있다. 그러나 나는 내가 의지하는 바를 의지할 능력은 없다〉.[6])

4. 결론적으로 의지는 자유롭게 품어지지 않으며 따라서 자유롭지 않다.

이 논증이 옳다면, 나의 행위 자유 역시 제한된다. 왜냐하면 나는 내가 의지하는 바를 때로는 행할 수 없을 것이기 때문이다. 의지하는 바를 행하기가 하나의 의지를 품기를 전제한다면, 우리는 결코 완전히 자유롭지는 않을 것이다. 왜냐하면 다름 아닌 우리의 의지가 우리를 부자유롭게 만들 테니까 말이다. 무슨 말이냐면, 나는 나의 의지를 바꿀 수 없다. 그러려면 나는 그렇게 의지를 바꿀 의지를 품어야 할 터이기 때문이다. 그러므로 어느 지점에서는 우리가 무언가를 그냥 의지한다고 간주해야 한다. 결론적으로 우리는 자유롭지 않고, 오히려 우리 자신의 (원리적으로 우리가 선택할 수 없는) 의지를 통해 확정되는 듯하다.

2010년 11월에 나는 한 철학 학회에 참석한 김에 인도 고아 주를 여행했다. 길거리에서 우리가 탄 택시 앞으로 트럭이 지나갔는데, 그 트럭에 〈진지Zinzi〉라는 상품의 광고가 붙어 있었다(지금 나는 간접 광고를 하는 셈인데, 이 간접 광고의 대가로 어느 누구에게 단 한 푼도 받지 않았음을 밝혀 둔다). 그 분홍색 광고판에는 상품명과 함께 오로지 〈어떤 이유든지 찾아내세요Find any reason〉라는 인상적인 문구만 적혀 있었다. 이 문장을 쓸 때까지만 해도 나는 〈진지〉가 술이 아닌 음료일 것이라고 추측했다. 그런데 방금 알아보니, 〈진지〉는 인도 포도주구나.

이 일화를 언급하는 것은 그 광고 문구 때문이다. 그 문구는 우리에게 바로 〈진지〉를 의지할 이유를 제시하지 않는다. 그 대신, 이 음료를 마시겠다는 궁극적으로 이유 없는 바람을 정당화하기 위하여 임의의 이유를 생각해 내는 외견상의 자유를 우리에게서 요구한다. 간단히 말하면, 우리의 선호 시스템 내부 어딘가에서 우리는 항상 이유 없는 욕망들과 선호 패턴들과 마주치게 된다. 흔히 우리는 그것들을 토대로 삼아 여전히 우리가 의지하는 바를 행할 수 있지만, 우리가 의지하는 바를 의지할 수는 없다. 우리가 대는 이유들은 핑계인 듯하다. 우리의 의지가 그 이유들을 꾸며 낸다. 〈어떤 이유든지 찾아내세요〉라는 문구대로.

이런 선호 패턴들의 배후에서 무의식적으로 작동하는 뉴런 과정들이 발견된다면(징어는 그렇다고 여긴다), 우리는 징어의 입장 곧 뉴런 결정론을 외견상 논증적으로 더 향상시킨 버전에 도달하게 된다. 이 버전에서 우리는 우리가 아무 이유 없이 그냥 가지는 의지를 우리 안에 형성된 뉴런 패턴과 동일시한다.

철학에는 자유 의지에 관한 어려운 문제를 풀기 위한 시도들이 다수 존재한다. 우선 명확히 해둘 것은, 그 문제가 뇌와는 아주 희박하게만 관련이 있다는 점이다. 내 의지가 뉴런 과정들과 동일한지 여부, 혹은 내 의지가 무의식적 뉴런 과정들을 통해 형성되는지 — 그래서 나는 내 의지를 선택할 수 없고, 그저 발견하는지 — 여부는 자유 의지에 관한 어려운 문제를 둘러싼 논의에서 부차적인 역할만 한다. 뉴런 결정론 외에도, 자유 의지에 관한 어려운 문제를 다루는 다른 사상들이 수천 년 전부터 존재해 왔다.

예컨대 오랫동안 중심에 있었던 것은 신학적 결정론이다. 이 결정론 버전에 따르면, 전지자로서 신은 이미 창조 이전에 앞으로 일어날 모든 일을 알았다. 그렇다면 인간인 우리는 앞으로 일어날 일을 바꿀 수 없는 듯하다. 한 사람에게 일어날 일이 그가 태어나기도 전에 확정되어 있으니까 말이다. 따라서 고전적인 신학적 결정론에 따르면, 우리는 자유 의지(자유로운 결정권)는 없고 부자유로운 의지(노예의 결정권)만 있다. 여담을 보태면, 마르틴 루터는 몸소 이 전통에 선다. 그는 1525년에 『부자유로운 의지 능력에 관하여De servo arbitrio』라는 방대한 글을 썼다. 그 글에서 루터는 다음과 같이 명확하게 말한다.

신은 그 무엇도 우연히 미리 알지 않고, 모든 것을 변화 불가능하고 영원하고 오류 불가능한 의지로 미리 보고 결정하고 실행한다. 이 점을 아는 것 역시 기독교인에게는 무엇보다도 필요하고 유익하다. 이 벼락을 통해 자유 의지는 완전히 타도되고 파괴된다. (……) 이로부터 다음과 같은 확고한 결론이 나온다. 우리가 행하는 모든 것, 일어나는 모든 일은 — 설령 우리가 보기에 가변적이고 우연적으로 일어나는 것 같더라도, 당신이 신의 의지를 고찰한다면 — 실은 필연적이고 불변적으로 일어난다.[7]

루터 본인도 이를 〈역설〉이라고 부른다. 왜냐하면 이 결론은 결국 〈우리를 통해서 무슨 일이 일어나든지, 그 일은 자유로운 의지 능력에서 유래하는 것이 아니라 순수한 필연성에서 유래한다〉[8]라는 생각으로 이어지기 때문이다. 이 신학적 문제를 해결하기 위한 시도가 무수히 많았으며, 그중 일부는 우스꽝스러울 정도로 쫀쫀하다. 하지만 이 대목에서 결정적으로 중요한 것은 결정론이 반드시 뇌와 관련이 있는 것은 아니라는 점이다. 보아하니 신도 우리의 자유를 위협하거나 심지어 루터의 견해대로 애당초 발생하지 않게 할 수 있는 모양이다.

반면에 물리적 결정론(적어도 물리적 결정론의 한 버전)은 이렇게 주장한다. 즉, 물리적 실재 전체는 기본 입자들로 이루어졌으므로(이것은 물리학적으로 확실히 입증된 것이 아니라 형이상학적 견해라는 점을 유의하라), 입자 물리학이 서술하는 사물들과 사건들만 실제로 존재한다. 따라서 우리는 자유롭지 않다는 것이 그 주장이다. 기본 입자들의 행동을 이해하기 위해 우리가 어떤 법칙들을 전제하느냐에 따라서, 모든 일은 필연성에 따라 일어나거나 확률 법칙들에 따라서 — 양자적 실재에서는 어쩌면 우연도 끼어들어서 — 일어난다. 그런데 곧 보겠지만, 우연은 자유에 훨씬 못 미친다. 따라서 이 모형에서도 우리는 부자유롭다.

여기에 더해서 뉴런 결정론은 이렇게 주장한다. 즉, 우리 뇌에서 일어나는 무의식적 뉴런 과정들은 오로지 확정된 기본 배선들을 따라 일어나며, 그 과정들이 의식적으로 내려진(따라서 환상으로 밝혀져야 할) 모든 결정 각각에 앞서서 궁극적으로 우리를 대신하여(즉, 의식적으로 체험하는 자칭 자율적인 주체를 대신하여) 결정을 내린다고 말이다. 다시 말하면 우리 대신에 뇌가 결정하며, 원리적으로 우리는 혈당 수치나 소화 과정에 직접 의식적으로 개입할 수 없는 것과 마찬가지로 뇌의 결정에 직접 의식적으로 개입할 수 없다는 것이다.

그렇다면 우리의 가련하고 왜소한 자유를 온갖 것들이 위협하는 듯하다. 신, 물리적 우주, 혹은 바로 우리의 뇌가 말이다. 하지만 우리가 이제껏 논한 것은 자유 의지에 관한 어려운 문제의 몇 가지 예일 뿐이며, 그 문제 자체는 이것들과 거의 관련이 없다. 꼼꼼히 따지면 그 문제는 뇌, 신, 우주를 한꺼번에 들먹이는 그 어떤 문제보다도 훨씬 더 까다로울 수 있다. 왜냐하면 자유 의지에 관한 어려운 문제의 핵심은, 자유 의지라는 개념이 과연 일관성이 있는가, 혹시 가장 큰 자연수라는 개념처럼 부조리한 것은 아닌가 하는 질문이기 때문이다. 우리의 개념들(혹은 초등학교 수학)을 자세히 살펴보면, 가장 큰 자연수는 존재할 수 없다는 것이 드러난다. 어쩌면 자유 의지라는 개념도 더 자세히 살펴보면, 그 개념 자체가 비일관적이기(앞뒤가 맞지 않기) 때문에 자유 의지는 존재할 수 없다는 것이 드러날지 모른다. 실제로 그러한지를 떠나서 아무튼 이것이 자유 의지에 관한 어려운 문제이며, 신학적 결정론, 물리적 결정론, 뉴런 결정론의 배후에 숨어 있는 것이 바로 이 문제다.

우리의 논의를 다시 한 번 간략하고 명료하게 정리해 보자. 자유 의지에 관한 어려운 문제는, 우리의 결정들이 무언가를 통해 제약되며 대부분의 경우에 우리는 이를 알아채지도 못한다는 점에서 비롯한다. 결정에 관여하는 요소들 가운데 극소수만 우리의 손아귀 안에 있으며, 우리는 나머지 요소들을 어쩌면 전혀 모른다. 그렇기 때문에 일찍이 스피노자는 〈자유란 우리 행위를 결정하는 이유들에 대한 의식을 동반하지 않은, 우리 행위에 대한 의식〉이라고 거의 냉소적으로 말한 바 있다.[9] 바꿔 말하면, 우리는 무엇이 우리 행위를 결정하는지 정확히 모르기 때문에 우리를 자유롭다고 간주한다는 것이다.

오직 모든 일의 필연적 조건들에 대한 무지에 기초하여 우리가 우리 자신을 자유롭다고 여긴다는 견해는 몹시 불만족스럽다. 그 견해가 옳다면, 우리의 자유란 단지 우리가 너무 멍청해서 실은 우리 자신이 부자유롭다는 것을 통찰하지 못하는 것일 따름이다. 따라서 그런 냉소적인 자유 이론 그 이상을 요구하는 것은 정당하다.

《나》는 슬롯머신이 아니다

철학사에서는 이런 문제들을 논의하는 와중에 의지라는 개념이 도입되었다. 그러나 그 개념은 격렬한 비판에 직면했다. 물론 여전히 그 개념을 받아들이는 사람들도 많지만 말이다. 오늘날의 철학에서는 대개 의지 대신에, 우리가 발휘하거나 발휘하지 않을 수 있는 역량Vermögen과 능력Fähigkeiten이 거론된다. 즉, 대다수의 현대 철학자들은 우리가 능력들과 역량들을 가졌다는 점에서 자유의 실마리를 찾는다. 이런 접근법을 인간 자유에 관한 능력 이론이라고 부르자.

그러나 꼼꼼히 따져 보면 이 능력 이론은 진정한 도움을 주지 못한다. 왜냐하면 이 이론은 자유 의지의 역설을 풀지 않고 다만 옮겨 놓기 때문이다. 인간 자유에 관한 능력 이론의 문제를 구체적으로 설명하면 이러하다. 내가 수영 솜씨를 향상시키기로 마음먹는다고 해보자. 이 목표에 도달하려면 나는 특정 행위들은 하고 다른 행위들은 하지 않기로 결정해야 한다. 예컨대 나는 업무 전에 수영장에 가기 위해 더 일찍 일어나거나 나의 일정을 대대적으로 바꿔야 한다. 나는 비엔나 슈니첼* 섭취를 줄이고 샐러드 섭취를 늘려야 한다. 또한 그밖에도 여러 행위를 해야 한다. 근

---

* 얇게 자른 송아지 고기에 빵 가루를 입혀 튀겨 낸 커틀릿.

본적인 장애가 있지 않다면, 나는 수영 솜씨를 향상시키기로 결정할 수 있을 것이다(물론 그 결정이 다양한 이유들 때문에 실패로 돌아갈 수도 있을 것이다). 수영 솜씨 향상을 결정한 뒤의 인생에서 나는 커틀릿이냐 샐러드냐, 실컷 자버릴 것이냐 알람에 맞춰 일어날 것이냐를 선택해야 하는 상황들에 직면할 것이다. 그럴 때 나의 샐러드 선택을 방해하는 것은 없다. 이런 측면에서 나는 내가 의지하는 바를 행할 자유가 있다.

그런데 샐러드를 선택하고 난 다음에도 나는 샐러드를 선택하지 않았을 자유가 있을까? 그럴 자유는 당연히 없다. 알다시피 나는 이미 샐러드를 선택했으니까 말이다. 나는 샐러드를 선택하기로 결정했다. 하지만 그 과정은 정확히 어떻게 진행되었을까? 그 과정에 대한 가능한 설명 하나는 내가 샐러드와 커틀릿 중에 하나를 선택했다는 것이다. 다시 말해, 나는 나의 샐러드 선택과 나의 커틀릿 선택 중에 하나를 선택한 것이 아니라 샐러드와 커틀릿 중에 하나를 선택했다. 나는 나의 선택을 선택하는 것이 아니라 하나의 행위, 곧 샐러드 주문하기나 커틀릿 주문하기를 선택한다. 그렇다면 나의 선택은 과연 자유로울까?

이 역설을 피하려면, 나의 선택이 또 하나의 자유로운 행위라고 말하지 말아야 한다. 왜냐하면 그렇게 말하면 〈나의 선택 행위는 자유로웠을까, 아니면 부자유로웠을까?)라는 질문이 제기되기 때문이다. 그 선택 행위가 자유로웠다는 것은 또 다른 선택, 곧 그 선택 행위를 수행하겠다는 선택이 있었다는 뜻이다. 이때 이 둘째 선택 행위는 다시금 자유로웠거나 부자유로웠을 것이다. 따라서 우리는 다시 한 번 무한 후퇴에 직면한다. 우리는 선택하기를 선택하기를 선택하기를…… 선택해야 한다. 이 무한 후퇴를 끊으려면, 어느 단계에선가 우리는 무언가를 선택하기를 선택함 없이, 그 무언가를 선택해야 한다. 우리는 그냥 결정해야 한다.

그런데 이 결정은 어떻게 발생할까? 능력 이론에 따르면, 이 결정은 한 능력의 발휘다. 전통적으로 그 능력을 〈의지 능력〉이라고 하고, 능력 이론은 〈의지〉 대신에 〈능력〉 혹은 〈역량〉을 거론함으로써 외견상으로만 의지 개념의 난점들을 피한다. 만일 내가 내 손아귀를 벗어난 필연적인 이유들 때문에 내 능력을 발휘한다면, 나는 부자유롭다. 반면에 내 능력 발휘의 이유들이 내 손아귀 안에 있다면, 다시금 무한 후퇴가 시작된다. 〈프리츠〉*〈의지〉가 부자유롭다면, 그가 이름을 〈프리첸〉〈능력〉으로 개명한다고 해서 더 자유로워지지는 않는다.

물론 능력 이론가들은, 나의 능력 발휘를 강제하는 필연

---

* 프리츠는 흔한 독일인 이름.

적 조건들이 수두룩하게 존재하거나 하지는 않는다고 본다. 내가 나의 능력 발휘를 사전에 선택하지 않았더라도, 나의 능력 발휘는 자유롭다는 것이다.

그러나 이 입장을 취하면, 우연 문제가 발생한다. 이 문제가 무엇인지를 한 예를 통해 생생하게 이해해 보자. 우리의 《나》가 라스베이거스의 슬롯머신처럼 작동한다고 가정해 보자. 또한 (당연히 옳지 않은 얘기지만) 슬롯머신의 조종간을 당겼을 때 나오는 결과가 미리 프로그래밍되어 있지 않다고 가정하자. 요컨대 그 결과가 〈체리, 멜론, 10〉또는 〈체리, 10, 10〉인 것은 정말로 우연이다. 만일 우리의 능력 발휘 여부가 우연의 원리에 따라 결정된다면, 이는 슬롯머신의 결과가 우연의 원리에 따라 결정되는 것과 유사할 것이다. 우리의 결정들은 확정되어 있지(미리 프로그래밍되어 있지) 않을 테니까 말이다. 아무튼 이 입장을 취하면 결정론은 틀렸을 것이다.

하지만 지금 우리는 단지 결정론을 비결정론으로 대체했을 뿐이다. 즉, 일부 사건들은 필요충분조건 없이 일어난다고 보는 입장을 채택했을 따름이다. 우연 문제의 핵심은, 능력 이론을 채택하면 우리의 행위들은 자유로울지라도 능력 발휘 결정은 궁극적으로 우연에 맡겨진다는 데 있다.

이 대목에서 능력 이론가들이 널리 채택하는 전략은, 우리가 여러 능력들을 지녔고 그것들이 상호작용한다는 입장을 취하는 것이다. 나는 나의 수영 솜씨를 향상시킬 능력, 나의 식생활 패턴을 통제할 능력, 나의 수면 행태를 바꿀 능력을 가졌다. 이런 다수의 능력들이 상호작용한다면 결과의 우연성은 줄어들 것이다. 그 모든 능력들이 상호작용하여 일으키는 결과는 덜 우연적이고 나에게 특유한 성격을 더 많이 띤다는 것이 그들의 설명이다. 그러나 이 전략은 모든 개별 능력 각각에 대해서, 그것이 필요충분조건을 통해 발휘되든지 아니면 그렇지 않든지 둘 중 하나라는 사실을 은폐할 따름이다. 따라서 다시 우연 문제가 발생한다. 많은 능력들이 있다는 것은 많은 슬롯머신들이 작동한다는 것에 지나지 않는다.

슬롯머신은 자유롭지 않다. 그것은 우연 기계다. 우리의 사고실험에서 나는, 정말로 우연히 결과들을 산출하는 슬롯머신이 존재할 수 있다는 전제를 (충분히 의문시할 수도 있지만) 암묵적으로 채택했다. 이 전제를 채택하면, 우리 능력들의 발휘를 우연에 위임하더라도 우리가 더 자유로워지는 것은 아님을 그 사고실험을 통해 생생히 보여 줄 수 있다. 비유하건대 우리가 주사위가 된다 하더라도, 우리의 자유는, 우리가 필연적 조건들 혹은 뇌의 배선들을 통해 〈강제로〉 우리의 능력들을 발휘할 때보다 조금도 증가하지 않는다. 스테판 말라르메는 걸작 시 「주사위 던지기Ein Würfelwurf」에서 이 생각을 시적으로 더없이 세련되게 표현한다. 만일 우리 능력들의 실제 발휘가 매번 우연을 통해 이루어진다면, 우리는 자유롭지 않고 우연에 종속된 것이다. 우리가 운명에 종속되느냐, 자연법칙들에 종속되느냐, 우연에 종속되느냐는 자유 의지에 관한 어려운 문제를 둘러싼 논의에서 단지 부차적인 역할만 한다.

미국 철학자 피터 반 인와겐은 ― 여담인데, 스스로 공언하는 기독교 사상가다 ― 1983년에 출판한 저서이며 우리가 논하는 주제를 다루는 전문 서적들 가운데 가장 영향력이 큰 축에 드는 『자유 의지에 관한 에세이*An Essay on Free Will*』에서 유용한 구분 하나를 도입했다.[10] 꼼꼼히 따져 보면 그 구분은 유지될 수 없지만 그럼에도 우리를 옳은 방향으로 이끈다. 반 인와겐은 자유 의지를 옹호하는 사람들이 대체로 두 가지 가능한 입장을 취할 수 있다고 지적한다. 한 입장은 이른바 양립 가능론이다. 양립 가능론이란, 자유와 결정론이 실은 조화를 이룰 수 있다는 주장이다. 이 입장에 따르면, 한편으로 모든 사건 각각에 대해서 필요충분조건들이 존재하며 그것들은 한참 먼 과거로 거슬러 올라갈 수도 있다는 것과 다른 한편으로 우리가 자유롭다는 것은 서로 조화를 이룰(양립할) 수 있다.

다른 입장은 이른바 양립 불가능론이다. 이 입장에 따르면, 오직 결정론이 틀렸을 때만 우리는 자유로울 수 있다. 왜냐하면 자유와 결정론은 조화를 이룰 수 없기(양립 불가능하기) 때문이다.

내가 보기에 양립 불가능론은 실패로 돌아간다. 왜냐하면 이 입장을 채택하면 우연 문제를 풀 수 없기 때문이다. 양립 불가능론자는 우리가 (발휘되는, 또한 행위 도중에 없어지면 안 되는) 능력 — 의지 — 을 가질 수 있다는 점을 자기 논증의 어느 대목에선가 받아들여야 한다. 그런데 그 능력의 발휘가 슬롯머신의 작동처럼 이루어진다면, 결정론이 제한되기는 하겠지만 자유가 구제되지는 않는다. 따라서 양립 가능론이 유일한 선택지로 남는다. 뮌헨 대학교의 철학자 토마스 부흐하임의 말마따나, 〈궁극적으로 우리의 모든 활동은 모종의 요인들을 통해 확정되어야 한다. 그렇지 않다면 우리의 모든 활동은 인격체의 결정이 아니라 우연의 산물일 것이다〉.[11]

통상적으로 양립 불가능론자가 양립 가능론에 대해서 제기하는 비난은 이 입장이 사실상 자유의 포기라는 것이다. 세밀히 따지면, 이 비난은 다수의 매우 세부적인 쟁점들과 얽혀 있다. 그러나 이 비난의 기조는 곧바로 반박할 수 있다. 양립 가능론은, 우리가 자유롭지 않고 결정되어 있다고 주장하지 않는다. 오히려 양립 가능론은 올바른 결정론과 자유가 조화를 이룰 수 있다고 주장한다.

내가 보기에 이 논쟁의 핵심은 자유가 아니며 자유 의지는 더욱더 아니다. 오히려 이 논쟁의 핵심은 배경에서 영향력을 발휘하는 세계상이다. 요컨대 관건은, 사람들이 결정론을 과연 어떻게 표상하느냐 하는 것이다. 양립 불가능론자들은 결정론을 위협적이라고 여기고 그래서 떨쳐내고 싶어 하지만, 그것이 결정론을 바라보는 유일한 길일까, 라는 질문이 관건이다.

이 논쟁에 대한 나 자신의 기여에서 결정적인 첫 번째 논점은, 모든 것을 포괄하는 실재, 이를테면 시간의 시초부터 일관되게 유일한 인과 사슬을 따라 진행하는 실재는 전혀 존재하지 않는다는 것이다. 그렇게 일체를 포괄하는 실재가 존재한다는 입장을 나는 『왜 세계는 존재하지 않는가』에서 논박한 바 있다. 그 안의 모든 것이 서로 연결되어 있는 그런 하나의 실재가 존재하지 않는다면, 자유는 전혀 문제가 되지 않는다. 우주는 단 하나의 곧은 시간 축을 따라서 모든 사건들을 풀어내는 — 마치 시간은 사슬이고 모든 사건이 그 사슬에 진주알처럼 매달려 있는 모양으로 — 그런 보편 포괄적 실재가 아니다. 우주는 그 무엇도, 그 누구도 빠져나올 수 없는 영화가 아니다.

그런데 정확히 살펴보면, 자유 의지에 관한 어려운 문제는 그런 보편 포괄적 실재를 전혀 전제하지 않는다! 왜냐하면 그 문제의 핵심은, 우리가, 시간의 시초 이래로 가차없는 익명의 자연법칙들에 따라 계속 길어지는 사슬에 매달린 진주알에 불과한가 여부가 아니니까 말이다. 양립 불가능론의 바탕에 깔린 두려움은, 우리가 익명의 인과 사슬들에 휘둘리는 노리개일 수도 있다는 것에 대한 두려움이다. 그러나 꼭 우리를 그런 노리개로 간주해야만 결정론을 구성할 수 있는 것은 아니다. 익명의 인과 사슬들을 상정하는 것은 결정론이라는 마차에 다섯 번째 바퀴를 다는 것과 같다. 익명의 인과 사슬들이라는 관념은 형이상학적으로 그릇된 우주관을 전제하므로, 결정론자라면 누구나 그 관념을 제쳐 놓는 편이 바람직하다. 왜냐하면 그 관념은 어차피 실질적으로 아무 소용이 없기 때문이다.

이해하기 쉬운 일상의 층위로 돌아가서 간단한 상황을 예로 삼아 보자. 내가 점심시간에 뷔페식 구내식당에 갔는데, 거기에서 소시지 빵을 먹을지 아니면 국수를 먹을지 (그렇다, 역시나 먹는 것이 문제다!) 선택해야 한다고 해 보자. 이때 나의 행위 자유란 내가 소시지 빵을 먹기로, 아니면 국수를 먹기로 결정할 수 있다는 것이다. 아무것도 내가 이 결정을 내리는 것을 방해하지 않는다. 오히려 정반대다. 내가 소시지 빵을 선택했다면, 그것은 우연이 아니다. 무슨 말이냐면, 나는 무엇 때문에 내가 그렇게 했는지 말할 수 있다. 내가 어제 국수를 먹었고, 이 소시지 빵이 맛있게 보이고, 나는 채식주의자가 아니며 함께 온 채식주의자 친구를 약 올리고 싶다는 식으로 말이다. 이때 당연히 뉴런 과정들도 일어난다. 그 과정들이 없으면 나는 어떤 생각도 할 수 없을 테니까 말이다. 그리고 그 과정들은 어쩌면 나의 장 속에 사는 미생물들에 의해 조종될지도 모른다.[12] 뿐만 아니라 그 과정들은 자연법칙들에 의해 제한된다. 왜냐하면 나의 생각은 시간을 필요로 하고, 뇌 속에서도 정보는 광속보다 더 빠르게 전송될 수 없으니까 말이다. 더 나아가 빵은 탁자 위에 놓여 있으며, 이는 지구가 일으키는 중력 가속도가 1g라는 사실과 관련이 있다. 만약에 그 값이 훨씬 더 크다면, 빵은 납작하게 찌그러질 테고 나는 일어서지도 못할 것이다. 반대로 그 값이 훨씬 더 작다면, 빵들은 훨씬 더 가벼워져서 구내식당 안을 떠다닐 것이다.

이처럼 방금 열거한 것들을 포함해서 숱한 필요조건들이 존재한다. 그 모든 조건들이 갖춰지면, 나는 빵을 선택한다. 그 조건들이 갖춰지지 않았다면, 나는 어쩌면 국수를 선택하거나 전혀 다른 행동을 했을 것이다. 다시 말해 그 필요조건들을 모두 합치면 충분조건이 된다. 필요조건들이 모두 갖춰졌다면 부족한 것은 없다. 나의 자유는 조건들에 일종의 구멍이 있다는 것에 존립할 수 없다. 만약에 나의 자유가 그런 식으로 존립한다면 우리는 다시 슬롯머신으로 전락할 것이다.

요컨대 나는 행위 자유를 가졌지만, 필요충분조건이 갖춰지지 않으면, 그 행위 자유는 국수 섭취가 아니라 빵 섭취가 이루어지는 결과를 절대로 일으킬 수 없다. 그러므로 자유와 결정론은 양립 불가능하지 않다.

이 논증의 핵심은 모든 조건들이 인과적이거나 심지어 익명이며 맹목적이지는 않다는 것이다. 내 행위 자유의 조건들은 모두 손에 쥔 물건처럼 확고한 원인들이며 그것들이 나를 떠밀고 몰아가고 결국 빵을 섭취하도록 강제한다고 생각한다면, 그것은 착각이다. 더구나 몇몇 조건들은 전혀 인과적이지 않다.

간단한 예를 들면, 나는 빵 값을 지불해야 한다. 탁자 위에 놓인 빵은 파는 상품이다. 하지만 이것은 나의 빵 구매의 원인이 아니라 조건이다. 구매라는 개념과 경제라는 개념은 전적으로 인과적이지는 않은 방식으로 재화 교환이 이루어지는 영역에 속한다. 바꿔 말해 그 개념들은 상품과 서비스의 교환 가치가 자유롭게 협상되는 영역을 표현한다. 바로 이것이 카를 마르크스의 가장 간단한 통찰들 중하나다. 담뱃값이 지금 정도의 가격인 이유는 담배가 사물로서 딱 그만큼 가치가 있기 때문이 아니다. 협상 과정의 결과로 가격이 정해지기 때문이다. 따라서 일반적으로 사물의 가격은 사물 자체의 가치만큼이 아니며, 교환 가치는 늘 사용 가치와 다를 수 있다. 이 사실은 상품은 변하지 않는데도 시간에 따라 그 가격은 변하는 것에서 단적으로 알수 있다. 상품을 창고에 보관해 놓고 기다리는 것만으로도 충분하다. 시간의 흐름에 따라 상품의 교환 가치(가격)는 변화할 것이다.

이처럼 우리의 행위들은 철저히 원인을 통해 일어나지 않으므로 자유롭다. 그럼에도 우리는 다른 행위들이 아니라 바로 그 행위들이 일어나도록 만드는 필요충분조건을 파악함으로써 그 행위들을 완전히 이해할 수 있다. 우리의 행위들은 우연이 아니다. 우리 중 일부는 노상강도지만, 우리 중 누구도 〈외팔이 노상강도〉는 아니다(여기에서 〈외팔이 노상강도one-armed bandit〉는 도박장 용어로 슬롯머신을 뜻한다. 한 팔을 잃은 노상강도는 우리 중에도 있을 수 있겠다.)

왜 원인과 이유는 다른지, 그리고 이것이 토마토소스와 무슨 관련이 있는지

라이프니츠 — 이 책에서 이미 여러 번 등장한 근대 초기의 위대한 사상가 — 는 충족 이유율(충분 근거율)이라는 유명한 원리를 정식화했다. 충분한 이유 없이 일어나는 일은 없다고 말하는 이 원리는 자유 의지에 관한 어려운 문제의 배후에 숨어 있다. 라이프니츠의 기본 발상은 아주 간단하다. 어떤 일이 일어난다면(예컨대 국가 대표 축구 경기에서 휘슬이 울린다면), 그 일이 발생하는 이유들이 존재한다. 우리는 그 이유들의 목록을 작성할 수 있다.

- 선수 22명이 축구장 안에 있다.
- 심판이 휘슬을 가지고 있다.
- 심판은 경기가 반드시 예정된 시각에 시작되기를 원한다(왜냐하면 지난번에 그가 너무 늦게 휘슬을 불어서 국제 축구 연맹으로부터 질책을 당했기 때문이다).
- 축구장에 적절한 잔디가 깔려 있다(콘크리트나 얼음이 깔려 있지 않다).
- 지구의 중력으로 발생하는 중력 가속도의 값이 1g다.
(……)

이 목록의 모든 항목 각각은 국가 대표 축구 경기의 시작 신호로 휘슬이 울리기 위한 필요조건이다. 이 항목들 중에서 하나라도 충족되지 않으면 휘슬 울림 사건은 일어나지 않는다. 하지만 이 조건들 중 어느 것도 독자적으로 충분하지 않다. 관중은 들어찼지만 축구장에 선수들이 없다면, 경기 시작을 알리는 휘슬은 울리지 않을 것이다. 또 중력 가속도가 1g라는 것도 경우에 따라 충족되지 않을 수 있는 조건이지만, 이 조건은 축구 경기와 거의 관련이 없다(국제 축구 연맹은 국제 우주 정거장을 월드컵 개최지로 고려하지 않을 것이다).

그런데 라이프니츠의 원리가 말하는 바는, 이런 조건들의 목록이 완전할 때 그리고 오직 그럴 때만 사건이 발생한다는 것이다. 즉, 심판이 휘슬을 소지하지 않거나 기타 조건이 갖춰지지 않는다면 경기가 시작되지 않을 것이다. 오직 필요조건들이 전부 다 갖춰져야만 휘슬이 울리기에 충분하다.

하지만 일부 독자들은 이 대목에서 벌써 반론을 제기하고 싶을 것이다. 만일 심판이 경기를 시작할 의욕을 갑자기 잃고 축구장을 떠나 집으로 간다면 어떻게 될까? 그러면 당연히 다른 사건이 일어날 것이다. 즉, 심판이 집으로 가는 사건이 일어날 것이다. 그러나 이 경우에도 이 사건을 위한 조건들의 목록이 존재하고, 그 목록에는 심판이 갑자기 의욕을 잃는다는 것도 포함될 것이다. 또한 그의 의욕 상실과 관련된 뉴런 과정들이 그의 뇌에서 일어난다는 것도 포함될 것이다. 예컨대 그가 지난 몇 달 동안 코카인을 다량 섭취한 탓에 지금 극심한 우울증에 걸려 있고 그래서 갑자기 의욕을 상실했다면, 실제로 그는 뇌의 신경화학에 의해 조종되고 있는 것이며, 이런 일은 실제로 일어난다(나는 이런 경우가 있음을 의심할 생각이 전혀 없다!). 심판이 경기 시작을 알리는 휘슬을 불 의욕을 잃는 일은 뜬금없이 일어나지 않으며, 설령 뜬금없이 일어나더라도 — 즉, 심판이 우연히 집으로 가더라도 — 거기에 맞게, 왜 경기 휘슬이 울리지 않는지 설명해 주는 새로운 조건이 추가될 것이다.

이 논의의 요점은 다음과 같다. 한 사건이 발생한다면, 그 사건의 발생을 위한 필요조건들(이유들, 원인들, 개념적 전제들, 법적 전제들 등)이 갖춰진 것이다. 그 필요조건들을 전부 다 합치면 그 사건이 발생하기에 충분하다. 그러므로 내가 이해하기에 충족 이유율이 말하는 바는 이것이다. 일어나는 모든 사건 각각에 대해서 필요조건들의 목록이 존재하며, 그 필요조건들을 다 합치면 그 사건이 일어나기에 충분하다.

얼핏 보면 충족 이유율은 우리의 자유를 제약하거나 심지어 없애 버린다는 생각이 들 법도 하다. 왜냐하면 충족 이유율에 따르면 우리는 그냥, 혹은 아무 이유 없이 무언가를 하지 않으니까 말이다. 또한 충족 이유율은, 한 사건의 발생을 위한 필요조건들의 목록이 있는데 어떤 외부의 자유 의지에 의해 그 목록이 갖춰지고 그 결과로 그 사건이 실제로 일어나는, 그런 상황도 배제한다. 사람이 이것이나 저것을 선택하는 사건은 뜬금없이 일어나지 않는다. 오히려 그 사건은 모든 필요조건들이 갖춰진 것에서 비롯된다. 그리고 그 필요조건들 중 하나는 특정한 사건이 일어나기를 우리가 의지했다는 것일 수 있다. 우리는 필요조건들의 코르셋에서 벗어날 수 없다. 만약에 그로부터 벗어난다면, 우리는 자유로워지는 것이 아니라 기껏해야 다시금 슬롯머신으로 전락할 것이다. 우연에 종속된 슬롯머신으로 말이다.

충족 이유율이 우리를 부자유롭게 만든다는 인상은 헛 것이다. 왜 그런지 이해하기 위한 첫걸음은 엄격한 원인과 이유를 구분하는 것이다

엄격한 익명의 원인이 현전하면, 우리의 의지와 상관없 이, 결과가 발생한다. 예컨대 누가 나를 10분 동안 물속에 담그면, 내 의지와 상관없이 나는 익사할 것이다. 내가 내 허벅지를 칼로 찌르면, 내 의지와 상관없이 나는 통증을 느낄 것이다. 중력이 뉴턴의 법칙들을 따른다고 가정하면, 우리는 지상에서 이 시각, 저 시각에 정확히 이 별들과 별 자리들, 저 별들과 별자리들을 관찰할 수 있을 것이다. 우 리의 의지와 상관없이 말이다. 자연법칙들은 엄격한 원인 들 사이의 관계를 표현한다고들 한다. 자연법칙들은 필연 적이다. 즉, 절대로 위반되지 않는다. 자연법칙들은 말하 자면 특히 엄격하고 완고하다.

반면에 많은 이유들은 결코 나를 특정 행위를 하도록 강 제하지 못한다. 오래전부터 골초인 올라프는 마침내 담배 를 끊을 이유를 가장 확실하게 가지고 있을 수도 있다. 그 이유는 이를테면 금연하면 수명이 늘어난다는 것, 기침이 줄어든다는 것, 몸에서 담배 냄새가 덜 난다는 것 등일 것 이다. 그러나 이 이유로부터 그가 강제적으로 담배를 끊는 결과가 나오는 것은 아니다. 그가 금연의 의지가 있다면,

그는 담배를 끊는다. 그렇지 않다면, 그는 계속 담배를 피운다. 물론 그에게 금연하는 것과 감옥에 가는 것 중에 하나를 선택하게 함으로써 금연을 강제할 수 있을 것이다. 그러나 이 경우에도 만일 올라프가 담배 없이 자유롭게 사는 것을 무가치하게 여긴다면, 그에게는 구속을 선호할 여지가 여전히 있다. 이유가 현전하면, 누군가가 그 이유를 따르고자 할 때만 어떤 사건이 발생한다. 이유는 동기로 될 수 있는 반면, 엄격한 원인이 동기로 되는 것은 선뜻 이해하기 어렵다. 자연법칙들을 지킨다는 것은 적어도 일상적인 동기는 아니다(자연법칙 지키기는 전혀 어려운 과제가 아니다. 어차피 저절로 지켜지니까 말이다. 그래서 일반적으로 사람들은 자연법칙을 지키는 것을 자신의 과제로 삼지 않는다. 자연법칙을 마음대로 바꿀 수 있는 신은 어쩌면 그것을 자신의 과제로 삼을지도 모르지만). 우리는 자연법칙을 따르기로 결정하지 않는다. 왜냐하면 자연법칙을 따르지 않으려는 시도는 전혀 무의미하기 때문이다.

엄격한 원인과 이유의 이 같은 구분은 우리를 그릇된 길로 이끌어 자유 의지의 역설에 이르게 한다. 자연은 단지 엄격한 익명의 원인들의 전개이며, 그 원인들에 결과들이 뒤따르고, 그 결과들이 다시 무언가의 엄격한 원인들이 되고 등등이라는 전제만 보태면, 우리는 곧바로 자유 의지의 역설에 도달한다. 이 톱니바퀴 장치 안에는 우리가 들어설 자리가 없을 것이다. 거기에서는 모든 일이 우리의 의지와 상관없이 일어나니까 말이다. 이 톱니바퀴 장치는 이유들을 지침으로 삼는 의지와 맞서는 듯하다.

우리를 배려하지 않는 냉혹한 자연의 엄격한 익명의 원인-결과-사슬 안에는 우리의 자유가 들어설 자리가 없다. 거꾸로 철학자들이 〈이유들의 공간〉이라고 부르는 곳에는 자연이 들어설 자리가 없다. 왜냐하면 이유는 엄격한 원인이 아니어야 하기 때문이다. 우리는 이유를 통찰해서 따르는 것이지 강제당하여 따르는 것이 아니다. 강제당하여 따른다면, 이유는 엄격한 원인과 다를 바 없을 것이다. 미국 철학자 존 맥도웰은 매우 영향력이 큰 저서 『정신과 세계 Mind and World』에서 이런 식으로 〈원인들의 공간〉과 〈이유들의 공간〉을 구분한다.[13]

하지만 정말 이 구분으로 충분할까? 우리가 이유들을 지침으로 삼는다는 것을 우리는 어떻게 알까? 우리가 마치 좋은 조언을 따르듯이 이유를 따르거나 따르지 않을 수 있다면, 우리가 이유를 따르는 일은 어떻게 발생하는 것일까? 우리가 이유를 따르는 것은 간단히 우리의 신경 화학 때문일까? 그렇다면 우리는 항상 우리 뇌에 의해 조종당하는 것일 터이다. 적어도, 그런 것처럼 보인다.

하지만 이 인상도 헛것이다. 관건은 이유와 엄격한 익명의 원인이 동시에 함께 우리의 행동을 조종할 수 있음을 인정하는 것이다. 나의 신경 생물학적 기질 때문에 내 입맛에 크림소스보다 토마토소스가 더 잘 맞는다고 가정해 보자. 그렇다면 내가 크림소스보다 토마토소스의 맛을 더 좋게 느끼는 엄격한 원인은 나의 미각을 담당하는 뉴런 회로들일 것이다. 하지만 오늘 나는 어쩌면 크림소스를 선택할 이유가 있을 수도 있다. 이를테면 내가 단백질과 지방을 섭취하고 싶은데 크림소스에 그 영양분들이 더 많이 들어 있다는 것이 그 이유일 수 있다. 그렇다면 이 이유가 내 행동을 이끌 것이다.

더 명확한 이해를 위해 상황을 바꿔 보자. 즉, 내가 토마토소스를 선택하는 사건이 실제로 일어난다고 치고, 그 사건을 살펴보자. 이번에도 우리는 이 구체적이며 실제로 일어나는 사건을 위한 필요조건들의 목록을 작성한다. 그러면 그 목록에는 오로지 엄격한 원인들만 등재되지 않고 이유도 몇 개 등재될 것이다. 아래는 그 목록의 일부다.

- 나의 신경 화학이 나를 토마토소스로 이끈다(이 사실은 내가 토마토소스의 맛을 더 좋게 느끼는 것으로 표현된다).
- 내 안의 미생물들이 토마토소스를 선호한다.
- 스파게티 알 포모도로를 주문하면 토마토소스를 먹을 수 있다는 것을 나는 안다.

- 토마토가 재배된다.
- 토마토의 가격은 그리 높거나 낮지 않고 적당하다.
- 나는 스파게티 알 포모도로를 먹을 돈이 있다.
(……)

이 항목들 중 일부는 엄격한 원인이 아니다. 토마토의 가격이 적당한 것은 지구에서 토마토가 성장하는 것과 관련이 있기는 하다. 그러나 토마토의 가격(교환 가치) 자체는 자연적인 사실이 아니다. 가격은 토마토처럼 성장하지 않는다. 가격은 복잡한 경제 시스템 안에서 흥정된다.

요컨대 충족 이유율이 말하는 바는, 일어나는 모든 일이 엄격한 익명의 원인들에 의해 일어난다는 것이 아니다. 한 사건의 바탕에 깔린 필요조건들이 모두 엄격한 익명의 원인인 것은 아니므로, 오로지 엄격한 익명의 원인들만 고찰함으로써 우리 지구에서 일어나는 모든 일을 설명할 수는 없다.

예컨대 왜 자동차 절도범이 벌을 받는지 설명하려면, 필요조건과 직결되지만 엄격한 원인은 아닌 그런 개념들을 틀림없이 사용해야 한다. 그런데 이것이 의미하는 바는 다음과 같다. 즉, 유일무이하며 아주 긴 인과 사슬, 모든 것을 결정하거나 조종하거나 규제하는 인과 사슬 따위는 존재하지 않고, 단지 필요조건들과 그것들을 통해 결정된 사건들로 이루어진 거대한 집합, 결코 한눈에 굽어볼 수 없는 집합만 존재한다는 것이다. 우리 행위의 필요조건들 중 다수는 엄격한 원인이 아니기 때문에, 우리는 자유롭다. 또한 우연이 들어설 자리는 없기 때문에, 우리는 슬롯머신이 아니다. 모든 사건은 충분조건(다 합치면 그 사건을 발생시키기에 충분한 필요조건들의 집합)을 가진다. 어떤 사건도 이유 없이 일어나지 않는다.

저 앞에서 나는 결정론과 자유가 조화를 이룬다고 주장했다. 그런데 지금 나는 결국 결정론이 참이라는 주장을 반박한 것이 아닐까? 반드시 그런 것은 아니다! 만약에 결정론이 주장하는 바가 오로지 엄격한 원인들만 존재하고 사건의 발생을 위한 기타 조건들은 존재하지 않는다는 것이라면, 실제로 결정론은 거짓일 터이다. 하지만 결정론을 그렇게 해석하는 것은 부당하다. 왜냐하면 ― 우리가 곧 논할 ― 쇼펜하우어를 통해 수정된 볼프 징어의 뉴런 결정론이나 신학적 결정론도 여전히 진정한 결정론일 터이기 때문이다. 우리는 이 결정론들이 정말로 참인지를 놓고 다툴 수 있다. 하지만 그것들이 정말로 참인지 여부는 오로지 물리학의 방법, 신경과학의 방법, 신학적·개념적 분석의 방법 등을 통해서만 탐구될 수 있다. 왜냐하면 결정론은 각각의 분야 안에서 작동하며 그 분야의 이론적 틀 안에 있기 때문이다.

형이상학은 모든 것을, 가장 큰 전체를, 세계를 다룬다. 그런데 내가 이미 자세히 설명했듯이, 그런 가장 큰 전체는 존재하지 않는다. 그렇기 때문에, 단 하나의 거대한 인과 사슬, 발생하는 모든 일이 거기에 매달려 있는 그런 인과 사슬이 존재한다고 여길 근거도 없다. 그러므로 결정론은 형이상학적 주장으로 자처하면서 자신을 하나의 세계상으로 부풀리지 말아야 한다. 그렇게 한다면 엄밀히 말해서 결정론은 비과학적이기까지 할 것이다. 적어도 그런 결정론은 우리가 우주나 뇌를 들여다봄으로써 입증하거나 반박할 수 없을 것이다. 단 하나의 거대한 인과 사슬이 존재한다는 것은 사람들이 이미 사전에 결정한 바다. 그것은 물리학과 신경과학의 전제가 아닐뿐더러 이제껏 그 분야들에서 쌓은 지식의 귀결도 결코 아니다.

그런데 라이프니츠의 충족 이유율은 전통적으로 철학자들 사이에서 형이상학적 주장의 전형으로 여겨진다. 그럴 만도 한 것이, 그 원리가 말하는 바는 일어나는 모든 사건이 충분근거(충분조건)에 의해 결정된다는 것이지 않은가? 심지어 일부 철학자들은 그 원리가 사건들에 관한 진술이 아니라 존재하는 모든 것에 관한 진술이라고 여긴다. 만약에 이 생각이 옳다면, 충족 이유율은 실제로 문제적인 의미에서 형이상학적일 것이다. 그래서 나는 〈내 버전〉의 충족 이유율을 논했다. 왜냐하면 내 버전의 충족 이유율은 형이상학적이지 않기 때문이다. 나의 충족 이유율 버전은 세계 전체를 거론하지 않으며 존재하는 모든 것에 대해서 무언가를 주장하지도 않고, 오히려 단지 사건들을 서술한다. 나의 충족 이유율 버전이 말하는 바는, 자신의 발생을 위한 필요충분조건(다 합치면 사건을 발생시키기에 충분한 필요조건들) 없이 발생하는 사건은 없다는 것이다.

이 논증에서 중요한 전환점 하나는 이것이다. 즉, 나는 모든 조건들의 공통분모가 존재한다고 보지 않는다. 조건들이 모두 다 엄격한 원인들인 것도 아니고 모두 다 이유들인 것도 아니다. 조건들의 목록은 열려 있다. 무수한 유형의 조건들이 존재하며, 우리는 그 조건들을 유일한 이론 안에서, 형이상학 안에서 통찰할 수 없다. 오히려 우리는 개별 분야들 안에서 그 조건들을 탐구해야 한다. 이것이 새로운 리얼리즘의 한 귀결이다.[14]

이처럼 자유 의지에 관한 어려운 문제를 푸는 나의 방법은 우선 양립 가능론의 성격을 띤다. 나의 해법이 주장하는 바는 이것이다. 충족 이유율의 형태를 띤 결정론은 참이다. 그럼에도 우리가 자유를 통해 발생한다고 여기는 사건들의 일부 조건들은 구속적이지 않다고 말하는 것이 적절하다. 바로 이 간단한 이유 때문에, 우리는 자유롭다.

우호적인 목록과 형이상학적 비관론

생생한 이해를 위해 한 예를 보자. 로미오가 줄리엣에게 장미꽃 한 송이를 선물한다. 그녀를 기쁘게 하기 위해서다. 일반적으로 우리는 로미오가 이 행위를 자유롭게 했다고 말할 것이다. 물론 그가 어떤 약물에 취했거나, 그 비슷한 이유로 자유롭지 않았음을 우리가 알게 되었다면 또 이야기가 달라질 수도 있겠지만 말이다. 어쨌든 우리는 로미오의 선물 증여 사건을 자유의 표현으로 간주하기 위한 조건들을 열거할 수 있다. 그런 조건들의 목록을 우호적인 목록이라고 부르자. 아래는 그 목록의 일부다.

- 로미오는 줄리엣을 좋아한다.
- 로미오는 장미꽃을 살 돈이 있다.
- 로미오는 어디로 가면 장미꽃이 시들기 전에 줄리엣을 만날 수 있는지 안다.
- 로미오는 이동할 수 있다.
- 로미오는 줄리엣을 기쁘게 하기 위해서 그녀에게 장미꽃을 선물하고자 한다.
- 로미오는 타인들이 기쁘면, 특히 줄리엣이 기쁘면, 그 자신도 기뻐하는 그런 사람이다.

(……)

이 목록에 등재된 항목들은 자유를 제한하는 강제성을 띠지 않는다. 그리고 이 목록은 길다. 자유에 대한 회의론을 펴는 논객은 이 목록의 항목 각각에 대해서 그것이 자유와 아무 상관이 없음을 설파해야 할 것이다. 따라서 그는 자유를 박탈하는 항목들로 목록을 만들어 대항할 수 있을 것이다. 나는 그 목록을 고약한 목록이라고 부르겠다. 왜냐하면 그 목록은 자유의 인상을 고약한 술수로 갉아먹기 때문이다. 아래는 그 목록의 일부다.

– 로미오는 줄리엣을 좋아한다 — 오로지 유전적 기질 때문에.

– 로미오는 장미꽃을 살 돈이 있다 — 그가 우연히 꽃가게에 들렀을 때 그의 손 안에 우연히 (어느 지붕에서 떨어진) 돈이 있다.

– 로미오는 어디로 가면 장미꽃이 시들기 전에 줄리엣을 만날 수 있는지 안다 — 로미오의 앎은 순전히 동물적이다. 그의 신경계가 줄리엣의 냄새 흔적을 감지함에 따라 그는 본능적으로 줄리엣을 향해 나아간다. 비록 로미오 자신은 이를 알아채지 못하지만 말이다.

– 로미오는 이동할 수 있다 — 그는 바람에 떠밀려 간다. 그는 바람 속의 낙엽처럼 움직여진다.

– 로미오는 줄리엣에게 장미꽃을 선물하고자 한다 —

이것은 단지 어떤 뇌 손상 때문에 특정 호르몬이 분비되기 때문에 일어나는 일이다.

– 로미오는 타인들이 기뻐하면, 특히 줄리엣이 기뻐하면, 그 자신도 기뻐하는 그런 사람이다 — 왜냐하면 그는 만성 우울증을 앓고 있기 때문이다. 그 우울증 때문에 그는 타인들이 기뻐할 때만 기뻐하고 다른 어떤 일에도 기뻐하지 못한다. 그 우울증이 그를 강제로 줄리엣을 기뻐하게 만든다.

(……)

때때로 우리는 우리 행위의 진짜 동기를 확실히 알지 못한다. 이는 우리 모두가 익숙하게 느끼는 바다. 그렇기 때문에 우리는 행위 설명, 곧 누군가가 특정 행위를 왜 하는지 이해할 수 있게 해주는 설명을 추구한다. 행위 설명을 추구하면서 우리는 선의를 추정할 수도 있고 음흉한 속내를 추정할 수도 있다. 우호적인 목록의 배후에 있는 것은 선의다. 우리는 누군가에게 자유를 부여한다. 이것이 외견상 어느 모로 보나 기쁜 사건(예컨대 로미오가 줄리엣에게 장미꽃을 선물하는 사건)에 대한 호의적 해석이다. 고약한 목록은 외견상의 선의를 음흉한 속내(사악한 동기)로 대체하거나, 추정된 자유를 인격체로부터 떼어 내는 것을 가능케 하는 설명으로 대체한다. 예컨대 내가 길거리에서 돌부리에 걸려 비틀거리다가 누군가와 살짝 부딪치면, 아무도 나에게 사악한 동기가 있었다고 추정하지 않을 것이다. 그 부딪힘 행동에서 나는 전혀 자유롭지 않았다.

핵심적인 논점은 이것이다. 인간 행위의 모든 동기와 모든 외견상의 호의 혹은 자유를 보편 포괄적인 고약한 목록으로 대체하는 것을 가능케 하는, 충분히 근거 있는 보편적 의심은 전혀 존재하지 않는다. 그런 의심은 일종의 형이상학적 비관론일 텐데, 이 입장을 특히 뚜렷하게 내놓은 인물이 쇼펜하우어다. 그는 이 세계의 구조 속에 자유를 위한 공간이 존재하지 않는다고 여겼기 때문에 형이상학적 비관론을 주창했다. 그는 모든 외견상의 호의적 행동을 적나라한 생존 의지 혹은 번식 의지로 이해하고자 했다. 예컨대 『의지와 표상으로서 세계』 2권(〈비극 제2부〉라고 불러도 될 것이다) 44장 「남녀 사랑의 형이상학」에서 쇼펜하우어는 이렇게 단언한다.

무릇 사랑에 빠짐은 겉보기에 제 아무리 탈속(脫俗)적이라 하더라도 오로지 성욕에 뿌리를 두며, 정확히 말하면, 단지 더 자세히 규정된, 특수화된, 아마도 가장 강한 의미에서 개별화된 성욕일 따름이다.[15]

이 해석을 통해 쇼펜하우어는 근대의 이혼율 상승도 설

명한다. 그 현상의 배후에는 영원하며 그 자체로 무의미한 출생 순환의 전 세계적 비참함이 숨어 있다. 그 현상은 사회적 현상 혹은 자유로운 결정들의 연쇄가 아니다. 번식이 완료되면 사랑은 끝난다. 흔히 유쾌하게 묘사되는 부부의 일상은 쇼펜하우어가 보기에, 자기 보존이라는 유적(類的) 욕구가 개인으로서의 우리를 조종하는 데서 비롯한 형이상학적 실망의 표현이다. 여담이지만 쇼펜하우어는 인도의 카스트 제도를 당사자의 의사와 무관한 중매결혼과 더불어 정당화하려는 의도를 그다지 숨기지 않는다.[16]

이 해석에 따르면, 로미오가 줄리엣에게 장미꽃을 선물하는 행동은 항상 오로지 섹스 추구라는 동기에서 비롯된다. 그 행동을 하면서 로미오가 제 아무리 사랑에서 우러난 동기들을 상상하더라도, 그것들은 쇼펜하우어가 보기에 아무 역할도 하지 못한다. 쇼펜하우어는 그래도 남자들만큼은 때때로 천재로 혹은 저주받은 출생 순환을 끊을 성자로 신뢰하려 한 반면, 그의 끔찍한 논문 「계집들에 관하여 Über die Weiber」가 노골적으로 보여 주듯이, 여자들에게는 〈우리의 가장 이른 아동기의 양육자와 교육자〉[17] 혹은 〈성적인 유혹자〉의 역할만 맡겼다. 그에 따르면, 계집은 〈본성적으로 복종하도록 정해져 있다〉.[18] 인도 카스트 제도의 순환을 포기하면 어떤 일이 벌어질지는 쇼펜하우어가 보기에 명백하다. 그러면 프랑스에서처럼 혁명이 일어난다!

힌두스탄*에서 계집은 단 한순간도 독립적이지 않다. 각각의 계집은 아버지나 남편이나 남자 형제나 아들의 감독을 받는다. 과부가 남편의 시체와 함께 불타는 것은 물론 반감을 일으킨다(쇼펜하우어 안에서 통찰의 섬광이 잠깐 번득인다 — 인용자). 그러나(그는 곧바로 제자리로 돌아온다 — 인용자) 남편이 자식들을 위해 일한다는 것을 위안 삼아 평생 지속적인 근면으로 획득한 재산을 나중에 과부가 자기 정부(情夫)와 함께 써버리는 것 역시 반감을 일으킨다. (……) 프랑스에서 루이 13세 이래로 계집들의 영향력이 꾸준히 증가한 탓에 왕실과 정부가 점진적으로 타락하여 결국 1차 혁명이 발생했고 그 여파로 현재까지의 모든 격변들이 일어난 것이 아닐까?[19]

자유 경멸자이자 여성 혐오자이며 다른 측면들에서도 그다지 호감이 가지 않는 인물인 쇼펜하우어는 위 인용문들이 전형적으로 보여 주듯이 고약한 목록 만들기의 거장이기도 했다. 역사적 거리를 확보한 우리는 그 텍스트가 순전히 이데올로기적이라는 것, 실은 자유에서 비롯되었으며 따라서 바뀔(제거할!) 수 있는 특정 사회 구조를 정당화하기 위해 그 텍스트가 하나의 자연(이를테면 〈계집〉

* 힌디어를 쓰는 인도 북부 지방.

의 자연, 곧 본성)을 꾸며 낸다는 것을 안다.

다윈염과 신경강박에 물든 우리 시대의 문헌들 역시 늦어도 미래에는 그 이데올로기성이 간파되기를 바란다. 하지만 더 나은 시대가 오기를 바라며 마냥 기다리는 것은 바람직하지 않으므로, 우리는 오늘 당장 개입해야 한다. 모든 호의적 목록을 고약한 목록으로 대체하는 보편 포괄적인 형이상학적 비관론을 받아들일 필요는 전혀 없으니까 말이다. 그런 비관론은 받아들일 수 없는 추측이다. 이는 자기와 모든 타인을 원리적으로 불신한다는 점에서 사이비 과학에 기댄 일종의 편집증이다.

자유 의지의 역설에 대하여 이 책이 제시하는 해법은 다음과 같다. 충족 이유율은 옳다. 또한 물리적 결정론과 뉴런 결정론은 모두 참일 수도 있다(참인지 거짓인지 우리는 모른다). 그러나 이 사실들은, 모든 사건들이 오직 물리적 질서만을 따를 때에만 우리의 자유를 위협한다. 그런데 모든 사건들이 물리적 질서만을 따른다는 것은, 모든 사건들을 자연과학의 언어와 자원으로 완전히 이해할 수 있고 다른 방법으로 이해할 때보다 더 잘 이해할 수 있다는 것을 의미한다. 이 주장이 바로 자연주의일 텐데, 철학적 분석의 메스로 해부해 보니 자연주의는 별로 근거가 없음이 드러났다.[20] 자유를 논할 때 고려할 만한 사건들은 오로지 (엄격한) 원인들만을 조건으로 가지지 않으며, 간단히 이

점만으로도 자연주의는 틀렸다. 일부 사건들은 행위자가 관여할 때만 발생한다. 그런 사건의 조건들 중 일부는 엄격한 원인이 아니다(오히려 이유다). 그렇기 때문에 행위 자유가 존재한다. 우리는 우리가 의지하는 바를 행할 수 있다.

그러나 지금 내가 주장하는 바는, 의지가 존재하며 그 의지는 우리 행위와 똑같이 자유롭다는 것이 아니다. 의지가 존재한다는 전제는 무수한 혼란을 부르는 원천이다. 그렇기 때문에 니체는 쇼펜하우어를 비판하면서 올바른 급진적 해법을 고려했다. 즉, 니체는 정관사까지 붙인 〈의지 der Wille〉 따위는 전혀 존재하지 않으며, 〈의지〉라고 표현할 만한 능력들과 역량들의 상호작용조차 존재하지 않는다고 지적했다. 〈나는 너희의 자유로운 의지를 비웃을뿐더러 부자유로운 의지도 비웃는다. 너희가 의지라고 부르는 그것은 내가 보기에 망상이다. 의지란 존재하지 않는다.〉[21] 그 망상에 맞서서 니체는, 〈의지〉는 〈그릇된 사물화 falsche Verdinglichung〉라고 말한다.[22] 이 말은 처음에 니체를 이끈 위대한 모범이자 〈교육자〉였던 쇼펜하우어를 향한 대답이기도 하다(여담이지만, 니체 역시 여성 혐오자이며 당대에 호감을 받지 못한 편에 속한다. 그러나 니체는 천부적인 언어 능력으로 쇼펜하우어보다 더 많은 사람들을 매혹했다. 쇼펜하우어도 탁월한 산문가였지만 말이다).[23]

이 대답은 쇼펜하우어가 의지의 개념을 극단화했기 때문에 더욱 중요하다. 더 정확히 말하면, 이 대답은 인간 자유를 둘러싼 논증의 틀 안에서 특히 중요하다. 왜냐하면 쇼펜하우어에게서 유래한 문구인 〈우리는 우리가 의지하는 바를 행할 수 있지만(행위 자유), 우리가 의지하는 바를 의지할 수는 없다〉가 오늘날까지도 결정적인 영향력을 발휘하기 때문이다. 이 문구에 기초해서 쇼펜하우어는 의지가 우리를 확정한다고, 우리가 옴짝달싹 못하고 의지에 의해 철저히 개별적으로 조종 혹은 〈의지〉된다고 여겼다. 따라서 쇼펜하우어가 보기에 의지는 인간의 운명이었다. 우리는 개인으로서 제각각 성격을 지녔고, 그 성격이 우리를 이것 혹은 저것을 의지하도록 확정하니까 말이다.

그러나 이로써 쇼펜하우어는 앞서 그가 타인들을 빠뜨리려고 판 함정에 스스로 빠진다. 무슨 말이냐면, 그는 다음을 받아들인다. 즉, 의지라는 역량이 존재하고, 그 역량의 발휘 여부는 우리 손아귀에 있지 않은데, 그 역량이 없으면 우리는 행위 자유를 가지지 못한다는 점을 받아들인다. 그도 그럴 것이, 애당초 우리가 무언가를 의지하지 않는다면, 우리가 의지하는 바를 행하는 것이 어떻게 가능하겠는가? 이 질문은 정당할뿐더러 적절하다. 하지만 이 질문의 자명한 대답, 곧 그러한 것이 불가능하다는 대답으로부터 의지가 존재한다는 결론이 나오지는 않는다. 우리는 온갖 것을 의지하고, 바라고, 좋아하고, 선호하고, 선택하지만, 우리 안에서 〈의지〉, 〈바람〉, 〈선호〉, 〈선택〉이 낯선 놈처럼 작동하면서 의식의 배후에 숨어서 우리를 은밀히 조종하는 것은 아니라고 말하면 안 될 이유가 어디 있는가? 이런 유형의 — 배후에 조종자가 존재한다고 결론짓는 — 오류 추론을 일컬어 사물화Reifikation, Verdinglichung라고 한다.

잠깐 《나》로 돌아가 보자. 《나》에 대해서도 아주 비슷한 이야기를 할 수 있다. 우리가 우리 안에 《나》-사물을 보유했다고, 혹은 우리는 우리 눈구멍 뒤에 거주하는 《나》-사물(오랜 전통을 자랑하는 호문쿨루스)이라고 여길 수도 있을 것이다. 더 나아가 이 견해를 다음과 같은 오류 추론으로(앞서 보았듯이, 칸트가 말하는 〈오류 추리〉로) 외견상 〈정당화〉할 수도 있을 것이다.

1. 우리는 사물(고양이, 지렁이, 나무, 접시 등)을 생각할 수 있다.
2. 우리가 사물을 생각할 때, 우리는 생각을 가진다.
3. 우리가 생각을 가질 때, 그 생각을 가지는 누군가가 존재한다.
4. 우리는 《나》라는 말을 즐겨 하므로, 그 생각의 보유자를 《나》라고 하자.

5. 우리는 그 생각의 보유자를 생각할 수 있다.

결론: 따라서《나》(생각의 보유자)는 사물이다.

이 추론의 오류는, 우리가 오직 사물만 생각할 수 있는 것이 아님을 간과한다는 점에 있다. 대관절 왜 우리가 사물만 생각할 수 있단 말인가? 이 질문에 답하려면 온갖 이유들을 대야 할 텐데, 그 이유들을 발견하기는 그리 쉽지 않거나 아예 불가능할 것이다.

신경중심주의는 우리가 사물들 사이의 한 사물이라는 것, 그리고 오로지 사물들만 존재한다는 것을 전제로 한다. 나는 하나의 뇌-사물이며, 당신도 하나의 뇌-사물이다. 우리 주위에는 역시 사물들인 기본 입자들이 있다(비록 기본 입자들은 예컨대 고양이와 전혀 다르게 매우 기이한 행동을 보이지만 말이다. 여담이지만, 고양이와 기본 입자를 같은 반열에 놓는다는 점에서 슈뢰딩거의 고양이 역설은 오해를 유발한다). 이 모형을 채택하면, 우리는 오직 사물들만 생각할 수 있고 오직 사물들만 존재한다는 생각이 절로 든다. 그러나 오직 사물들만 존재한다는 것은 거짓이다. 다른 것들은 제쳐 두더라도, 단박에 사물로 간주되지 않는 가치들, 바람들, 수(數)들이 존재하니까 말이다.

근본적인 오류는, 하나의 세계가 존재하며, 그 세계가

보유한 가구(家具)는 우리에 대해서 완전히 독립적이라는 통념에 있다. 오늘날 철학자들 사이에서 자주 쓰이는 〈실재의 가구furniture of reality〉라는 은유는 그 통념을 연상시킨다. 그 통념이 옳다면, 실재 안에 놓인 대상들은 확고한 사물들일 것이며, 그 사물들은 위반 불가능한 자연법칙들에 따라 공간과 시간 안에서 이리저리 떠밀릴 것이다. 우리는 신체 사물로서 다른 모든 사물들 가운데 하나에 불과할 터이다. 그렇다면 의식, 수(數), 가치, 열린 가능성 등의 실존은 당연히 수수께끼로 느껴진다. 하지만 이는 그것들 자체가 수수께끼여서가 아니다. 철저히 사물화된 우주의 관념이 길을 잘못 든 형이상학적 환상이어서 생기는 현상이다.

애당초 모든 것을 사물화하면 우리는 모순에 빠진다. 우리는 너무 성급하게 《나》-사물을 도입했고, 《나》-사물을 그 안에 의지-사물(혹은 다양한 뇌 구역들에 자리 잡은 다수의 의지-사물들)이 들어 있는 뇌-사물과 동일시했다. 다음 단계로 이제 사람들은 어떤 사물도 자유로울 수 없다고 여긴다. 왜냐하면 모든 사물들은 자연법칙들에 따라 서로 연결되어 있기 때문이다. 자연법칙들은 사물들 각각에 무슨 일이 일어날지를 미리 정한다. 이 같은 벽돌-형이상학이 그리는 세계상에서 사물들은 서로 충돌하고 때때로 들러붙는다. 당연한 말이지만, 이 벽돌-형이상학은 우리

자신을 인격체들 사이에서 자유롭게 행위하는 인격체로
그리는 우리의 자아상과 어울리지 않는다. 나는 이 형이상
학을 유명한 장난감 〈레고〉를 떠올리면서 레고중심주의라
고도 부른다.

인간 존엄은 건드릴 수 없다

이 생각은 중요한 윤리적 귀결들을 지녔다. 독일 연방
공화국 기본법 제1조는 다음과 같다. 〈인간 존엄은 건드릴
수 없다. 인간 존엄을 존중하고 보호하는 것은 모든 국가
권력의 의무다.〉 당연히 이 조항을 다양한 방식으로 해석
하고 정당화할 수 있을 것이다. 단, 인간 존엄과 인권이 개
념적으로 연결되어 있다는 소중한 통찰을 밀쳐 내지만 않
는다면 말이다(인간 존엄이 인권의 근거인지, 거꾸로 인권
이 인간 존엄의 근거인지, 혹은 인간 존엄과 인권이 실질
적으로 같은지 등은 법철학의 논쟁거리다).

하지만 여기에서 간과하지 말아야 할 것은, 인간 존엄은
말 그대로 건드릴 수 없다는 점이다. 왜냐하면 인간 존엄
은 사물이 아니기 때문이다. 우리는 인간 존엄을 붙잡을
수 없을뿐더러 사물을 볼 때처럼 눈으로 지각할 수도 없다.
인간 존엄이 우리에게 귀속하는 것은 우리가 인간-사물이
고 우리 두개골 속에서 뇌-사물이 성장하고 발달하기 때
문이 아니다.

이 대목에서 칸트의 매우 유명한 구분, 곧 존엄과 가치 사이의 구분을 주목할 필요가 있다. 칸트는 이렇게 말한다.

> 모든 것은 가격을 가지든지, 아니면 존엄을 가진다. 가격을 가진 것은 다른 등가물로 교체될 수 있다. 반면에 어떤 가격보다 숭고erhaben하며 따라서 등가물을 허용하지 않는 것은 존엄을 가진다. 일반적인 인간적 성향 및 욕구와 관련이 있는 것은 시장 가격을 가진다. (……) 반면에 오직 어떤 조건 아래에서만 무언가가 목적 그 자체일 수 있을 때, 그 조건은 한낱 상대적 가치 곧 가격을 가지는 것이 아니라 내재적 가치 곧 존엄을 가진다.[24]

이 인용문에서 칸트는 무언가가 목적 그 자체일 수 있기 위한 조건을 거론한다. 이 같은 칸트의 말을 들을 때 우리는 항상 사물Ding과 조건Bedingung의 차이를 염두에 두어야 한다. 조건은 한 사물을 그 사물로 만든다. 그러나 모든 조건이 엄격한 원인이어야 하는 것은 아니다. 칸트에 따르면, 우리 인간에게 존엄이 귀속하는 것은 우리가 〈목적들의 나라〉[25] 안에서 살기 때문이다. 목적들의 나라는 우리가 우리 인간의 행위들을 이해하기 위해 사용하는 개념들로 이루어진 조직이다. 그 조직 안에 우정, 사기(詐欺), 선물, 연방 대통령, 저작권, 착취, 소외, 이데올로기, 혁명, 개혁,

역사 같은 개념들이 속해 있다. 이 개념들은 우리가, 우리의 기여가 없어도 저절로 일어나는 자연 과정들을 이해하기 위해 사용하는 개념들과 다르다.

칸트의 시대에 자동적인 자연 과정과 자유로운 행위 사이의 경계선은 당연히 위태로웠다. 그 위태로움은 곧이어 낭만주의 문학에도 반영되었다. 에른스트 호프만의 『모래 사나이Der Sandmann』에 나오는 올림피아를 비롯한 유명한 자동 장치들을 생각해 보라. 그런 자동 장치들에 못지않게 유명한 『실천이성비판』의 한 대목에서 칸트는 〈자연 메커니즘〉과 〈자유〉를 맞세우면서도, 혹시 우리가 자동 장치들일 수도 있지 않을까라는 의심을 스스로 제기한다. 그러면서 그는, 〈자연의 메커니즘〉에 종속된 사물들이 반드시 〈실제로 물질적인 기계들이어야 하는 것〉은 아니라는 핵심적인 생각을 강조한다.[26] 왜냐하면 오늘날 결정론에 맞서 싸우는 많은 사람들과 달리 칸트는 라이프니츠가 제시한 자유 의지에 관한 어려운 문제를 붙들고 씨름하고 있었기 때문이다.

여기에서는 단지 시간 계열 안에서 자연법칙들에 따라 일어나는 사건들의 연결의 필연성만 고려된다. 그 내부에서 이 연쇄 과정이 일어나는 그런 주체를, 그 기계적 주체가 물질을 통해 작동되므로 〈물질적 자동 장치Automaton materiale〉라고, 혹은 그 기계적 주체가 표상들을 통해 작동되므로 라이프니츠의 어법대로 〈정신적 자동 장치〉로 불러도 무방할 것이다. 그리고 우리의 자유가 다름 아니라 후자의 자유라면(말하자면 심리적이며 상대적인 자유일 뿐이고, 또한 동시에 초월적인, 곧 절대적인 자유가 아니라면), 사실상 우리의 자유는 한번 태엽을 감아 주면 스스로 돌아가는 고기구이용 꼬챙이의 자유보다 더 나을 것이 없을 터이다.[27]

이 생각에 맞서서 우리는 비정통적인 칸트 독해 방법을 채택하여, 우리는 오직 목적론적 행위 설명을 허용해야만 서로를 이해할 수 있으며 그런 한에서 목적들의 나라의 거주자로서 실제로 자유롭다고 주장할 수 있다. 한참 전에 들었던 래리와 통밀 빵의 예를 다시 떠올려 보라. 래리는 상하지 않은 통밀 빵을 사러 슈퍼마켓에 간다. 이때 그는 엄격한 원인들의 나라 안에서만 움직이는 것이 아니다. 래리가 이를테면 태풍에 휩쓸려 슈퍼마켓으로 날아가서 빵 진열대 앞에 착륙하는 것이 아니다. 래리는 자발적으로 슈퍼마켓으로 간다. 그의 행위는 행위들로 이루어진 시스템의 한 요소이며, 그 시스템 전체가 바로 래리의 이력Biographie이다.

행위와 자연적 사건을 구분하려 할 때 사람들이 즐겨 지적하는 것은, 자연적 사건은 어떤 목적을 고려하지 않더라도 완전히 이해될 수 있다는 점이다. 그렇기 때문에 자연적 사건(예컨대 한 사람의 오줌 마려움)은 비(非)자유 의지적이다. 오줌 마려움은 신체 안에서 제 기능을 가지지만 누군가가 설정한 목적을 가지지는 않는다.

그런데 인간 문명의 큰 부분은 우리가 인체를 둘러싼 자연적 사건들을 억누르거나 최소한 치장하는 것에 존립한다. 우리는 손톱과 머리카락을 자르고 옷을 입으며 잠글 수 있는 화장실을 이용하고, 우리의 자연적 능력들을 향상시키는 기술(계산기, 열차 등)을 보유하고 있다. 우리가 야생동물들과 함께 살지 않고 되도록 전혀 다른 곳에서 따로 살기를 바라는 것도 인간 문명의 일부다. 야생동물들은 인간이 손대지 않은 야생이나 동물원에 머무르면서 우리를 귀찮게 하지 말아야 한다.

인간 존엄에 걸맞은 삶은 〈목적들의 나라〉 안에서 이루어질 수 있는 삶이다. 우리가 병들거나 심지어 죽을병에 들면, 자연적 사건들이 우리 삶의 지휘권을 넘겨받는다. 하지만 이것은 정상적인 경우가 아니다. 비록 신경중심주의는 우리를 설득하여 이것이 정상적인 경우라고 믿게끔 하고 싶어 하지만 말이다. 오직 병들었을 때만 우리는 엄격한 원인들과 우리 몸속 배선들에 의해 조종된다. 환경과 동물 보호에 헌신하는 사람은 단지 그의 두개골 속에서 일어나는 뉴런 활동이 그의 의지를 거슬러 그를 헌신으로 몰아가기 때문에 그렇게 헌신하는 것이 아니다. 뉴런 활동이 그의 의지와 상관없이 그런 식으로 공동체에 기여할 의지를 품게 만들기 때문에 그런 것도 아니다.

인간 존엄은 건드릴 수 없다(불가침하다). 왜냐하면 우리는 특정 종의 동물에 불과한 게 아니기 때문이다. 오히려 우리는 다름 아니라 목적들의 나라 안에서 사는 동물이기 때문에, 인간 존엄은 불가침하다. 다른 동물 종들을 그 나라에서 배제하는 것은 나의 취지가 아님을 유념하라. 비근한 예로 가축들도 우리와 더불어 목적들의 나라 안에서 산다. 다만, 그 나라에 대한 가축들의 이해는 우리의 이해 수준에 턱없이 못 미친다. 물론 우리도 목적들의 나라에 대해서 모든 것을 알지는 못한다. 왜 그런지 묻는다면, 당장 떠오르는 대답은 이것이다. 왜냐하면 한눈에 굽어볼 수 없을 만큼 많은 개인들과 기관들이 그 나라에 영향을 미치기 때문이다. 그렇기 때문에 때때로 우리는 그 나라를 자유의 표출이라기보다 오히려 자연 폭력Naturgewalt으로 느낀다.

문명과 정신사 덕분에 우리는 이제 더는 엄격한 원인들에 의해 원시적으로 조종되지 않기 위해 능동적이며 자기의식적으로 노동한다. 그런 의미에서 다른 동물 종들보다 더 자유롭다. 우리는 말하자면 부드러운 행위 조건들을 창출하고, 그 조건들을 통해 원인들로부터 부분적으로 해방된다. 설령 다른 동물 종들은 다른 목적들의 나라 안에서 산다고 간주할 수 있다 치더라도(다른 동물 종들도 사회적 서열 체계를 지녔지 않은가!), 그 동물들이 자기들의 나라를 목적들의 나라라는 이념에 비추어 설계하고 변화시킨다고 여길 사람은 없을 것이다. 다른 동물 종들은 우리처럼 반성적reflexiv이며 철학적으로 정당화된 법체계를 지니지 않았다. 우리의 법체계는 무엇보다도 수천 년에 걸쳐 진행된 정의로운 국가에 대한 숙고에서 유래했다. 대표적인 예로 그 숙고는 고대 그리스인들(특히 플라톤, 아리스토텔레스, 또한 아이스킬로스를 비롯한 비극 작가들과 투키디데스와 헤로도토스를 비롯한 역사가들)에 의해 높은 이론적 수준에 도달했다. 오늘날의 법학과 정치학은 그들의 숙고와 연결되어 있다.

이런 반성적 성취들 때문에 우리가 다른 동물 종들보다 더 가치 있는 것은 아니다. 칸트의 말마따나, 존엄은 상대적 가치가 아니며 따라서 우리를 나머지 동물계보다 더 우월하게 만드는 무언가가 아니다. 인간 존엄이 — 어쩌면 인권의 토대일 가능성이 있는 인간 존엄이 — 존재한다는 것으로부터, 우리의 목적들의 나라 안에서 우리보다 덜 능숙하게 행동하는 다른 동물 종들을 우리가 학대해도 된다는 결론은 나오지 않는다. 만약에 그런 결론이 나온다면 우리의 존엄은 상대적 가치, 곧 다른 동물들과 비교할 때 우리를 좋은 모습으로 만들어 주는 그런 가치일 터이다. 그러나 칸트에 따르면 존엄은 내재적 가치다. 그리고 내가 보기에 인간 존엄이라는 내재적 가치의 근거는 우리의 행위들은 자유롭다는 사실에 있다. 우리 행위의 필요조건들 중 다수는 엄격한 원인이 아니기 때문에 우리의 행위들은 자유로우며, 그 자유가 인간 존엄의 근거다.

신과, 혹은 자연과 동등할까?

이 책의 앞부분에서, 나는 인간이 아니기를 바라는 것보다 더 인간적인 것은 없다는 스탠리 카벨의 명언을 인용했다. 사르트르는 이와 매우 유사한 주장을 내놓았다. 즉, 인간 행동의 큰 부분은 자신을 자신의 자유로부터 사면하는 것을 목표로 한다고 주장했다. 사르트르의 선언에 따르면, 〈인간이란 기본적으로 신(神)이 되려는 욕망이다〉.[28] 나는 이를 상향 야만화Verrohung nach oben라고 부른다. 사람들은 자기신격화를 통해 비인간적으로 된다.

사르트르의 기본 사상은 쉽게 이해된다. 그는 그-자체임An-Sich과 자기를-마주함Für-Sich을 구분한다. 그-자체인-놈은 그놈의 개념적 기여가 없어도 완벽하게 자기 자신과 동일하다. 그놈은 절대적 본질을 지녔다. 그놈은 파괴될 수는 있어도 그놈 자신에 대한 그놈 자신의 견해를 바꿈으로써 변화할 수는 없다. 왜냐하면 그놈은 어떤 견해도 없기 때문이다. 돌멩이는 그-자체인-놈이며, 몇몇 생물도 확실히 그러하다(동물계에서 어느 〈수준〉부터 자기를-마주함이 시작되는지 우리는 아직 모른다). 이런 놈들과 달리, 우리가 자기를-마주한-놈이라는 점은 사르트르의 말마따나 〈인간적 실재menschliche Realität〉의 일부다. 이 것은 어느새 우리에게 친숙한 생각, 곧 〈우리의 자화상은 (설령 거짓 자화상이더라도) 우리에 관해서 무언가 말해 준다〉라는 생각을 사르트르가 나름대로 변주한 버전이다. 우리가 우리 자신을 어떤 놈으로 여긴다면, 우리는 또한 그놈이기도 하다. 내가 나를 (훌륭한 춤꾼이 아닌데도) 훌륭한 춤꾼으로 여긴다면, 적어도 나는 자기를 훌륭한 춤꾼으로 여기는 놈이다. 이 사실은 나에 대해서 무언가를(예 컨대 나는 너무 자만심이 세서 나의 춤 솜씨가 형편없음을 인정하지 않는다는 것, 혹은 나는 나 자신이 훌륭한 춤꾼이기를 간절히 바란다는 것을) 말해 준다.

사르트르에 따르면, 사람들이 신이라는 관념을 고안한 것은, 신은 그-자체임과 자기를-마주함의 완벽한 조합일 것 같아서였다. 신은 자기에 대해서 틀린 견해를 가지지 않겠지만 죽어 있는 돌멩이도 아닐 것이다. 오히려 신은 더없이 완벽한 인격체일 것이다(적어도 철학자들이 떠올 리는 신은 그러하다. 그래서 사람들은 그 신을 〈철학자들의 신)이라고 부른다). 사르트르에 따르면, 우리의 그-자체임(우리의 몸, 기원 등)과 자기를-마주함 사이에 간극이 있기 때문에, 우리는 자유롭다. 우리가 그 간극을 은폐하기 위해 아무리 다양한 전략을 개발하더라도, 그 간극은 절대로 메워지지 않는다. 그런 전략들 가운데 특히 중요한 것으로 본질주의가 있다. 여기에서 본질주의란, 한 사람(혹은 집단)이 그의(그 집단의) 본질을 통해서 겉보기에만 자유로운 특정 행위 패턴을 나타내도록 확정되어 있다는 견해를 말한다. 인종주의와 성차별주의는 본질주의적이다. 바이에른 사람이나 그리스인은 그들의 행위들에서 드러나는 본질을 가졌다고 여기는 민족주의도 마찬가지다. 바이에른 사람은 예컨대 맥주를 마시고 선거에서 기독사회당을 찍고, 그리스인은 부패하고 게으르고 정이 많으며 극좌 아니면 극우라는 등의 견해를 가진 민족주의 말이다.

이런 형태의 판에 박힌 견해들은 유감스럽게도 바닷가의 모래알만큼 많으며, 실존주의의 관점에서 보면, 단지 우리가 타인들의 자유를 부정함으로써 우리 자신의 자유를 반박하는 데 기여할 따름이다. 만일 타인들이 자동 장치들이라면, 타인들을 자유로운 정신적 생물처럼 다룰 자유를 우리가 사용하지 않을 때, 누구도 우리를 비난할 수 없다.

이런 숙고를 바탕에 두고 우리는 카벨과 사르트르의 실

존주의적 동기들을 조합하여 두 가지 위험을 지적할 수 있다. 하나는 상향 야만화의 위험, 또 하나는 하향 야만화의 위험이다. 상향 야만화의 위험은 우리가 신을 《나》-이상 (理想)으로 선택할 때, 곧 우리가 신처럼 되고자 할 때 들이닥친다. 반대로 하향 야만화의 위험은 우리가 다윈염에 걸려서 모든 인간적 행태를 진화 생물학으로 완벽하게 설명할 수 있다고 여길 때 들이닥친다.

오늘날의 사회에서 상향 야만화의 위험은 종교와 연결된다기보다 오히려 포스트휴머니즘과 트랜스휴머니즘의 전능 환상, 그리고 실리콘 밸리의 신들이 좌지우지하는 디지털 혁명이 모든 것을 삼킨다는 통념과 연결된다. 우리 인간은 이미 오래전에 기술을 통해 사이보그가 되었다고 보는 지적 흐름들이 존재한다. 〈확장된 정신〉(영어로 ex-tended mind)의 개념을 옹호하는 사람들이 보기에, 내가 이 문장을 입력하는 노트북은 나의 간(肝)과 다름없이 나의 일부다. 이런 식으로 우리는 우리의 하드웨어를 확장했다고 그들은 상상한다. 극단적인 사람들은 영화 「트랜센던스」와 같은 시나리오들을 바람직하게 여기면서 사후에 우리를 온라인 플랫폼에 업로드하는 기술이 개발되기를 바란다. 그들은 우리가 흥미진진한 인터넷 안에서 영생을 누리게 되리라고 장담한다.

이런 상향 야만화의 위험은 시인 겸 의사 고트프리트 벤이 논한 〈점진적 뇌화progressive Zerebration〉, 곧 우리 문화가 뇌로 환원되는 현상에서 유래한다. 따라서 이 위험은 신경강박과 짝을 이룬다. 벤은 오스트리아 신경학자 콘스탄틴 폰 에코노모가 내놓은 한 주장에 맞서 씨름한다. 폰 에코노모는 뇌염의 일종인 기면성 뇌염의 발견자로 유명한데, 기면성 뇌염에 대해서는 앞에서 이미 언급한 바 있다. 폰 에코노모는 정신사를 뇌의 진화를 통해 이해할 수 있다고 추측했다. 그리하여 그는 문화적 진보를 배후에서 조종하는 모종의 뇌 진보가 존재한다고 여겼다.

폰 에코노모의 사상에 맞서서 벤은 허무주의와 더불어 그 사상을 (당연한 말이지만, 특히 20세기 전반기의) 휘청거리는 근대성의 쇠망 현상으로 규정한다. 그래서 벤은(안타깝게도 벤은 정치적으로 나치를 선택했다. 그는 나치가 예술에 우호적인 정치 집단이라고 착각했다) 1932년에 출판한 논문 「허무주의 이후Nach dem Nihilismus」에서 이런 질문을 제기한다.

필자는 스스로에게 묻는다. 과학적 결정론의 세계상에 맞서서 창조적 자유를 가진 《나》를 주장할 힘을 우리는 여전히 가지고 있을까? 경제적 천년왕국설들이나 정치적 신화들이 아니라 서양 사상의 힘에 기초하여 유물론적-기계적 형식 세계Formwelt를 돌파하고, 자기를 정립하는 이상

에 기초하고 자기를 억제하는 분수 안에서 더 심오한 세계
상들을 구상할 힘을 우리는 여전히 가지고 있을까?[29]

벤은 유물론과 허무주의를 밀어내고 그 자리에 〈구성적
정신을 모든 유물론으로부터의 포괄적 해방의 원리로서
강조하고 의식하면서〉 놓는다.[30] 벤은 〈뉴턴 황제, 다윈
왕〉[31]이 점진적 뇌화의 틀 안에서 조합되는 것에서 고삐 풀
린 〈되어감Werden의 주지주의적 격상〉[32]을, 간단히 말해서
상향 야만화를 간파한다.

이 같은 상향 야만화는, 의식 혹은 정신은 단지 기능적
구조일 따름이며 그 구조를 다양한 재료로 구현할 수 있다
고 보는 기능주의에서도 작동한다. 실리콘 밸리의 시대인
오늘날에는 그런 재료의 예로 흔히 실리콘이 거론된다. 기
능주의가 컴퓨터와 더불어 등장한 새로운 입장이라고 여
기는 분들도 있을지 모르지만, 벤은 이 문제에 관한 안목
이 대단히 뛰어나다. 1932년 「아카데미 연설」에서 그는 신
경중심주의의 기본 구조를 아래와 같이 서술한다. 이 기본
구조는 오늘날까지도 그대로 유지되고 있다.

새로운 뇌화 단계, 더 냉정하고 싸늘한 뇌화 단계, 자신
의 실존, 역사, 우주를 오로지 두 개의 범주, 곧 개념과 환각
으로 파악하는 단계가 다가오는 듯합니다. 괴테 이래의 실

재 붕괴Realitätszerfall는 한없이 과도해지는 중이고, 물새들조차도 이를 알아챘다면 물속으로 들어가야 할 것입니다. 대지는 순수한 동역학과 순수한 관계에 의해 엉망이 되었습니다. 기능주의입니다, 여러분. 그 단계, 담당자 없는 운동, 비실존적 존재를 일컬어 기능주의라고 합니다.[33]

괴테, 니체와 유사하게 벤도 근대적 주지주의화의 전사(前史)를 숙고할 것을 권한다. 『파우스트』 2부에서 호문쿨루스는 〈반짝이는 왕좌〉[34]에 부딪혀 산산이 부서짐으로써 그가 살던 병에서 탈출하는 데 성공한다. 〈고전적 발푸르기스의 밤〉*에 등장하는 철학자 탈레스가 이야기하듯이, 호문쿨루스는 〈프로테우스의 유혹에 넘어가〉[35] 〈모든 것을 시작한 에로스〉[36]에게 자신을 내주고 자신을 가뒀던 유리병이 깨지게 한다. 훗날 초기 니체는 이를 〈디오니소스적인 것〉[37]이라고 부르는데, 이 명칭은 중요하지 않다. 실리콘 밸리 무법자들도 기능주의라는 짐을 내려놓기 위해 네바다 사막에서 열리는 도취의 축제 〈버닝 맨Burning Man〉에 참여한다. 딱 알맞게도 그 축제에서는 거대한 인간 모형이 불태워진다. 인간을 포스트휴머니즘의 제단에

---

* 『파우스트』 2부 2~3막에서 묘사되는 괴물들의 축제. 그리스 로마 신화의 인물들, 괴물들 그리고 고대 그리스 철학자들이 등장한다. 호문쿨루스는 자신의 몸을 얻어 유리병에서 나오기 위해 이 축제를 방문한다.

바치는 것이다.

괴테는 호문쿨루스가 부서지는 장면을 통해 셸링의 자연 철학을 암시한다. 셸링은, 인간 정신이 지적인 《나》로서, 순수한 의식으로서, 그 자체로 영혼을 결여한, 《나》 없고 의식 없는 자연에 맞선다는 입장과 근본적으로 결별했다. 셸링과 괴테는 피히테가 정확히 그런 입장이라고 여겼고, 이미 언급한 대로 피히테는 괴테 장관에게 눈엣가시였다. 게다가 피히테는 예나 대학교 교수로서 무신론 논쟁에 휩쓸렸다. 왜냐하면 궁극적으로 그가 신을 인간 이성의 건너편에 있는 권위자나 인격체가 아니라 도덕적 세계 질서로 보는 일종의 이성 종교를 옹호했기 때문이다.

저 생동하는, 효력을 발휘하는 도덕적 질서 자체가 신이다. 우리는 다른 신을 필요로 하지 않으며 다른 신을 파악할 수도 없다. 저 도덕적 세계 질서 바깥으로 나갈 이유, 근거 지워진 놈으로부터 근거로 나아가는 추론을 통해 추가로 어떤 특수한 놈을 그 근거 지워진 놈의 원인으로 받아들일 이유는 이성 안에 없다.[38]

그러나 피히테는, 대관절 왜 인간이 여전히 자연적 생물인가라는 질문이 심각한 문제로 다가올 지경으로까지 나아간다. 말하자면 그는 우리를 자연 위로 너무 높이 들어 올린다. 이는 상향 야만화의 조짐이다.

바로 그것이 괴테와 셸링의 반발을 부른다(『파우스트』 2부에 등장하는 프로테우스는 셸링을 대변한다). 그들에 따르면, 우리는 자연을 순전히 기계적인 톱니바퀴 장치로만 표상하지 말아야 한다. 그런 표상은 주지주의적 투사 Projektion다. 우리가 아무튼 자연에 속한다면, 그 자체로 냉정한 자연 안에서 우리의 감정 세계는 낯선 임시 체류자 같은 것이 절대로 아니라고 보아야 한다. 그렇기 때문에 괴테와 셸링은 점진적 뇌화에 맞서서 논리 이전prälogisch 의, 순수한 합리성에 국한되지 않은, 인간의 태고사(太古 史)를 동원한다. 바꿔 말하면, 그들은 현상적 의식이 없으면 지향적 의식도 없다는 점을, 생각하는 생물로서의 우리도 느낌을 가진다는 점을 지적한다. 그들은 우리의 성애적 감동 능력을 지적함으로써 우리의 삶이 이기적 생존 전략을 통해 조종된다는 통념을 수정한다. 그리하여 그들은 상향 야만화를 저지한다.

벤이 신경중심주의에 맞서서 지적하는바, 곧 〈성격의 생물학적 토대는 과거의 과학이 상정한 대로 대뇌가 아니라 유기체 전체〉[39]라는 것은 물론 옳다. 그러나 반대편 극단에는 하향 야만화의 위험이 도사리고 있다. 그 위험은 오늘날 다윈염의 형태를 띤다. 내가 특별히 염두에 두는 것은, 유인원 집단들을 연구해 보니 거기에서도 이미 이타적인 사회 행동이 나타난다며 이를 근거로 인간적인 선(善) — 즉, 우리의 도덕 능력 — 을 설명하려는 일부 사람들의 시도다. 이런 식으로 그들은 동물계에서 우리 인간만 도덕을 가진 것이 아니라는 점을 입증하려 한다.

물론 우리 인간만 도덕을 가졌다는 생각은 과거에(지금도 때때로) 우리가 다른 동물 종들을 우호적이지 않게 대하는 것을 정당화하는 구실을 했다. 행동학자 프란스 드 발을 비롯한 저자들이 지적하는바, 곧 〈도덕과 자연을 맞세우고 인류와 다른 동물들을 맞세우는 이원론〉[40]은 정당화될 수 없다는 것은 확실히 옳다. 나머지 동물계는 오로지 야만적인 반면, 인간은 모종의 방식으로 자신을 길들였다는 — 심지어 신이 몸소 인간을 길들였다는 — 생각은 경험적으로도 유지될 수 없다. 그렇기 때문에 유인원 연구는 당연히 철학적으로도 유의미하다.

첨언: 야만인은 없다

그러나 이런 사정으로부터 다윈염을 부추기는 새로운 힘들이 나오는 것을 막기 위하여, 현재의 이론적 지형이 만들어지기까지의 역사를 이 대목에서 짚어 볼 필요가 있다. 〈야만인들〉(특히 15세기 말에 유럽인들이 처음으로 알게 된 북아메리카와 남아메리카의 거주자들)은 국가와 도덕이 없는 자연 상태에서 사는가라는 질문은 근대 초기 정치 철학의 오랜 논쟁거리였다. 그러나 현대 인류학은 인류를 이른바 〈야만인〉과 〈문명인〉으로 구분할 수 없음을 보여 주었다. 이 구분이 노예 제도의 정당화에 동원되었다는 점만 보더라도 이 구분을 옹호할 수는 없다. 사람들은 노예 제도가 도덕적인 악이라는 점을 19세기에야 비로소 깨달았다. 오늘날에는 그런 구분들 대신에 대칭적 인류학이 등장했다. 이 명칭은 프랑스 사회학자 브뤼노 라투르의 저서 『우리는 결코 근대인이었던 적이 없다*Nous n'avons jamais été modernes*』에서 처음 사용되었다.[41]

대칭적 인류학은 인류를 전근대적(과거 용어로는 〈야만적〉) 집단들과 근대적(〈문명화된〉) 집단들로 세분하지 않는다. 오히려 실재하거나 추정된 모든 타자들의 눈에 비친 우리는 우리 눈에 비친 그들과 마찬가지로 다르게 보인다는 점을 출발점으로 삼는다. 타자들과 우리 사이에 대칭이 성립한다. 우리는 예컨대 고도의 기술을 갖췄지만 그렇다고 해서 더 우월한 것은 아니다.

수많은 사람들의 생명을 앗아 가면서 근대로 이어졌고, 그래서 근대에 거의 살인 기계의 혐의를 씌운 오랜 과정들을 겪고 나서 마침내 인류는 보편주의의 대안은 전혀 없음을 명확히 깨달았다. 보편주의란 모든 인간들은 근본적으로 같다는 입장, 다른 발달 단계에 있고 따라서 근본적으로 다른 가치를 지녔으며 고도로 발달한 근대와 조화를 이룰 수 없는 다양한 인간 종들(더 나쁜 용어로 〈인종들〉)은 존재하지 않는다는 입장을 말한다.

그런데 이 통찰은 정치권력을 정당화하는 전형적인 방법 하나가 무력화되는 결과를 가져왔다. 왜냐하면 — 당연히 오늘날에도 정치적으로 또 이데올로기적으로 풍부하게 사용되는 — 그 정당화 방법은 사람들이 본래 무정부적이어서 서로를 습격하고 약탈하고 이기적 목적으로 도구화하는 경향이 있다는 점을 전제로 하기 때문이다. 토머스 홉스는 이런 이데올로기적인 〈자연 상태〉의 관념을 저서 『리바이어던Leviathan』에서 음울하게 서술했지만, 오늘날 그 관념은 무엇보다도 종말론 장르의 할리우드 영화들을 통해 우리에게 익숙하다. 그런 영화들에서는 외계인이나 좀비나 전례 없는 규모의 자연재해 때문에, 혹은 아예 세계의 종말이 임박해서 국가 체제가 위태로워지자마자 가장 먼저 슈퍼마켓 약탈을 비롯한 범법 행위들이 일어난다. 사람들은 새로 얻은 자유를 경찰의 감시가 없는 상황에서 폭력으로 온갖 재화를 낚아채는 데 써먹는다. 이런 시나리오들은 국가 질서가 우리를 말하자면 우리 자신으로부터 보호한다는 생각을 갖게 만든다. 국가 질서가 무너지면, 홉스가 유명한 문장으로 표현한 대로 인간은 다시 〈인간들을 마주한 늑대〉가 될 것 같다.[42]

그러나 오늘날 — 적어도 일부 지역에서는 — 잔인한

야만인이 우리 모두의 내면에 들어 있다는 논리로 국가 권력의 독점을 정당화하는 것은 널리 받아들여지기 어려울 것이다. 왜냐하면 이 논리가 이데올로기적 허구라는 것이 이미 오래전에 명백히 드러났기 때문이다. 민주적 법치 국가에 대한 우리의 관념은 다행스럽게도 보편주의적이다. 즉, 우리는 민주적 법치 국가를, 단지 악하고 잔인한 우리 국민들을 상대하는 국가가 자신의 권력 유지를 정당화하기 위해 써먹는 우연적인 형태로 간주함으로써 정당화하지 않는다. 왜냐하면 이 모형은 정치적 자유에 대한 우리의 요구와 양립할 수 없기 때문이다. 만약에 지속적인 상호 살인의 위험으로부터 우리를 건져내기 위하여 국가가, 그리고 오직 국가만이 우리에게 도덕을 비롯한 행동 규범들을 강제한다고 우리 모두가 생각한다면, 우리가 자유롭지 않다는 느낌은 정당할 것이다. 우리는 실은 〈악마들의 무리〉라는 인상이 절로 들 것이다.[43]

반면에 칸트는 유명한 저술 『영구 평화를 위하여Zum ewigen Frieden』에서, 우리가 실제로 악마들인 것은 아니지만, 국가 질서의 정당화는 설령 우리가 악마들이라 하더라도 타당해야 함을 간파했다. 우리가 본성적으로 악하다는 전제는, 제도들이 선한 사람들뿐 아니라 악한 사람들에게도 유의미하고 유용한 이유를 납득하기 위해 우리가 사용하는 허구일 뿐이다.

국가 설립의 문제는 얼핏 아무리 어렵게 느껴지더라도 심지어 악마들의 무리를(그들이 지성을 지니기만 했다면) 상정하더라도 해결할 수 있으며, 그 해결은 다음과 같다. 〈한 무리의 이성적인 놈들이 있다. 그들은 모두 자신의 존속을 위해 보편적인 법을 요구하지만, 누구나 각자 은밀하게 자신을 그 법의 예외로 여기는 경향이 있다. 그런 놈들이 사적인 성향에서는 서로 맞서더라도 그 성향들을 서로 저지함으로써 그들의 공적인 행태에서 나오는 결과는 마치 그들이 그런 악한 성향을 가지지 않은 것처럼 된다.〉[44]

핵심은, 국가(곧 선출된 국가 대표자들)는 우리가 천사들의 무리라는 전제도, 악마들의 무리라는 전제도 채택할 수 없다는 것이다. 오히려 관건은 모두에게 정치적 자유를 보장하는 것이다. 모두가 선하건 악하건, 더 정확히 말하면, 선한 행위를 하건 악한 행위를 하건 상관없이 말이다. 기쁘게도 우리는 인간의 본질이 존재하며, 심지어 그 본질을 외견상으로(이를테면 다양한 인종들의 외모에서) 혹은 역사적-민족적으로(독일인, 노르웨이인, 중국인의 경제적 발전 수준에서) 확인할 수 있다는 통념을 어느 정도 떨쳐낼 수 있다.

하지만 아직 갈 길이 멀다. 예컨대 통상적인 독일인은 어떤 모습이냐고 물으면, 아마도 많은 사람들은 적절한 대답을 찾으려 애쓸 것이며, 더 심각한 경우에는 나름의 대답을 이미 가지고 있을 것이다. 그러나 통상적인 〈독일인〉의 외모 따위는 존재하지 않는다. 왜냐하면 독일인임은 법적인 지위이기 때문이다. 독일인이란 독일 국적을 소유한 사람을 말한다. 물론 국적은 가치와 연결되어 있다. 국적은 자유 민주적 기본 질서의 틀 안에 뿌리를 내린 개념이니까 말이다. 그 질서는 인권, 기회의 평등, 보편적 자유의 관념, 법 앞에서의 평등을 포함한다. 그러므로 정치적인 측면에서 우리는 인간이 다양한 아종들로 구분된다는 통념을 제거하기에 좋은 기회를 잡은 셈이다.

하지만 그 통념을 제거하더라도 우리가 도덕적 목표에 도달한 것은 아니라는 지적은 적절하다. 만일 인권이 우리를 다른 동물 종들보다 훨씬 탁월하게 만들어서 우리가 그들을 우리의 목적을 위해 마음대로 악용할 수 있다면, 우리는 다시 〈야만인〉의 관념으로 복귀하게 된다. 이번에는 〈야만적인 동물들〉이 문명의 위험으로 상상되고, 사람들은 나머지 동물계에 맞선 인간의 보편적 강제력 독점을 주장할 만하다.

칸트는 유명한 야만화 논증 하나를 내놓았으며, 〈폭력적이고 잔인하게 동물들을 다루는 것을 억제할 의무〉가 우리에게 있음을 지적했다. 왜냐하면 동물들을 그렇게 다루면 인간에 대한 〈공감〉도 〈무뎌질〉 것이기 때문이다.[45]

심지어 늙은 말이나 개의 오랜 봉사에 대해서 (마치 그 동물들이 식구이기라도 한 것처럼) 고마움을 느끼는 것도 간접적으로 인간의 의무에 속한다. 즉, 그 동물들과의 관계에서는 간접적인 의무이며, 직접적으로 고찰하면 그 고마움은 항상 인간 자신에 대한 인간의 의무일 따름이다.[46]

요컨대 우리는 인간으로 머물러야 하며, 인간으로 머무름이 어떤 도덕적·정치적 기회들을 가져다주는지 더 잘 이해해야 한다. 이를 위해 우리는 앞서 언급한 이중 야만화와 짝을 이루는 이데올로기들을 비판해야 한다. 중요한 한 걸음은 야만인은 존재하지 않는다는 교훈, 더 나아가 동물들도 야만적인 놈들이 아니라는 교훈을 근대로부터 끌어내는 것이다. 우리는 멋진 자화상을 품고 다닌다는 점에서 다른 동물들과 원리적으로 다르다. 우리는 다른 동물들과 다르다. 그것이 전부다. 그 다름에서 우리의 존엄이 나올 수는 없다. 인간 존엄은 우리에게 자연으로서 주어지거나 이식된 것이 아니라 과제로서 우리 앞에 놓여 있다. 그 과제를 이행하려면, 우리는 아직 한참 더 나아가야 한다.

인간은 모래 속의 얼굴이 아니다

나는 이 책에서 21세기를 위한 정신 철학의 기초를 간략하게 제시했다. 나의 의도는 정신적 자유의 개념을 설명하고 환원 및 제거 프로그램들에 맞서 옹호하는 것이었다. 그 프로그램들은 우리가 정신이나 자유를 보유하고 있지 않다고 설득하려 든다. 내가 맞선 적의 이름은 이데올로기이며, 내가 보기에 이데올로기의 주요 의도는 인간의 자기 제거다. 그 제거의 시도는 시대에 따라 다른 모습을 띤다. 오늘날 그 시도는 다양한 형태를 띠며, 그중 일부는 트랜스휴머니즘과 포스트휴머니즘의 둘레를 돈다. 즉, 우리가 미래의 사이보그들로서 우리의 생물학적 자연을 능가하게 될 것이므로 이제 인간의 시대는 종말에 이르렀다는 생각의 둘레를 돈다.

우리 시대의 이데올로기를 부추기는 한 문제를, 인문학이 꽤 오래전부터 정신을 포기하는 경향을 나타낸다는 점에서 확인할 수 있다. 프라이부르크 대학교에서 열린 한 강연 시리즈의 유명한 제목 〈인문학들로부터 정신을 추방하기〉는 그 경향을 간명하게 표현한다.[47] 그 강연 시리즈를 주최했으며 2011년에 사망한 문학자 프리드리히 키틀러는 그 추방을 이렇게 정당화한다. 〈정신〉 개념과 〈인간〉 개념은 근대에 비로소 구성되어 다양한 학문 분야들을 통해 공고해졌다. 이런 식으로 과거 미신의 영계(靈界)가 단일한 정신, 곧 인간 정신으로 대체되었다. 하지만 이제는 이 정신 역시 미신이므로 극복해야 한다. 왜냐하면 이 정신은 근거 없는 구성물이며 어차피 새로운 기술적 질서와 사물들의 새로운 질서를 위해 사라질 참이기 때문이다.

근대die Moderne를 흔히 〈새 시대Neuzeit〉로도 부른다. 사람들이 모든 것을 심층적으로 변화시켜 우리가 마침내 종말에 도달하게 만드는 근본적으로 새로운 일을 시작할 수 있다고 여기는 그런 시대가 근대이기 때문이다. 무수한 종말론적 영화들, 소설들, 텔레비전 시리즈들이 뚜렷이 보여 주듯이, 새 시대는 마지막 시대이기를 열망한다. 마침내 모든 것을 결정짓는 사건이 일어나기를, 혁명이 일어나기를, 혁명 이후에는 어떤 것도 과거와 같지 않지만 모든 것이 더 낫고 최종적이기를 사람들은 바란다. 특히 자유를 요구하는 목소리들이 그 혁명으로 종말에 이르기를 바란다.

한마디로 근대는 부담 벗기의 환상을 품는다. 하지만 그 환상에 맞서 우리는 정신적 자유의 이름으로 저항해야 한다. 참된 진보는 정신과 인간의 극복이라는 환상적인 이상에 있는 것이 아니다. 우리의 통찰들에 비추어 도덕적·법적 질서를 향상시키는 것에 있다.

요컨대 아직 도래하지 않은 유토피아, 우리 시대보다 자유를 증진하기에 더 적합하다는 포스트 시대Post-Zeitalter는 존재하지 않으며, 탈근대나 포스트휴머니즘은 자유의 요구들을 오늘날 우리가 할 수 있는 것보다 더 잘 충족시키지 못할 것이다. 인류의 향상은 개인들과 기관들로서 우리의 손에 달려 있다. 그 누구도, 또한 미래도 우리를 대신해서 이 사명을 맡을 수 없다.

정신과 인간을 인문학에서 추방하는 작업은 수상한 역사를 가졌다. 그 작업의 주요 출발점은 마르틴 하이데거의 「인본주의에 관한 편지Brief über den Humanismus」다. 하이데거는 실존주의에 반발하여 이 글을 썼다. 그는 실존주의가 근대적인 대도시 철학이라는 이유만으로도 실존주의를 경멸했다. 최근에 『검은 노트Schwarze Hefte』라는 제목으로 출판된 그의 저술이 새삼 상기시켰듯이, 하이데거는 실존주의에 맞서서 오히려 나치즘(국가 사회주의)을 옹호하고 독일인의 본질에 관한 유토피아적인(심지어 터무니없는) 생각을 옹호하려 했다.[48] 하이데거는 정신의 개념을 본질의 개념으로 교체한다. 즉, 우리의 자유는 우리의 자화상을 개념적·윤리적 요구들에 비추어 역사적으로 또 사회적으로 유의미하게 그리는 것에 존립한다고 알려 주는 정신의 개념을, 우리를 은밀히 우리의 향토에 옭아매고자 하는 본질의 개념으로 교체한다. 그리하여 하이데거는 1933~1934년에 예컨대 〈자연, 역사, 국가의 본질과 개념에 관하여〉라는 세미나에서, 〈슬라브 민족〉에게는 〈우리 독일 공간의 자연이〉 〈우리에게〉 나타나는 것과는 다르게 나타날 것이 틀림없으며, 〈셈족 유목민에게는 그 자연이 어쩌면 아예 나타나지 않을 것〉이라고 말한다.[49]

인간을 극복하자는 논의의 또 다른 원천은 프랑스의 사

회학자이자 역사학자, 철학자인 미셸 푸코의 저서 『말과
사물Les mots et les choses』이다. 이 책은 인간의 개념이 근대
생명 과학들과 인간 과학들에서 어떻게 발생하여 변천했
는지 서술한다. 책의 결말을 이루는 터무니없는 주장에 따
르면, 인간은 몇백 년 전부터 비로소 존재한다. 푸코가 이
런 주장을 내놓은 것은, 그가 인간을 단지 다양한 학문적
담론들이 만나는 지점(인터페이스)으로, 즉 하나의 구성
물로 여겼기 때문이다.

> 상당히 짧은 시간 간격과 한정된 지리적 구역을 — 16세
> 기 이래의 유럽 문화를 — 떼어 놓고 말하면, 인간은 갓 생
> 겨난 발명품이라고 확실히 말할 수 있다.[50]

그리하여 푸코는 인간의 시대도 종결될 수 있다고 결론
짓는다. 아니, 그는 〈우리가 그것의 가능성을 기껏해야 예
감할 수 있으며 그것의 형태나 그것이 약속하는 바를 아직
모르는 그런 모종의 사건〉이 일어나기를 바라기까지 한
다.[51] 『말과 사물』은 다음과 같은 전망으로, 아니 명시적인
내기 걸기로 마무리된다. 〈인간은 바닷가 모래 속의 얼굴
처럼 사라질 것이다.〉[52] 나는 반대쪽에 내기를 걸겠다!
당연히 인간은 언젠가 사라질 것이다. 이유는 간단하다.
(이것이 나의 내기 걸기의 세부 사항인데) 왜냐하면 언젠

가 우리의 태양이 꺼질 때, 아니 그보다 훨씬 더 먼저 우리의 태양이 부풀어 우리를 삼킬 때, 우리가 안드로이드와 워프 추진의 도움으로 「스타트렉」 우주에 이르러 외계 행성들을 식민지로 삼는 일은 결코 일어나지 않을 것이기 때문이다.

인류 전체를 영원히 구원할 수는 없다. 모든 개인이 그러하듯이, 인류도 유한하다. 우리는 짐작조차 하기 힘든 규모의 시공 안에서 살며 실은 우주에 대한 우리의 지식조차도 우주 안에서 우리의 위치를 가늠하기에 충분한 수준에 못 미친다. 기쁘게도 우리는 근대에 많은 진보들을 이뤄 냈다. 우리는 지식의 시대에 산다. 하지만 이 시대가 더 진보하려면, 우리가 정신도 아니고 인간도(하물며 자유로운 인간은 더욱더) 아니라는 통찰이 코앞에 다가온 양 가장하는 짓을 그만둬야 한다.

그러므로 21세기의 중요한 과제 하나는, 정신적 생물로서 우리의 처지를 새롭게 바라보는 것이다. 오로지 (엄격한 익명의 원인들로 이루어진 물질적-에너지적 실재를 뜻하는) 우주 안에 현전하는 것만 존재한다고 가르치는, 그래서 정신을 의식으로 또 의식을 신경 활동으로 환원하는 것을 가능케 하는 정신관을 갈구하는 유물론을 우리는 극복해야 한다. 우리는 많은 세계들에 속한 시민이며, 자유의 조건들을 제공하는 목적들의 나라 안에서 활동한다.

실재를 저주할 원리적인 이유는 존재하지 않는다. 단지 사회적·정치적 진보를 추진할 이유들이 수두룩하게 존재할 따름이다. 왜냐하면 현재 이루 말할 수 없이 많은 사람들이 인간 존엄에 걸맞은 삶을 명백히 어렵게 만드는 조건들 아래에서 살기 때문이다. 인간이 인간에게 늑대인 상황은 지금도 여전하다. 이것이 우리의 진짜 문제다. 그리고 우리는 복지 사회에서 모두 채식주의자가 되거나 명상 센터에 다님으로써 이 문제를 치워 버릴 수 없다. 유럽 힌두주의는 단지 도피이며, 진짜 문제들을 외면하는 것이다. 인간의 가장 큰 적은 여전히 인간이며, 이 사실이 많은 이들의 유일한 전망을, 우리 인간이 가진 유일한 전망인 지금 여기에서의 삶을 망쳐 놓는다.

유토피아적 미래를 상정할 이유는 없다. 우리는 지금 여기에 있으며, 그것이 전부다. 시인 라이너 마리아 릴케는 「두이노의 비가」에서 이를 이렇게 노래했다.

여기 있음은 더없이 멋진 일이야. 너희는 알았지, 소녀들아, 너희 또한,
겉보기에 헐벗고 가라앉았던 너희들,
도시의 가장 고약한 골목들에서 곪아 가던, 혹은 쓰레기를 향해 활짝 열려 있던 너희들도.

왜냐하면 누구나 한 시간이니까. 어쩌면 꼭 한 시간이라 기보다는,

　　시간의 잣대로는 거의 잴 수 없는 두 순간 사이지 — 그 사이는

　　실존을 지녔어. 모든 것. 실존으로 가득 찬 혈관들.

　　다만, 깔깔대는 이웃이 수긍하거나 부러워하지 않는 것을 우리는 아주 쉽게 망각하네.

　　우리는 들어 올려 보여 주고자 하지만, 가장 뚜렷하게 보이는 행복은

　　우리가 그것을 내면에서 변화시킬 때 비로소 우리에게 제 모습을 드러낸다네.[53]

실로 그러하다. 여기 있음은 더없이 멋진 일이다. 그러나 항상, 또한 모두에게 그러한 것은 아니다. 이 행성에서 자유, 복지, 건강, 정의의 조건들을 향상시키는 일을 함께 해나가지 않는다면, 그것은 우리 자신의 잘못이다. 우리를 위한 또 다른 행성은 존재하지 않으며, 우리가 모든 것을 더 잘할 수 있는 또 다른 삶은 진지하게 고려할 바가 아니다. 그러므로 철학의 핵심 과제 중 하나는 인간 정신의 자화상을 그리는 것이다. 공허한 포스트휴먼 시대의 약속에 맞서서 이데올로기 비판으로 기능할 수 있는 그런 자화상을 말이다. 그리하여 나는 이 책을 철학자 셸링의 지당한

말로 마무리하려 한다. 셸링은 1795년 2월 4일에 친구 헤겔에게 보낸 편지에서 이렇게 썼다. 〈모든 철학의 알파요 오메가는 자유다.〉[54]

프롤로그

1 Crick und Koch, 1990, 263 – 275.

2 Gabriel, 2013 참조.

3 Bush, 1990, 또한 Hasler, 2013 참조.

4 영어 원문은 이러하다. 〈Now, Therefore, I, George Bush, President of the United States of America, do hereby proclaim the decade beginning January 1, 1990, as the Decade of the Brain. I call upon all public officials and the people of the United States to observe that decade with appropriate programs, ceremonies, and activities.〉

5 Stahl-Busse, 1999.

6 위의 글.

7 Gabriel, 2013, 165f.

8 Rilke, 2007, 23.

9 Ayan, 2014, 42ff.

10 Weber, 2014.

11 Schmidt, 2014. 또한『차이트』2014년 4월 16일자부터 7월 16일자(17/2014호부터 28/2014호)까지 연재된 새로운 리얼리즘에 관한 기사들도 참조하라. 이 논쟁의 현 상태에 대한 개관을 Gabriel, 2014에서도 얻을 수 있다.

12 Hasler, 2013, 159ff.

13 Kucklick 2014, 11.

14 Cavell, 2006, 200.

15 Hubert, 2014.

16 Wildermuth, 2014.

17 위의 자료.

18 상세한 설명은 Gabriel, 2014 참조.

19 Kant, 1998, 865.

20 유럽위원회, 2013. 영어 원문은 이러하다. 〈New in silico neuroscience has the potential to reveal the detailed mechanisms leading from genes to cells and circuits, and ultimately to cognition and behaviour —the biology that makes us human.〉

21 Tallis, 2011.

22 Platon, 2001, 99.

23 Elger et al., 2004, 31 – 37.

24 Swaab, 2011.

25 위의 책, 25.

26 Harris, 2012.

1장 정신 철학은 무엇을 다루는가?

1 Russell, 2004.

2 Hogrebe, 2009, 17.

3 Gadamer, 1990, 478.

4 Hegel, 2013, 266.

5 Marx, 2008, 84.

6 Sartre, 1980, 10.

7 Ryle, 1969, 13 ff.

8 Dawkins, 2008, 252.

9 위의 책.

10 Bieri, 2001, 32.

2장 의식

1 Nagel, 2013. dazu meine Rezension, Da schlug die Natur die Augen auf 참조(*FAZ*, 7. 10. 2013).

2 Kant, 1975, 11.

3 위의 책, 12.

4 위의 책, 13.

5 위의 책, 13f.

6 Keil, 2012, 208면. 카일은 호문쿨루스-오류를 나와는 약간 다르게 이해한다. 그에 따르면, 호문쿨루스는 〈최근의 정신 철학에서 상정되는 인간과 유사한 담당자다. 그 담당자는 인간 정신의 작동 방식을 설명하기 위해 명시적으로나 암묵적으로 동원된다〉(같은 곳, 208면). 반면에 나는 호문쿨루스-오류가 다음과 같은 구체적인 견해를 추가로 포함한다고 본다. 즉, 우리가 우리 의식 바깥에, 혹은 (의식을 정신적 이미지들을 구성하는 뇌 과정들과 동일시한다면) 우리 두개골 바깥에 있는 사물들에 직접 접근할 수 없다는 견해를 말이다. 이 차이는 중요하다. 왜냐하면 나의 이해를 채택하면, 신경 중심주의의 인식론적 주장과 우리가 우리 뇌와 동일하다는 주장이

어떻게 연결되는지를 더 잘 이해할 수 있기 때문이다. 카일의 견해에 따르면, 후자의 주장은 단지 〈자신과 자신의 뇌를 혼동하는, 신경과학자들 사이에서 흔히 발생하는 직업적 왜곡〉(같은 곳)일 뿐이다. 그러나 호문쿨루스 가설은 신경과학보다 수천 년 먼저 등장했으며 문학, 영화, 텔레비전 같은 일상적 현상들에도 스며들어 있다. 그런 한에서 나는 카일과 견해가 다르다.

7 Nagel, 2009, 62–77.

8 Aristoteles, 1995, 65 (413a).

9 Kant, 1999, 80 또는 AA IV: 450f.

10 Helmholtz, 1987, 21.

11 Kandel, Schwartz und Jessell 2011, 376.

12 예컨대 크라우스의 다음과 같은 언급을 참조하라. 〈진리를 위해 결정적으로 중요한 것은 결국 실험이지, 사람들이 자신의 확신에서, 혹은 자신의 이론적 모형에 부여하는 아름다움이나 우아함에서 선험적으로 도출하는 만족감이 아니다.〉(Krauss, 2013, 14).

13 Dawkins, 2008, 247.

14 위의 책, 24.

15 Baker, 1988, 1–18.

16 Paul Churchland, 2007, 213.

17 『신경 철학』이라는 제목의 책에서. Patricia Churchland, 1986.

18 예컨대 Blackmore, 2012에 실린 처칠랜드 부부와의 인터뷰를 참조하라.

19 Linne, 1781, 15ff.

20 Platon, 2011, 13 (20e).

21 Davidson, 2005. 이 주제에 대해서는 Wild, 2013에 나오는 훌륭한 개관도 참조하라.

22 Keil, 2013, 159.

23 Derrida, 2010, 23.

24 Ned Block, 앞의 Blackmore, 2012, 44에서.

25 Descartes, 1992, 57.

26 Kucklick, 2014, 67.

27 위의 책, 90.

28 Kant, 1998, 130 (A51/B75).

29 위의 책, 219 (A112).

30 Dennett, 1994, 288.

31 Jackson, 2009, 83 – 96, 또한 1986, 291 – 295.

32 Kandel, Schwartz und Jessell, 2011, 471ff.

33 John Searle, 앞의 Blackmore 2012, 287에서.

34 Jackson, 2009, 93.

35 Greene, 2012.

36 Keil, 2012, 41.

37 Hogrebe, 2009, 40.

3장 자기의식

1 Descartes, 1992, 47ff.

2 이처럼 자기의식을 우리가 우리의 정신적 과정들을 관찰할 때 뜨는 내면의 정신적 눈으로 간주하는 모형은 20세기 철학에서 셀 수 없을 만큼 거듭해서 반박되었다. 마르틴 하이데거, 루트비히 비트겐슈타인, 길버트 라일, 자크 데리다, 이른바 자기의식 이론의 하이델베르크 학파, 에른스트 투겐타트를 비롯한 매우 다양한 사상가들이 그 반박의 주역들이다. 이 논의에 관한 특별히 명쾌하고 훌륭한 개관을 투겐타트의 고전적인 저서 『자기의식과 자기규정: 언어 분석적 해석들』에서 읽을 수 있다.

3 Kandel, 2012.

4 Leibniz, 1996, 445.

5 위의 책, 447.

6 Schrodinger, 1989, 78.

7 위의 책, 79.

8 위의 책, 9.

9 Falkenburg, 2012, 354 ff.

10 Chalmers, 1996, 293 – 299.

11 Hogrebe, 2009, 17.

12 Prinz, 2013.

13 Putnam, 1990, 15 – 40.

14 정확히 따지면, 퍼트넘의 논증은 우리가 통 속의 뇌들이 아님을 엄밀하게 증명하기에는 부족하다. 더 상세한 논의는 Gabriel, 2008, 93 – 109면 참조.

15 Freud, 1991, 125 – 150; Putnam, 1990, 17.

16 Freud, 1999, S. 7ff.

17 Mertens, 2013, 150에서 재인용.

18 상층 이론과 관련이 있는 피히테의 주요 논증들을 개관하는 책으로 Frank, 2015를 강력히 추천한다.

19 Kleist, 1997, 949.

20 Kant, 1998, 447 (A 346/B 404).

21 Lichtenberg, 1971, 412.

22 Prinz, 2012, 113.

23 위의 책, 19.

24 Fichte, 2013, 39 (§ 3).

4장 《나》는 대체 누구인가, 혹은 무엇일까?

1 Metzinger, 2010.

2 Blackmore, 2012, 215.

3 위의 책.

4 Metzinger, 2003.

5 Blackmore, 2012, 283.

6 위의 책, 277.

7 Vogt, 1971, 17.

8 Hegel, 1986, 262.

9 Büchner, 1855, 430.

10 위의 책, 427.

11 Meister Eckhart, Predigt 52. Largier, 1993, 562f에서.

12 Meister Eckhart, Predigt 48. Largier, 1993, 509에서.

13 Nagel, 2012; Gabriel, 2013, 15.

14 Hegel, 1986, 145.

15 Fichte, Johann Gottlieb, *Grundlage der gesamten Wissen-schaftslehre*(1802), Fichte, Immanuel Hermann, 1971, 175에서.

16 위의 책, 94.

17 위의 책, 110.

18 Searle, 1990, 180 – 202.

19 Nagel, 2013. 이 책에 대한 나의 서평 「거기에서 자연이 눈을 떴다Da schlug die Natur」, 『프랑크푸르터 알게마이네 차이퉁』, 2013년 10월 7일자 참조.

20 Dawkins, 2008*2.

21 Freud, 2000, 286.

22 위의 책, 283.

23 위의 책, 285.

24 위의 책, 296. 또한 Freud 1941, 201－209.

25 Freud, 1946, 210.

26 Brandom, 2001, 26.

27 Freud, 2000, 292.

28 위의 책, 293.

29 위의 책, 294.

30 위의 책, 305.

31 위의 책, 303.

32 위의 책.

33 위의 책, 305.

34 위의 책, 322.

35 위의 책.

36 앞의 책. 또한 Butler, 1991.

37 Dawkins, 2014.

38 Reuter und Russell, 2014.

5장 자유

1 이른바 리벳 실험으로 유명해진 신경과학이자 벤저민 리벳의 저서 『정신 시간: 어떻게 뇌가 의식을 산출하는가』 참조. 리벳 실험의 설계 전반과 그 실험과 연관된 철학적 주장들에 대한 가장 좋은 비판을 보려면 Mele, 2014 참조.

2 Singer, 2004, 30－65.

3 Singer, 2004*2.

4 위의 책.

5 Falkenburg, 2012, 255.

6 Schopenhauer, 1977, 82.

7 Martin Luther, Vom unfreien Willensvermögen(Härle, 2006, 219-662. 재인용은 위의 책 251f).

8 위의 책, 279.

9 Spinoza, 1975, 126면. 〈요컨대 그들은 그들의 행위의 원인을 모른다는 것, 그것이 그들의 자유의 관념이다.〉

10 Inwagen, 1983.

11 Buchheim, 2004, 158-165. 재인용은 162면. 또한 Buchheim, 2006 참조.

12 장 속의 미생물들에 관한 우리의 지식에 기초하여 자유 의지를 반박하는 흥미로운 논증들을 구성할 수도 있음을 흥미로운 대화를 통해 나에게 일깨워 준 생물학자 미하엘 호흐에게 감사한다. 장 속의 미생물들은 우리의 식습관에 대한 이해에서 결정적인 역할을 한다. 그렇다면 자연을 통해 결정되는 일은 이미 우리의 배 속에서부터 시작된다.

13 McDowell, 2001.

14 이 주제를 더 깊이 공부하고자 하는 독자는 Gabriel, 2014를 참조하라.

15 Schopenhauer, 1977, 623.

16 위의 책, 652면. 〈연애결혼은 개인들의 이익을 위해서가 아니라 유(類)의 이익을 위해서 이루어진다. 물론 당사자들은 자신의 행복을 촉진한다고 망상한다. 그러나 연애결혼의 진짜 목적은 당사자들 자신에게 낯설다. 왜냐하면 그 목적은 오직 그 결혼을 통해서만 가능한 한 개인을 생산하는 것에 있기 때문이다. 이 목적을 통해 결합된 당사자들은 향후 최대한 사이좋게 지내기 위해 애써야 한다. 그러나 한마디 보태자면, 열정적인 사랑의 본질인 저 본능적인 망상을 통해 결합된 두 사람은 더없이 이질적인 경우가 매우 흔하다. 그

이질성은 그 망상이 — 반드시 그러해야 하는 대로 — 사라질 때 드러난다. 따라서 연애결혼은 일반적으로 불행으로 이어진다.〉

17 Schopenhauer, 1988, 527.

18 위의 책, 535.

19 위의 책, 534f.

20 세부 사항에 관심이 있는 독자는 Keil, 1993 참조.

21 Nietzsche, 2009에서 재인용. Nachgelassene Fragmente 1882 – 1884. Bd. 10, 420.

22 위의 책. Nachgelassene Fragmente 1885 – 1887. Bd. 12, 26.

23 Nietzsche, 1954, 287 – 367.

24 Kant, 1999, 61.

25 위의 책.

26 Kant, Immanuel 1977 (1), 131.

27 위의 책, 131f.

28 Sartre, 1998, 972.

29 Benn, Nach dem Nihilismus, 1968, 151 – 161. 이 책 151면에서 재인용.

30 위의 책.

31 Benn, 1968, 197.

32 위의 책.

33 Benn, Akademie-Rede(1932), 1968, 433.

34 Goethe, 2003, 334, Vers 8472.

35 위의 책, 334, Vers 8469.

36 위의 책, 334, Vers 8479.

37 상세한 설명은 Nietzsche, 2007 참조.

38 Fichte, 1971, 177 – 189. 186면에서 재인용.

39 Benn, 1968, 97.

40 De Waal, 2008, 27.

41 Latour, 2008.

42 Hobbes, 1994, 59.

43 Kant, 1971, 366.

44 위의 책.

45 Immanuel Kant, 1977 (2), 578f. (§ 17).

46 위의 책, 579.

47 Kittler, 1992.

48 현재까지 출판된『검은 노트』세 권에 대한 나의 서평들 Gabri-el 2014*2, 2014*3, 2015 참조.

49 관련 내용과 인용문들은 Faye, 2009, 5장 참조.

50 Foucault, 1997, 462.

51 위의 책.

52 위의 책.

53 Rilke, 1955 – 1966, 709f.

54 Schelling, 1952, 22.

참고 문헌

Aristoteles, *Uber die Seele*(Hamburg: Meiner, 1995).

Ayan, Steve, Wir suchen an der falschen Stelle, *Gehirn und Geist*, Nr. 10/2014, S. 44 – 47.

Baker, Lynne Rudder, Cognitive Suicide, Grimm, Robert H. et al. (Hrsg.), *Contents of Thought*, Tuscon: University of Arizona Press 1988, S. 1 – 18 (http://people.umass.edu/lrb/files/bak-88cogS.pdf).

Benn, Gottfried, *Gesammelte Werke*(Wiesbaden: Limes, 1968).

Bieri, Peter, *Handwerk der Freiheit*(München: Carl Hanser, 2001).

Blackmore, Susan, *Gesprache uber Bewußtsein*(Frankfurt am Main: Suhrkamp, 2012).

Brandom, Robert, *Begrunden und Begreifen. Eine Einfuhrung in den Inferentialismus*(Frankfurt am Main: Suhrkamp, 2001).

Buchheim, Thomas, *Unser Verlangen nach Freiheit. Kein Traum, sondern Drama mit Zukunft*(Hamburg: Meiner, 2006).

Buchheim, Thomas, Wer kann, der kann auch anders, Geyer,

Christian, *Hirnforschung und Willensfreiheit. Zur Deutung der neuesten Experimente* (Frankfurt am Main: Suhrkamp, 2004).

Buchner, Ludwig, *Kraft und Stoff. Empirisch-naturphilosophische Studien. In allgemein-verstandlicher Darstellung* (Frankfurt am Main: Meidinger, 1855).

Bush, George H. W., Presidential Proclamation 6158, in: Project on the Decade of the Brain, 17. 7. 1990 (www.loc.gov/loc/brain/proclaim.html).

Butler, Judith, *Das Unbehagen der Geschlechter* (Frankfurt am Main: Suhrkamp, 1991).

Cavell, Stanley, *Der Anspruch der Vernunft: Wittgenstein, Skeptizismus, Moral und Tragodie* (Frankfurt am Main: Suhrkamp, 2006).

Chalmers, David J., What is it like to be a thermostat?, in: ders.: *The Conscious Mind* (Oxford/New York: Oxford University Press, 1996).

Churchland, Patricia, *Neurophilosophy: Toward a Unified Science of the Mind-Brain* (Cambridge, MA: MIT Press, 1986).

Churchland, Paul, Eliminativer Materialismus und propositionale Einstellungen, in: Metzinger, Thomas (Hrsg.): *Grundkurs Philosophie des Geistes*, 3 Bande, Band 2 (Munster: mentis, 2007).

Crick, Francis; Koch, Christof: Towards a neurobiological theory of consciousness, in: Seminars in the Neurosciences 2 (1990): S. 263–275.

Davidson, Donald, Rationale Lebewesen, in: Perler, Dominik/Wild, Markus (Hrsg.): *Der Geist der Tiere: Philosophische Texte zu einer aktuellen Diskussion* (Frankfurt am Main: Suhrkamp, 2005).

Dawkins, Richard, *Das egoistische Gen* (Heidelberg: Springer,

2014).

Dawkins, Richard, *Der Gotteswahn*(Berlin: Ullstein, 2008).

Dawkins, Richard, *Der Blinde Uhrmacher. Warum die Erkenntnisse der Evolutionstheorie zeigen, daß das Universum nicht durch Design entstanden ist*(München: Deutscher Taschenbuch Verlag, 2008).

Dennett, Daniel C., *Philosophie des menschlichen Bewußtseins*(Hamburg: Hoffmann und Campe, 1994).

Derrida, Jacques, *Das Tier, das ich also bin*(Wien: Passagen, 2010).

Descartes, Rene, *Meditationes de prima philosophia*(Hamburg: Meiner, 1992).

Elger, Christian E. et al., Das Manifest. Elf führende Wissenschaftler über Gegenwart und Zukunft der Hirnforschung, in: *Gehirn und Geist*, Nr. 6/2004, S. 31–37 (www.spektrum.de/thema/dasmanifest/852357).

Falkenburg, Brigitte, *Mythos Determinismus. Wieviel erklart uns die Hirnforschung?*(Berlin/Heidelberg: Springer, 2012).

Fichte, Immanuel Hermann (Hrsg.), *Fichtes Werke*, Bd. I(Berlin: Walter de Gruyter, 1971).

Fichte, Johann Gottlieb, *Grundlage des Naturrechts*(Hamburg: Meiner, 2013).

Fichte, Johann Gottlieb, Über den Grund unseres Glaubens an eine göttliche Weltregierung, in: ders.: *Werke*, 11 Bande, Band 5: *Zur Religionsphilosophie*(Berlin: De Gruyter, 1971).

Foucault, Michel, *Die Ordnung der Dinge. Eine Archaologie der Humanwissenschaften*(Frankfurt am Main: Suhrkamp, 1997)

Frank, Manfred, *Prareflexives Selbstbewusstsein. Vier Vorlesungen* (Stuttgart: Reclam, 2015).

Freud, Sigmund, Das Ich und das Es, in: ders.: *Studienausgabe*, 10 Bande, Band 3: *Psychologie des Unbewußten* (Frankfurt am Main: Fischer, 2000).

Freud, Sigmund, Eine Schwierigkeit der Psychoanalyse, in: *Gesammelte Werke. Werke aus den Jahren 1917–1920*, 18 Bande, Band 12 (Frankfurt am Main: Fischer, 1999).

Freud, Sigmund, *Totem und Tabu* (Frankfurt am Main: Fischer, 1991).

Freud, Sigmund, Triebe und Triebschicksale, in: ders.: *Gesammelte Werke*, 18 Bände, Band 10 (Frankfurt am Main: Fischer, 1946).

Freud, Sigmund, Charakter und Analerotik, in: ders.: *Gesammelte Werke*, 18 Bande, Band 7 (Frankfurt am Main: Fischer, 1941).

Gabriel, Markus, Wo 〈Geschick〉 waltet, darf keine Schuld sein, in: *Die Welt*, 21. 3. 2015.

Gabriel, Markus (Hrsg.): *Der Neue Realismus* (Berlin: Suhrkamp, 2014).

Gabriel, Markus, Wesentliche Bejahung des Nationalsozialismus, in: *Die Welt*, 7. 4. 2014*2.

Gabriel, Markus, Der Nazi aus dem Hinterhalt, in: *Die Welt*, 8. 3. 2014*3.

Gabriel, Markus, Wir haben Zugang zu den Dingen an sich, in: *Gehirn und Geist*, Nr. 3/2014*4, S. 42 ff.

Gabriel, Markus, *Warum es die Welt nicht gibt*, Berlin (Ullstein, 2013).

Gabriel, Markus, Da schlug die Natur die Augen auf, in: *FAZ*, 7. 10. 2013*2(www.faz.net/aktuell/feuilleton/buecher/rezensionen/ sachbuch/thomas-nagel-geist-und-kosmos-da-schlug-dienatur-die-augen-auf-12599621.html).

Gabriel, Markus, *Antike und Moderne Skepsis*(Hamburg, Junius 2008).

Gadamer, Hans-Georg, *Wahrheit und Methode. Grundzuge einer philosophischen Hermeneutik*(Tubingen: Mohr Siebeck, 1990).

Goethe, Johann Wolfgang, *Faust. Texte und Kommentare*(– Frankfurt am Main: Insel, 2003).

Greene, Brian, *Die verborgene Wirklichkeit: Paralleluniversen und die Gesetze des Kosmos*(München: Siedler, 2012).

Harris, Sam, *Free Will*(New York: Free Press, 2012).

Hasler, Felix, *Neuromythologie. Eine Streitschrift gegen die Deutungsmacht der Hirnforschung*(Bielefeld: transcript, 2013).

Hegel, Georg Wilhelm Friedrich, *Vorlesungen uber die Philosophie der Weltgeschichte. Die Vernunft in der Geschichte*(Hamburg: Meiner, 2013).

Hegel, Georg Wilhelm Friedrich, *Phänomenologie des Geistes* (Frankfurt am Main: Suhrkamp, 1986).

Helmholtz, Hermann von, Über das Sehen, in: ders.: *Abhandlungen zur Philosophie und Geometrie*(Cuxhaven: Traude Junghans, 1987).

Hobbes, Thomas, *Vom Menschen — Vom Burger. Elemente der Philosophie II und III*(Hamburg: Meiner, 1994).

Hogrebe, Wolfram, *Riskante Lebensnahe. Die szenische Existenz des Menschen*(Berlin: Akademie Verlag, 2009).

Hubert, Martin, Teil 1: Des Menschen freier Wille, in: Sendereihe Philosophie im Hirnscan, 18. 4. 2014(www.deutschlandfunk.de/philosophie-im-hirnscan-manuskript-teil-1-des-menschen.740.de.html?dram:article_id=283145).

Human Brain Project, 2013(www.humanbrainproject.eu/discover/the-community/overview).

Inwagen, Peter van, *An Essay on Free Will*(New York: Oxford University Press, 1983).

Jackson, Frank Cameron, Epiphänomenale Qualia, in: Metzinger, Thomas (Hrsg.): *Grundkurs Philosophie des Geistes*, 3 Bande, Band 1(Munster: mentis, 2009).

Jackson, Frank Cameron, What Mary Didn't Know, in: The Journal of Philosophy, Volume 8, Mai 1986.

Kandel, Eric, *Das Zeitalter der Erkenntnis: Die Erforschung des Unbewussten in Kunst, Geist und Gehirn von der Wiener Moderne bis heute*(München: Siedler, 2012).

Kandel, Eric, Schwartz, James; Jessell, Thomas, *Neurowissenschafte*n. *Eine Einfuhrung*(Berlin: Spektrum, 2011)

Kant, Immanuel, *Grundlegung zur Metaphysik der Sitten*(Hamburg: Meiner, 1999).

Kant, Immanuel, *Kritik der reinen Vernunft*(Hamburg: Meiner, 1998).

Kant, Immanuel, *Traume eines Geistersehers. Von dem ersten Grunde des Unterschieds der Gegenden im Raume*(Hamburg: Meiner, 1975).

Kant, Immanuel, Zum ewigen Frieden, in: ders., *Werke*, 9 Bande, Band 8, Abhandlungen nach 1781 (= AAVIII) (Berlin: De Gruyter,

1971).

Kant, Immanuel, *Kritik der praktischen Vernunft*, Werke in zwölf Bänden. Band 7(Frankfurt am Main: Suhrkamp, 1977).

Kant, Immanuel, *Die Metaphysik der Sitten*, Werke in zwölf Bänden. Band 8(Frankfurt am Main: Suhrkamp, 1977).

Keil, Geert, *Willensfreiheit*(Berlin: De Gruyter, 2012).

Keil, Geert, *Kritik des Naturalismus*(Berlin und New York: De Gruyter, 1993).

Kittler, Friedrich A. (Hrsg.), *Austreibung des Geistes aus den Geisteswissenschaften. Programme des Poststrukturalismus*(Paderborn: Schoningh, 1992).

Kleist, Heinrich, *Samtliche Werke*(Berlin: Ullstein, 1997)

Krauss, Lawrence M., *Ein Universum aus Nichts … und warum da trotzdem etwas ist*(München: Albrecht Knaus, 2013).

Kucklick, Christoph, *Die granulare Gesellschaft. Wie das Digitale unsere Wirklichkeit auflost*(Berlin: Ullstein, 2014).

Largier, Niklas (Hrsg.), *Meister Eckhart. Werke*, 2 Bande, Band 1(Frankfurt am Main, Deutscher Klassiker Verlag 1993).

Latour, Bruno, *Wir sind nie modern gewesen. Versuch einer symmetrischen Anthropologie*(Frankfurt am Main: Suhrkamp, 2008).

Leibniz, Gottfried Wilhelm, Monadologie, in: ders., *Kleine Schriften zur Metaphysik. Philosophische Schriften*, Band 1(Frankfurt am Main: Suhrkamp, 1996).

Libet, Benjamin, *Mind Time. Wie das Gehirn Bewusstsein produziert*(Frankfurt am Main: Suhrkamp, 2005).

Lichtenberg, *Georg Christoph, Schriften und Briefe*, 3 Bande, Band 2: *Sudelbucher II, Materialhefte, Tagebucher*(München: Carl

Hanser, 1971).

Linné, Carl von, *Systema Naturae. Lehr-Buch uber das Natur-System so weit es das Thierreich angehet*(Nurnberg: Raspe, 1781).

Luther, Martin, Vom unfreien Willensvermögen, in: *Deutsch-Lateinische Studienausgabe*, 3 Bande, Band 1, *Der Mensch vor Gott*, übers. Wilfried Härle(Leipzig: Evangelische Verlagsanstalt, 2006), S. 219 – 662.

Marx, Karl, *Ökonomisch-philosophische Manuskripte*(Hamburg: Meiner, 2008).

McDowell, John, *Geist und Welt*(Frankfurt am Main: Suhrkamp, 2001).

Mele, Alfred R., *Free. Why Science Hasn't Disproved Free Will*(New York: Oxford University Press, 2014).

Mertens, Wolfgang, *Psychoanalyse im 21. Jahrhundert. Eine Standortbestimmung*(Stuttgart: Kohlhammer, 2013).

Metzinger, Thomas, *Der Ego-Tunnel. Eine neue Philosophie des Selbst: Von der Hirnforschung zur Bewusstseinsethik*(Berlin: Berliner Taschenbuch Verlag, 2010).

Metzinger, Thomas, *Being No One. The Self-Model Theory of Subjectivity*(Cambridge, MA: MIT Press, 2003).

Nagel, Thomas, *Geist und Kosmos. Warum die materialistische neodarwinistische Konzeption der Natur so gut wie sicher falsch ist* (Berlin: Suhrkamp, 2013).

Nagel, Thomas, *Der Blick von nirgendwo*(Frankfurt am Main: Suhrkamp, 2012).

Nagel, Thomas, Wie fühlt es sich an, eine Fledermaus zu sein?, in: Metzinger, Thomas (Hrsg.), *Grundkurs Philosophie des Geistes*,

2 Bande, Band 1(Munster: mentis, 2009).

Nagel, Thomas, *Die Moglichkeit des Altruismus*(Frankfurt: Suhrkamp, 2005).

Nietzsche, Friedrich, *Samtliche Werke*. Kritische Studienausgabe in 15 Banden(München: Deutscher Taschenbuch Verlag, 2009).

Nietzsche, Friedrich, *Die Geburt der Tragodie. Oder: Griechenthum und Pessimismus*(Stuttgart: Reclam, 2007).

Nietzsche, Friedrich, Schopenhauer als Erzieher, in: *Werke*, 3 Bande, Band 1(München: Carl Hanser, 1954).

Platon, Des Sokrates Apologie, in: Eigler, Gunther (Hrsg.), *Werke*, 8 Bande, Band 2(Darmstadt: WBG, 2011).

Platon, *Der Staat*(Stuttgart: Reclam, 2001).

Prinz, Wolfgang, Selbst im Spiegel: *Die soziale Konstruktion von Subjektivität*(Berlin: Suhrkamp, 2013).

Putnam, Hilary, *Vernunft, Wahrheit und Geschichte*(Frankfurt am Main: Suhrkamp, 1990).

Reuter, Christoph; Russell, Jacob, Die Vergessenen von Amirli, in: *DER SPIEGEL*, Nr. 35, 28. 5. 2014, online unter: www.spiegel. de/spiegel/print/d-128859935.html (Stand: 01. 4. 2015).

Rilke, Rainer Maria, *Fünfzig Gedichte*(Stuttgart: Reclam, 2007).

Rilke, Rainer Maria, *Sämtliche Werke*, 7 Bände, Band 1(Frankfurt am Main: Insel, 1955 – 1966).

Russell, Bertrand, *Die Analyse des Geistes*(Hamburg: Meiner, 2004).

Ryle, Gilbert, *Der Begriff des Geistes*(Leipzig: Reclam, 1969).

Sartre, Jean-Paul, *Das Sein und das Nichts. Versuch einer phänomenologischen Ontologie*(Reinbek bei Hamburg: Rowohlt, 1998) (=

Gesammelte Werke in Einzelausgaben, Philosophische Schriften Bd. 3).

Sartre, Jean-Paul, Ist der Existentialismus ein Humanismus?, in: ders.: *Drei Essays* (Frankfurt am Main: Ullstein, 1980).

Schelling, Friedrich Wilhelm Joseph, *Briefe von und an Hegel*, 3 Bande, Band 1, hrsg. von Johannes Hofmeister (Hamburg: Meiner, 1952).

Schmidt, Thomas E., Die Wirklichkeit ist anders!, in: *DIE ZEIT*, Nr.15/2014, 3. 4. 2014 (http://www.zeit.de/2014/15/neuer-realismus).

Schopenhauer, Arthur, Über die Weiber, in: *Werke in fünf Bänden. Mit Beibuch* (Zürich: Haffmans, 1988).

Schopenhauer, Arthur, *Die Welt als Wille und Vorstellung. Zürcher Ausgabe. Werke*, 10 Bände, Band 4 (Zürich: Diogenes, 1977).

Schopenhauer, Arthur, Preisschrift über Freiheit des Willens, in: ders.: *Die beiden Grundprobleme der Ethik* (Zürich: Diogenes, 1977).

Schrödinger, Erwin, *Geist und Materie* (Zürich: Diogenes, 1989).

Searle, John, *Intentionalität. Eine Abhandlung zur Philosophie des Geistes* (Frankfurt am Main: Suhrkamp, 1990).

Singer, Wolf, Verschaltungen legen uns fest. Wir sollten aufhören, von Freiheit zu sprechen, in: Geyer, Christian (Hrsg.): *Hirnforschung und Willensfreiheit. Zur Deutung der neuesten Ergebnisse* (Frankfurt am Main: Suhrkamp, 2004).

Singer, Wolf: Keiner kann anders, als er ist, in: *Frankfurter Allgemeine Zeitung*, 8. 1. 20042 (www.faz.net/aktuell/feuilleton/hirnforschung-keiner-kann-anders-als-er-ist-1147780-p4.html).

Spinoza, Baruch, *Ethik* (Leipzig: Reclam, 1975).

Stahl-Busse, Brigitte, Dekade des menschlichen Gehirns, in: *idw–Informationsdienst Wissenschaft*, 5. 11. 1999 (https://idw-online.de/pages/de/news15426).

Swaab, Dick, *Wir sind unser Gehirn: Wie wir denken, leiden und lieben* (München: Droemer Knaur, 2011).

Tallis, Raymond, *Aping Mankind. Neuromania, Darwinitis and the Misrepresentation of Humanity* (Abingdon/New York: Routledge, 2011).

Tugendhat, Ernst, *Selbstbewußtsein und Selbstbestimmung. Sprachanalytische Interpretationen* (Frankfurt am Main: Suhrkamp, 1979).

Vogt, Karl, Physiologische Briefe: 12. Brief, in: Wittich, Dieter (Hrsg.): Vogt, Moleschott, Buchner. *Schriften zum kleinbürgerlichen Materialismus in Deutschland* (Berlin: Akademie Verlag, 1971).

Waal, Frans de, *Primaten und Philosophen. Wie die Evolution die Moral hervorbrachte* (München: Carl Hanser, 2008).

Weber, Christian, Der Mensch bleibt unlesbar, in: *Süddeutsche Zeitung*, Nr. 240/2014, 18./19. 10. 2014.

Wild, Markus, *Tierphilosophie zur Einfuhrung* (Hamburg: Junius, 2013).

Wildermuth, Volkart, Die Welt, wie sie scheint, in: Sendereihe Philosophie im Hirnscan, 29. 5. 2014 (http://www.deutschlandfunk.de/sendereihe-philosophie-im-hirnscan-manuskript-diewelt-wie.740.de.html?dram:article_id=287724).

찾아보기

옮긴이 **전대호** 서울대학교 물리학과와 동 대학원 철학과에서 박사 과정을 수료했고, 독일 쾰른 대학교에서 철학을 공부했다. 1993년 조선일보 신춘문예 시 부문에 당선되어 등단했으며, 현재는 철학 및 과학 분야의 전문 번역가로 활동 중이다. 지은 책으로『철학은 뿔이다』,『정신현상학 강독 1』, 시집『가끔 중세를 꿈꾼다』,『성찰』이 있다. 옮긴 책으로는『생각이란 무엇인가』,『더 브레인』,『신은 주사위 놀이를 하지 않는다』,『유물론』,『인터스텔라의 과학』,『로지코믹스』,『위대한 설계』,『물은 H_2O인가?』외 다수 있다.

나는 뇌가 아니다

발행일	2018년 8월 25일 초판 1쇄
	2024년 5월 10일 초판 7쇄

지은이	마르쿠스 가브리엘
옮긴이	전대호
발행인	홍예빈·홍유진
발행처	주식회사 열린책들

경기도 파주시 문발로 253 파주출판도시
전화 031-955-4000 팩스 031-955-4004
홈페이지 www.openbooks.co.kr 이메일 humanity@openbooks.co.kr

Copyright (C) 주식회사 열린책들, 2018, *Printed in Korea.*
ISBN 978-89-329-1920-1 03100

이 도서의 국립중앙도서관 출판예정도서목록(CIP)은 서지정보유통지원시스템 홈페이지(http://seoji.nl.go.kr)와 국가자료공동목록시스템(http://www.nl.go.kr/kolisnet)에서 이용하실 수 있습니다.(CIP제어번호: CIP2018025144)